北戴河海滨区域早期地方开发与旅游发展研究

范 珂 ◎ 著

中国戏剧出版社
CHINA THEATRE PRESS

图书在版编目（CIP）数据

北戴河海滨区域早期地方开发与旅游发展研究 / 范珂著． -- 北京：中国戏剧出版社，2023.2
ISBN 978-7-104-05325-5

Ⅰ．①北… Ⅱ．①范… Ⅲ．①海滨－旅游资源开发－研究－秦皇岛 Ⅳ．① F592.722.4

中国国家版本馆 CIP 数据核字（2023）第 028010 号

北戴河海滨区域早期地方开发与旅游发展研究

责任编辑： 齐　钰
责任印制： 冯志强

出版发行：	中国戏剧出版社
出 版 人：	樊国宾
社　　址：	北京市西城区天宁寺前街 2 号国家音乐产业基地 L 座
邮　　编：	100055
网　　址：	www.theatrebook.cn
电　　话：	010-63385980（总编室）　010-63381560（发行部）
传　　真：	010-63381560

读者服务：010-63381560
邮购地址：北京市西城区天宁寺前街 2 号国家音乐产业基地 L 座

印　　刷：	北京九州迅驰传媒文化有限公司
开　　本：	787mm×1092mm　1/16
印　　张：	17
字　　数：	260 千字
版　　次：	2023 年 2 月　北京第 1 版第 1 次印刷
书　　号：	ISBN 978-7-104-05325-5
定　　价：	98.00 元

版权专有，违者必究；如有质量问题，请与出版社联系调换。

前言
Preface

北戴河位于渤海之滨、戴河以北，行政区划上隶属于河北省秦皇岛市，与庐山、鸡公山、莫干山并称为国内四大避暑胜地。因其独特的自然风光与怡人气候，并长期作为中央五大班子的夏季办公地和诸多机关团体的疗养地，一段时期内，北戴河几乎是国内最为人向往的海滨旅游城市。毛泽东的著名词作《浪淘沙·北戴河》更使北戴河声名大噪，当地的鸽子窝、联峰山、老虎石等景点也借助明信片和游客照广为流传。

北戴河如今的声誉非一日之功，那么北戴河作为旅游名胜区的历史起于何时？如何发展而来？这就是本书要探讨的主题。一般人并不了解中华人民共和国成立之前的北戴河历史，也鲜有人专门去挖掘、著述这段历史，这也成为本书写作的初衷之一。北戴河在古代并非名区，在数千年的历史中，这里长期保持着颇为朴素的生活状态，居民一般以捕鱼和农耕为生。由于北戴河区域地处偏僻，甚少有外人到此，这种状态一直持续到清末时期。一般来说，1840年是中国近代史的开端，但相比于东南沿海的港口城市，渤海之滨的北戴河却迟迟未能受到世界大潮的冲击，直到1893年，一位外国铁路工程师的到访，北戴河才迈上了现代化的车轮，开启了一段新的旅游胜地历程。本书书名中的"早期"即起自1893年，终至1948年，在近代历史文本中，一般以"北戴河海滨"称呼北戴河的旅游核心区域，这两者即本书研究的时间与地域范围。

中国传统社会自给自足的生产方式以及明清两朝实施的海禁政策，使得中国与世界大势几乎脱轨，工业革命的历史巨变直到鸦片战争时期才直接冲击到中国。此后，古老中国开始了艰难的现代化转型，在转型过程中，已经处于发展领先阶段的西方列强成为中国现代化的重要参与者。仅以北戴河海滨一地而言，外国铁路工程师对北戴河海滨的"发现"不仅为北戴河带来了铁路这一现代交通方式，也给北戴河带来了大量欧美游客和居住者。从此，北戴河海滨的发展就离不开外国势力的身影。外国人从开始的购地建屋，到后来的干涉地方主权，以极为复杂的关系与当地政府及华人住户共处。外国人对北戴河海滨早期现代化的影响与北戴河海滨的中外关系是研究北戴河近代史时必须要重视的方面，对这一议题的关注和讨论也贯穿本书各章节。

北戴河海滨如何在传统乡村的土地上孵化出现代化的旅游景区？其关涉的议题则是基础设施建设和地方治理方式的演变。一个合格的旅游景区并非只需具备优美的自然风光，还要具备相应的旅游服务设施并提供相应的旅游服务。那么，与旅游活动相关的诸如交通设施、景点布置、通信服务、医疗与治安等，由哪些机构负责？这一点成为北戴河海滨乃至近代中国一些新兴旅游地区面临的共同问题。北戴河海滨基础设施建设的主要实施者屡有更替，相应地，建设成效也各有不同。同时，基础设施建设与地方治理密不可分。地方开发建设往往牵涉权力分配、群体冲突、资金往来等，这就要求地方权力机关拥有高超的治理技艺。由于北戴河海滨旅游的火热较具突然性，地方治理基础薄弱的缺陷致使其早期治理在摸索中前进，短短数十年间历经多种模式，既有成功经验也有失败教训。对这些问题的研究有助于我们对北戴河海滨早期的地方开发与治理做一历史性的回顾与总结，并镜鉴于当今社会。

法国学者马克·布瓦耶在《西方旅游史：16—21世纪》一书中指出，对海水泡澡疗养作用的认同、贵族的社交需求、夏季避暑等因素促使18世纪的西欧产生了夏季海滨旅游季。[①]这股风气由来华的传教士、外交官等带到了中国华北的北戴河海滨，近距离的中西交流又使得许多中国人模仿起西式海滨避暑旅游生活。在这个过程中，北戴河海滨避暑地的旅游声誉渐起，不同游客群体在北戴河海滨形成不同的旅行方式，北戴河海滨的舒适旅游使游客

---

① ［法］马克·布瓦耶：《西方旅游史：16—21世纪》，金龙格等译，广西师范大学出版社2022年版，第80—121页。

产生了令其难忘的体验与心境,旅行指南等多样化的旅游宣传品也随之诞生,中国本土的海滨避暑度假文化逐步形成。对旅游文化与避暑活动的研究会让我们更加深入了解及分析当时游客的旅行日常与心理情况,也能促使我们更好地认识社会心态演变对早期区域现代化的影响。

本书即聚焦于以上问题而写作,希望能对北戴河海滨区域早期现代化发展的研究做铺垫与推动,同时也希望学界同人及读者朋友能对本书提出更多批评与建议。

目录
Contents

绪　论 ·· 001
　　一、研究缘起 ··· 001
　　二、研究综述 ··· 004
　　三、研究思路 ··· 014

第一章　北戴河海滨的历史沿革与自然环境 ··· 018
　　第一节　行政沿革 ··· 018
　　第二节　地理气候 ··· 021
　　第三节　诗文记述 ··· 022

第二章　北戴河海滨避暑地的诞生 ·· 024
　　第一节　"发现"海滨 ··· 024
　　第二节　西人购地置屋 ··· 026
　　第三节　秦皇岛开港与海滨避暑地的开辟 ·· 028
　　第四节　避暑生活 ··· 034
　　　　一、避暑文化传入 ·· 034
　　　　二、避暑人群 ··· 035
　　　　三、交通情形 ··· 038
　　　　四、海水浴 ··· 042
　　　　五、区域新面貌 ··· 043

001

第五节　西人的自治团体与自我管理 …………………………… 046
本章小结 ……………………………………………………………… 050

第三章　海滨公益会时期的地方开发 …………………………… 053
第一节　北戴河海滨公益会的成立 ………………………………… 053
一、公益会的成立背景 ……………………………………………… 053
二、公益会的创办过程及其制度 …………………………………… 056
第二节　公益会主导的海滨地方开发 ……………………………… 068
一、修筑马路 ………………………………………………………… 068
二、辟建公园与绿化造林 …………………………………………… 072
三、建设卫生事业 …………………………………………………… 076
四、保护名胜古迹 …………………………………………………… 080
五、修建公共浴场 …………………………………………………… 085
六、兴举文化教育 …………………………………………………… 087
第三节　其他方面的建设 …………………………………………… 091
一、警察事业 ………………………………………………………… 091
二、航空交通事业 …………………………………………………… 092
三、邮电通信事业 …………………………………………………… 094
四、电话、电灯、自来水事业 ……………………………………… 097
五、实业场所等 ……………………………………………………… 098
六、市政基础设施、服务业设施与海滨旅游 ……………………… 101
第四节　公益会与海滨各方的关系与互动 ………………………… 102
一、公益会与官厅：互为倚靠 ……………………………………… 102
二、公益会与西人：争权与共享 …………………………………… 104
三、公益会与原住居民：互相需要 ………………………………… 113
第六节　公益会成功开发海滨的内部因素 ………………………… 116
一、会长朱启钤 ……………………………………………………… 116
二、会员群体 ………………………………………………………… 119
本章小结 ……………………………………………………………… 123

第四章 游客、避暑与媒介——北戴河海滨的避暑生活与避暑文化 125
第一节 北戴河旅游热潮与民众的北戴河想象 126
一、北戴河海滨的旅游地位 126
二、民众的北戴河旅游想象 130
第二节 身份与群体——游客眼中的海滨避暑社会 132
一、游客对海滨外国人的观感 135
二、游客对华人上流避暑人士的观感 139
三、各群体游客及当地居民的海滨生活之区分 144
四、北戴河海滨社会的群体分野 149
第三节 游客的避暑娱乐场景、活动与心境 152
一、凉爽气候——北戴河的初印象 152
二、大海与游泳——海滨的核心避暑活动 153
三、"得意忘形"——北戴河的山林与公园 158
四、逃离都市——游客的乡野想象与体验 160
第四节 图与文：多样化的海滨旅游宣传与推介 165
一、纷繁的旅行指南 165
二、报刊宣传与推介 174
三、明信片、招贴画等图像载体 181
本章小结 184

第五章 行政区时代的北戴河海滨地方建设与波折 187
第一节 公益会的困境 187
一、权力不足 188
二、经费短缺 189
三、设立行政区——朱庆澜的提议 192
第二节 行政始建：北戴河海滨自治区设立 193
一、冯承棣的调查 193
二、《北戴河自治区暂时办法》出台 195
三、北戴河海滨自治区初期的制度特征 197

第三节 北戴河海滨自治区的自治实践与地方开发 …… 206
一、"中国最先采用议会经理制之区域" …… 206
二、市经理制在北戴河的调适与应用 …… 209
三、地方开发成绩 …… 211

第四节 国难时期的北戴河海滨风景区 …… 219
一、北戴河海滨风景区的设立 …… 219
二、市政添建 …… 223
三、建设成果和地方秩序遭受破坏 …… 224

第五节 光复后的北戴河海滨 …… 231

本章小结 …… 235

结论 避暑旅游如何使北戴河海滨走向现代 …… 237
一、融合与争权 …… 237
二、权力、财政与建设 …… 239
三、海滨地方开发与旅游发展的现代性 …… 242

参考文献 …… 249

绪 论

一、研究缘起

北戴河海滨如今是河北省秦皇岛市北戴河区的一片沿渤海狭长区域，也是世界闻名的海滨旅游度假胜地。至于为何写作本书，研究北戴河海滨的早期地方开发与旅游发展，其原因大致有以下几个。

（一）海滨避暑是从西方引入的一种生活方式。北戴河作为在此期间兴起的具有代表性的海滨避暑胜地，具有旅游史和社会生活史的研究意义

我国大部分地区夏季气候炎热，民众时常无法忍受，采取异地避暑的方式是当今较为常见的一种社会现象。青岛、大连、威海等沿海城市，临近海洋，气候与内陆天然不同，且风景美丽，成为许多避暑人士的首选之地。但在中国古代，海滨避暑并不常见。以海水浴、日光浴等活动为核心的海滨避暑是近代西方的产物，随着中西交流而传入中国。北戴河因其地理位置离京津较近，气候凉爽，遂成为华北外人及中国上流社会人群的海滨避暑去处。在清末至民国时期，北戴河海滨避暑旅游发展迅速，时列中国四大避暑地之一（另外三地为庐山、鸡公山、莫干山），并且是其中唯一的海滨避暑地。因此，北戴河海滨在近代中国避暑旅游地中起步早、发展快，形成了独特的吸引力，其旅游服务、旅游设施、旅游宣传、旅游经济、游客娱乐与心理等方方面面在近代旅游胜地中都具有代表性，故颇富研究价值。同时，对于中国人尤其是华北区域的城市居民，海滨避暑旅游如何进入他们的生活，如何影响其思想观念，亦是民众日常生活史上非常重要的研究议题。

（二）短短几十年内，北戴河海滨从一片村庄中孕育出先进、美观、便利的都市区和旅游景区，具有城市史尤其是小城市史的研究意义

当一地成为旅游胜地时，不可避免地会出现游客蜂拥而至的景象，这时，就必须要建设旅游设施和提升服务水平。北戴河海滨本是距离都市遥远的渔村，但随着游客的逐步进入，出现了铁路、公路、邮局、机场等现代交通设施，兴建了公园、浴场、运动场、医院、图书馆、发电厂等现代市政设施。数十年间，北戴河海滨一跃成为华北市政明珠。在地方治理方面，北戴河经历了避暑地、自治区、风景区等时代，由临榆县下的渔村变为"中外人士避暑区域"，再到独立的行政区，北戴河海滨发生了巨变。在这段历史进程中，治理方式、市政建设与避暑旅游活动如何互相影响，不同时段又有何区别，这是研究北戴河城市史需要解决的问题。特殊的是，北戴河海滨是一座完全依靠旅游而生的新生小型市区，其城市面貌和发展轨迹与同在现代化进程中的北京、天津、上海等大城市完全不同，与青岛等海滨旅游城市相比，体量亦远远不如。因此，北戴河海滨是近代小型城市发展的独特样本，其城市演化历史的诸多方面值得深入剖析。

（三）北戴河海滨的早期发展，是在华外人与国人的一段共同历史，将其作为研究对象，对近代中外关系史研究有重要意义

避暑胜地北戴河海滨的起步，即源于1893年英国工程师金达的"发现"，随后，在华外人长期是海滨避暑的主力人群。在他们的影响带动下，越来越多的中国人参与到海滨避暑活动中，在夏季也往来于海滨。其中，需要关注的是，这种新兴生活方式如何在中西人群之间传播，海滨避暑中的中国人与西方人又有哪些不同，双方如何看待对方。而在一片白纸的海滨，外人住户与国人既有融合，亦有纷争，需要梳理清楚的是，欧美各国避暑人士、日本侵略军如何影响海滨区域的权力结构，中国政府及民间如何应对与斗争。中外关系是北戴河海滨社会研究的长期主题之一，任何关于北戴河海滨的著述都无法避开，而北戴河海滨的中外关系演变，亦是近代西人深刻影响中国社会的表现。在大多数近代兴起的避暑胜地，均有外国人和外国权力的身影存

在，庐山、鸡公山、莫干山的大量西式别墅即是明证。因此，北戴河海滨早期发展阶段，实际上也是一部北戴河海滨中外关系史，研究上海、天津、汉口等租界大城市固然对展现近代中外关系具有重要意义，但在北戴河海滨这片"弹丸之地"，其近代发展不仅清晰说明了小城镇发展过程中中外关系的演化，而且是对近代中外关系史研究的有益补充。

（四）从北戴河海滨地方研究考虑，该地还尚未有一部较为完整且深入的早期研究著作，亟待补充

北戴河海滨作为一个完整的地理概念，出现仅仅一百余年，古时并无史书单独记述。自近代以来，当地人士为弥补缺憾，相继有地方志书《北戴河海滨志略》①《北戴河海滨风景区志略》②等问世，改革开放后又出现了《北戴河志》③《北戴河史迹》④《北戴河海滨旧闻录》⑤等书籍，关于近代海滨避暑研究的整体性著述如《近代中国避暑度假旅游研究（1895—1937）》⑥《中国近代避暑地的形成与发展及其建筑活动研究》⑦对近代避暑旅游进行了各有重点的整体研究。⑧但前述专门记述北戴河的书籍，或年代久远，不能涵盖更多时段，或以历史故事为主，不足以达到研究层面。而后者将北戴河海滨置于近代海滨旅游的整体论述中，难以体现其地域特殊性与历史连贯性。因此，随着各种史料的陆续发现与公布，北戴河海滨亟须一部专门的贯通研究著作，以初步还原其近代地方面貌，分析其各阶段的历史进程，归纳其如何从渔村转变

---

① 管洛声编：《北戴河海滨志略》，1925年。
② 林伯铸编：《北戴河海滨风景区志略》，1938年。
③ 秦皇岛市北戴河区地方志编纂委员会编纂：《北戴河志》，天津人民出版社1994年版。
④ 冯树合编著：《北戴河史迹》，中央文献出版社2008年版。
⑤ 王凤华编著：《北戴河海滨旧闻录》，中国城市出版社1997年版。
⑥ 吕晓玲：《近代中国避暑度假旅游研究（1895—1937）》，合肥工业大学出版社2013年版。
⑦ 李南：《中国近代避暑地的形成与发展及其建筑活动研究》，浙江大学博士学位论文，2011年。
⑧ 具体评述见"研究综述"部分。

为名闻天下的避暑胜地。写作一部专门性的北戴河海滨早期地方发展研究性著作,对北戴河海滨地方研究无疑是一个大的推进。

(五)从个人兴趣上,笔者因写作博士论文关注到朱启钤及其创办的公益会,继而对北戴河海滨产生兴趣,这成为写作本书的最直接原因

笔者博士论文本是研究朱启钤及其参与和创办的公共事业,在了解该人物生平时,发现朱启钤和其创办的公益会对北戴河海滨近代的市政建设有着突出贡献。沿着此线索,笔者了解了北戴河海滨公益会创办之前及衰落解散后的历史,也因此关注到北戴河海滨早期历程的研究缺失和其特别的研究意义。而笔者博士论文限于主题,只能以朱启钤与北戴河海滨公共事业为中心进行论述,难以顾及全体。因此,笔者在积累了相关史料和研究认识之后,从个人兴趣出发,写作了此书。

综上所述,对北戴河海滨区域早期地方开发与旅游发展进行专门研究不仅具备多方面的研究意义,现阶段亦具备研究时机。可以预想到的是,本书会在北戴河当地史的写作与出版方面取得突破,也可以为区域史、城市史、旅游史、社会生活史、中外关系史等多方面研究产生一点助力,成为之后北戴河研究不可缺少的参考著作。

二、研究综述

北戴河海滨从面积和人口来说,完全是一个不起眼的小地方,且作为一个独立区域的历史仅仅130余年,因此在近代以前的史书上并无多少记载,只有一些当地县志和古老的诗文中对这一区域的联峰山、金山嘴、海景等名胜有所述及。[①]

自民国以降,陆续有围绕北戴河海滨史地、市政、避暑旅游的全面性或专门性著述问世,与近代兴起的其他都市相比,关于北戴河海滨的著述虽不算丰富,却也为今日研究提供了宝贵的资料,并做了铺垫。同时,由于各种

---

① 见本书第一章。

原因，这些著述相对来说亦有其不足之处，此处将其分别评述，以归纳总结过往研究，为本书的研究提供研究前提与突破方向。

（一）对近代北戴河海滨的全面性记述和研究

1. 民国时期

自1893年有外人开始在北戴河海滨筑屋避暑后，至1898年清政府将此地设置为避暑地，北戴河海滨之名逐步扩散，也由此被外界熟知。就笔者所见，第一个将北戴河海滨作为一个独立地理概念，专门述其史地风土的作品，是1919年《铁路协会会报》第84期刊登的一篇附录文《北戴河海滨述略》①。该文第一次将北戴河海滨从临榆县县域内剥离出来，依旧有县志等资料，介绍北戴河海滨的地理状况、历史归属、名山盛景和与其有关的诗词文赋，直至1898年辟为避暑地与1900年庚子事变。但该文写作时，北戴河海滨可述之事并不多，公益会亦刚刚起步，故实际上可将其看作是一篇"20世纪以前的北戴河海滨"文章，几乎未涉及20世纪的史事。该文的主要价值在于，首次将北戴河海滨的史事梳理清楚，为之后的著述奠定了基础。

随着北戴河海滨的日益发展，民国时期的北戴河人认为有必要对这一避暑新区做一系统书写，于是，在公益会时期及风景区时期，相继出现了两部地方志书，分别为由公益会会员管洛声编纂并于1925年发行的《北戴河海滨志略》②，以及1938年由北戴河海滨风景区管理局局长林伯铸主编的《北戴河海滨风景区志略》③。相比于《北戴河海滨述略》，这两部志书的篇幅大幅增加。由于1893年以前史事内容较少，《北戴河海滨志略》的主要内容为1893年至1925年之间的北戴河海滨新史，在该书的基础上，《北戴河海滨风景区志略》又添加了1925年至1938年的最新史事。这两部志书与过往记述内容最大的不同就是，由单调的名胜诗文为主扩展到沿革、团体、市政、交通、实业等，重点记述近代以来北戴河海滨的新事物。自《北戴河海滨风景区志略》之后，

---

① 天水：《北戴河海滨述略》，《铁路协会会报》第84期，1919年，第175—184页。
② 管洛声编：《北戴河海滨志略》，1925年。
③ 林伯铸编：《北戴河海滨风景区志略》，1938年。

至中华人民共和国成立,再无专门的北戴河海滨史书,因此,这两部地方志可以称为民国时期北戴河海滨历史著述的代表。两部《志略》的编纂者均为海滨当地人士,且亲身参与了海滨建设,所以书中信息翔实可信,颇富细节,为后世的北戴河研究提供了最为宝贵的原始资料。但由于地方志书编纂体例和编纂者身份所限,两部《志略》以纯粹记述史事为主,缺少分析和评论。

除以上著述之外,在各类报刊上,一些游客文士的北戴河海滨介绍类文章和游记类文章常有对北戴河海滨历史地理、风土人情的书写,亦具有一定价值。其特点是篇幅较短,如《北戴河之沿革》[①]《北戴河海滨旅行记》[②]等,其内容基本未超出两部《志略》所书。

由以上著述可见,北戴河海滨可以述说的"历史"较为短暂,其区域本身又较为边缘,民国时期专门记述和研究的全面性著述并不多。且这些作品不论其篇幅短长,写作特点几乎一致,即以传统志书的体例为主,分门别类记录史事与过程,资料性很强但缺少研究性。其资料性强的特点致使这些著述是如今进行北戴河研究必须要参考使用的资料,如果没有这些著述,北戴河海滨的早期开发阶段几乎可以说是一片模糊,其重要性可见一斑。

2. 中华人民共和国成立至今

北戴河解放后,当地重新进行了行政区划调整,海滨归于秦皇岛市北戴河区管辖,继续作为中央机关团体和人民群众的海滨避暑地。中华人民共和国成立后关于北戴河海滨早期开发的记述与研究,应该说是从改革开放后才真正开始。

1989年,北戴河政协文史资料委员会组织了一批近代北戴河的亲历者,撰写了以近代北戴河史事为主要内容的《北戴河文史资料》第一辑[③]。这批作者结合自身记忆和相关史料,对北戴河著名人物如朱启钤、辛柏森、耿祝辰等,以及北戴河史事如公益会、义和团、石岭会、交通建设、日本陆军医院、

---

① 《北戴河之沿革》,《天津商报画刊》第12卷第3、4期,1934年,无版数。
② 毅园:《北戴河海滨旅行记》,《旅行杂志》第1卷第2期,1927年,第16—20页。
③ 中国人民政治协商会议河北省北戴河区委员会文史资料研究委员会编:《北戴河文史资料》(第一辑),1989年。

莲花石公园等进行发覆，补充了相当丰富的资料与专题研究。

北戴河当地政府也对北戴河历史著述重视起来。1994年，由北戴河区发起编纂的《北戴河志》[①]问世，其书的全面性无以复加，但绝大部分内容为新中国史事，对近代北戴河的记述分散在各个篇章，且内容较少，使读者难以建立对近代北戴河海滨的完整印象。

王凤华长期研究北戴河区域，其编著的《北戴河海滨旧闻录》[②]利用丰富史料，以短篇历史故事为主要写作方式，述及近代北戴河海滨的方方面面。显而易见的是，该书使用了诸多前所未见的珍贵史料，如许多原始档案文本，这是较大突破，但由于作者并未将此书当作专业研究著作，导致全书未加注释，读者尤其是研究者不明其资料来源，给后续研究造成了障碍。

另外，《旅游胜地北戴河》[③]《中国旅游圣地北戴河》[④]《北戴河记忆》[⑤]《北戴河——中国现代旅游业的摇篮》[⑥]《北戴河史迹》[⑦]等书均呈现出资料性强、故事性强、普及性强的特征，并非专业历史研究著作，内容上亦大同小异，较少突破。

（二）对近代北戴河海滨的专题研究

1. 对北戴河海滨近代建筑及建筑活动的研究

北戴河海滨本是农户与渔户居住的乡村区域，其地区建筑不过为当地土房。西人开始利用此地避暑后，将西式房屋建筑样式引入海滨，其后的华人新住户亦多建筑改良后的西式别墅作为住宅。这些海滨别墅为适宜观光和当地气候还经过了改造，放眼望去，海滨私人别墅、公共建筑各有特色，亦是一道独特美景。

[①] 秦皇岛市北戴河区地方志编纂委员会编纂：《北戴河志》，天津人民出版社1994年版。
[②] 王凤华编著：《北戴河海滨旧闻录》，中国城市出版社1997年版。
[③] 陈国卫编著：《旅游胜地北戴河》，中国林业出版社1996年版。
[④] 孙志升：《中国旅游圣地北戴河》，中央文献出版社2005年版。
[⑤] 闫宗学主编：《北戴河记忆》，燕山大学出版社2018年版。
[⑥] 孙志升：《北戴河——中国现代旅游业的摇篮》，北京燕山出版社2001年版。
[⑦] 冯树合编著：《北戴河史迹》，中央文献出版社2008年版。

关于北戴河海滨近代建筑的统计与介绍，有孙志升所著的《到北戴河看老别墅》[①]和李春光编著的《北戴河老别墅》[②]两书。这两部专门记述北戴河老别墅的著作较为相似，均以图文并茂的形式展现了老别墅的照片与信息，分析了房屋特点与建筑风格，并记叙了围绕老别墅发生的历史故事等，可以看作是北戴河老别墅的资料集。

李南的博士学位论文《中国近代避暑地的形成与发展及其建筑活动研究》[③]主要从建筑学角度出发，研究了北戴河近代建筑的建造历史、方法、形貌与特征，从建筑设计及其理论方面弥补了其他简要记述的不足。论文提出，避暑地营造业、建筑师、市政机构的出现开启了建筑活动的现代化进程，避暑地建筑活动的现代化进程受到近代主流城市的辐射与影响，相较于近代主流城市的发展呈现相对滞后的观点。

2. 对北戴河海滨近代治理机制与市政建设的研究

近代北戴河海滨在半个多世纪的时光中，经历了多次地域区划与治理机制的调整与变革，不同阶段的治理方式对当地市政建设也发挥着不同的作用。

由北戴河区地方政府组织编写的《天开图画成乐土——朱启钤与北戴河海滨公益会》[④]是迄今为止唯一一部关于近代北戴河海滨重要民间团体与市政建设领导机构——公益会的专门著作。该书以"北戴河海滨公益会发展始末"与"北戴河海滨公益会突出贡献"为两条主线，较为详细地厘清了公益会的发展历程、具体作为及朱启钤在其中发挥的作用。但该书为地方当局组织编写，在内容和形式上以罗列史料和他人研究成果为主，文本不够连贯，且缺少主动分析总结。该书优点也显而易见，提供了大量罕见的珍贵史料文书与图片，也算是一部颇可采用的资料性书籍。

吕晓玲的论文《近代避暑地华人自治管理探析——以北戴河海滨公益会

---

① 孙志升：《到北戴河看老别墅》，湖北美术出版社2002年版。
② 李春光编著：《北戴河老别墅》，河北美术出版社2011年版。
③ 李南：《中国近代避暑地的形成与发展及其建筑活动研究》，浙江大学博士学位论文，2011年。
④ 田金昌主编：《天开图画成乐土——朱启钤与北戴河海滨公益会》，中国文史出版社2018年版。

为例》①脱胎于其博士论文，亦是少见对公益会的专门研究。该文分析了公益会的运作与效益、成功运作的原因、运作的困难之处，基本上将北戴河海滨公益会的市政建设作为论述清楚，其不足在于史料方面几乎完全依赖两部《志略》及《北戴河海滨公益会报告书》，对其他形式的史料利用不足。

刘少虎的论文《朱启钤开发北戴河海滨旅游景区的原因及启示》②从公益会主要领导人物入手，对近代北戴河海滨的市政建设研究有所贡献。该文分析了朱启钤开发北戴河海滨的主观与客观因素，以及其开发活动的内在特征对今日之启示。

关于公益会与朱启钤的研究需要提及的还有杨炳田的《朱启钤与公益会开发北戴河海滨》③一文，其史料与数据对后世研究有所助益。

总体来看，关于近代北戴河海滨市政建设的专题研究基本集中于地方团体公益会及其领导人朱启钤的建设活动与思想，对公益会时期内的市政建设基本叙说清楚。公益会主导时期虽然市政大进，但是毕竟时间只占海滨近代约四分之一，其他如自治区、风景区等重要阶段的市政建设如何，现有研究极少。

吕晓玲的专著《近代中国避暑度假旅游研究（1895—1937）》④是目前为止最为重要的一部专门研究近代中国避暑旅游的著作。该书以四大避暑地为中心，对北戴河海滨的避暑旅游活动进行了相当优秀的研究，但其书在第三章《近代避暑地开发与管理》中，因需顾及整体，并未对公益会之后的北戴河海滨管理体系与市政建设作单独说明。相比于吕著，李南的博士学位论文

---

① 吕晓玲：《近代避暑地华人自治管理探析——以北戴河海滨公益会为例》，《徐州师范大学学报（哲学社会科学版）》2011年第5期，第70—75页。

② 刘少虎：《朱启钤开发北戴河海滨旅游景区的原因及启示》，《湖南商学院学报》2004年第4期，第62—65页。

③ 杨炳田：《朱启钤与公益会开发北戴河海滨》，载北京市政协文史资料研究委员会、中共河北省秦皇岛市委统战部编《蠖公纪事——朱启钤先生生平纪实》，中国文史出版社1991年版，第102—114页。

④ 吕晓玲：《近代中国避暑度假旅游研究（1895—1937）》，合肥工业大学出版社2013年版。

对此有所着墨，但也只是略略简述，其所引资料不支持其做更深入的分析。由当代研究缺失反衬出的，是民国时期朱枕薪对北戴河海滨20世纪30年代管理体制研究的珍贵。朱枕薪所著《略论市经理制兼说明〈北戴河海滨自治区组织章程〉采用议会经理制起草之经过》①及《北戴河海滨区经理制稿书后》②最早论及自治区时期北戴河海滨治理机制——市经理制，可惜的是，朱文将市经理制的学理与起源和北戴河海滨的实际情形分开论述，未能结合。

颇为可贵的是，有两篇论文对沦陷区时期日伪在北戴河海滨的日常治理进行了专题探究。赵欣的硕士学位论文以《1934—1948年北戴河外籍人员管理研究》③为题，弥补了对近代后期北戴河外籍人员管理研究的空白，是极具重要性的研究。而李秀伟的《日伪统治时期北戴河海滨地区的小学教育》④一文研究了日伪在海滨实施的奴化教育，该文揭示了沦陷时期日伪统治者对海滨基本秩序的破坏和对小学教育的侵蚀，亦是填补空白之作。

3. 对北戴河海滨早期避暑旅游的研究

作为近代驰名中外的避暑地，避暑旅游是北戴河海滨的核心活动。在有关著述中，吕晓玲《近代中国避暑度假旅游研究（1895—1937）》无疑是佼佼者，该书将四大避暑地结合说明，涉及中外避暑的起源与演化、避暑文化、避暑地功能、避暑地经济等重要方面，将有关北戴河海滨的内容穿插其中。

闻虹特别注意到现代铁路发展与北戴河海滨避暑旅游之间的关系，其论文《京奉（北宁）铁路与北戴河海滨的休旅文化》⑤系统论述了铁路如何在

---

① 朱枕薪：《略论市经理制兼说明〈北戴河海滨自治区组织章程〉采用议会经理制起草之经过》，《市县行政研究》第1卷第3期，1943年，第16—26页。
② 朱枕薪：《北戴河海滨区经理制稿书后》，《市县行政研究》第2卷第2期，1944年，第6—8页。
③ 赵欣：《1934—1948年北戴河外籍人员管理研究》，河北大学硕士学位论文，2010年。
④ 李秀伟：《日伪统治时期北戴河海滨地区的小学教育》，河北大学硕士学位论文，2008年。
⑤ 闻虹：《京奉（北宁）铁路与北戴河海滨的休旅文化》，《地域文化研究》2019年第4期，第124—131页。

"发现"海滨到"管理"海滨的过程中发挥作用，明确了铁路交通发展和铁路管理机构与近代北戴河海滨避暑地发展及避暑旅游之间的关系。需要肯定的是，此文在史料搜集和应用上较其他著述有较大进步。夏雪的论文《铁路与近代旅游胜地的开发——以北戴河海滨为例》[1]得出的结论与上文相似。

潘淑华的论文《城市、避暑与海滨休旅：晚清至1930年代的北戴河》[2]认为"北戴河的休旅空间的经营及其所承载的地方感之演变，不单反映当地中国人及西方人之间的权力关系，同时参与塑造城市精英的民族及阶级身份认同"，该文所用史料虽较为常见，但研究方法和观点甚为新颖，值得特别注意。

（三）对其他早期中国避暑旅游地的研究

除了北戴河海滨之外，学界对近代其他"三大"乃至更多的避暑胜地有一定先行研究，对部分地域的研究已经较为成熟。除前文已述著述外，其他研究成果与特点分述如下。

在四大避暑地中，庐山由于其国民政府"夏都"的地位，更受研究者关注。冯铁宏[3]、祝顺保[4]、龚志强[5]、陈朝辉[6]、管国泉[7]等人对近代庐山避暑地的

---

[1] 夏雪：《铁路与近代旅游胜地的开发——以北戴河海滨为例》，《河北青年管理干部学院学报》2018年第5期，第104—110页。

[2] 潘淑华：《城市、避暑与海滨休旅：晚清至1930年代的北戴河》，《"中央"研究院近代史研究所集刊》第95期，2017年，第39—75页。

[3] 冯铁宏：《庐山早期开发及相关建筑活动研究（1895—1935）》，清华大学硕士学位论文，2004年。

[4] 祝顺保：《庐山旅游近代化研究（1895—1949）》，江西师范大学硕士学位论文，2006年。

[5] 龚志强：《近现代（1885—1937）庐山开发及其社会变迁》，南昌大学硕士学位论文，2006年；龚志强：《渐进与跨越：明清以来庐山开发研究》，暨南大学博士学位论文，2010年。

[6] 陈朝辉、陈蕴茜：《1927—1937年南京国民政府对夏都庐山的建设》，《民国档案》2006年第4期，第64—70页。

[7] 管国泉：《庐山旅游形象演变史研究》，湖南师范大学硕士学位论文，2009年。

形成、建设、旅游有较全面的研究。相比之下,对莫干山、鸡公山的研究则比较欠缺,李南、李峥峥①在近代莫干山的建设与建筑方面有所著述,张明瑜②对鸡公山避暑地的形成史做了研究,田青刚、胡欢欢、李艳艳③研究了近代外人在鸡公山的活动,黄运良④对鸡公山的别墅建筑群空间形态进行了研究。将四大避暑地进行比较研究的有李灿的《中国四大避暑胜地比较研究》⑤、刘思航的《中国近代四大避暑地文化景观价值比较研究》⑥。

北戴河海滨在四大避暑地中属唯一的海滨避暑地,海滨型避暑胜地在近代中国还有青岛、大连等地。对于近代青岛的海滨避暑旅游,马树华从文化空间与城市生活的角度有所涉及⑦,吴常燕在近代山东区域旅游的整体视域下对青岛近代旅游有所研究⑧。而青岛、大连、威海、烟台、北戴河等近代著名海滨避暑地均位于环渤海地区,闻虹的博士学位论文《新式交通与环渤海地

---

① 李南:《莫干山,一个近代避暑地的兴起》,同济大学出版社2011年版;李峥峥:《莫干山避暑地发展历史与建设活动研究(1896—1937)》,浙江大学硕士学位论文,2007年;李峥峥、李南:《莫干山避暑地近代建筑发展概况初探》,《华中建筑》2007年第12期,第129—131页。

② 张明瑜:《论鸡公山避暑地的形成及影响(1902—1937)》,河南大学硕士学位论文,2008年。

③ 田青刚:《鸡公山外人购地建屋案交涉述论》,《信阳师范学院学报(哲学社会科学版)》2011年第3期,第137—140页;胡欢欢:《传教士与近代鸡公山社会变迁(1903—1938)》,华中师范大学硕士学位论文,2014年;李艳艳:《鸡公山避暑房屋纠纷与交涉研究》,湖南师范大学硕士学位论文,2015年。

④ 黄运良:《河南鸡公山近代别墅建筑群空间形态研究》,华侨大学硕士学位论文,2015年。

⑤ 李灿:《中国四大避暑胜地比较研究》,浙江大学硕士学位论文,2006年。

⑥ 刘思航:《中国近代四大避暑地文化景观价值比较研究》,北方工业大学硕士学位论文,2016年。

⑦ 马树华:《"中心"与"边缘":青岛的文化空间与城市生活(1898—1937)》,华中师范大学博士学位论文,2011年。

⑧ 吴常燕:《近代山东旅游研究(1840—1937)》,山东师范大学硕士学位论文,2013年。

区旅游事业的变革（1861—1937）》①从新式交通与旅游发展的角度，涉及以上海滨避暑地的近代开发。

（四）先行研究的特点、不足之处与展进方向

从以上可见，对北戴河海滨早期避暑旅游与地方开发的研究成果难言丰富与深入，仍有较大展进空间。笔者将先行研究反映出的问题归纳为以下几点，作为本书研究的参考。

1. 对近代北戴河海滨乃至近代避暑地的研究还处于起步阶段

从先行研究可以看出，以 2000 年为大致分界线，这一年前后的研究著述呈现出两种风格。20 世纪对北戴河海滨乃至近代避暑地的研究基本停留在对历史事实的白描阶段，一般以记述史事为主，多以故事性、史话性著作或单纯的地方史志为主，缺少对历史事件、历史人物、历史现象的纵线和横线对比分析。而 21 世纪以来，由于历史研究以及其他学科研究的视野渐广、水平渐高，避暑地研究呈现出更加深入细致的特点，现代化理论、生活史和社会史视角、建筑学与空间景观研究等被融入对避暑地的旅游活动与建设开发研究中，使避暑地研究迈入新的境地。可以看出，21 世纪以来的较新研究大多产生于博硕士学位论文，说明年轻一代研究者对近代避暑旅游及避暑地建设有着更主动的关注和更浓厚的研究兴趣，这也正说明近代避暑旅游与避暑地的研究正处于方兴未艾的起步阶段，值得继续挖掘与补充。

2. 缺少一部以近代北戴河海滨为主题的连贯性通论著作

与庐山、莫干山、鸡公山相比，21 世纪以来对近代北戴河海滨的研究，还没有一部较为系统的通论性著述问世，甚至博硕士论文亦无人尝试，这种研究现状与北戴河海滨在近代中国的巨大影响相比，明显是不匹配的。而过往研究或着眼于一个阶段（如对公益会时期的研究），或着眼于一点（如对北戴河海滨人物、铁路、建筑等的专题研究），而对于其他阶段、其他方面（如旅游宣传、游客群体、治理模式）等还缺少关注与探索。这导致目前为止对

---

① 闻虹：《新式交通与环渤海地区旅游事业的变革（1861—1937）》，东北师范大学博士学位论文，2019 年。

近代北戴河海滨的研究较为破碎，难以将方方面面串联起来，构成完整印象，这一点亟须突破。20世纪相关著述的史料积累与21世纪以来的研究方法、研究深度为一部新的通论性著作奠定了研究基础，因此，写作一部通论性著作是一个值得尝试的破冰与铺路之举。

3. 先行研究对史料的挖掘与利用还有待提高

目前为止，关于近代北戴河海滨的绝大多数研究著述在史料运用上过度依赖几部民国时期北戴河的官方文献，以及二手史料（如《北戴河海滨旧闻录》等书籍），而对报刊上丰富的新闻、纪事、游记以及其他政文缺少利用。在史料上较有突破和丰富性的应属闻虹对近代环渤海地区旅游业的研究，其史料应用应会使以后的研究以其为参照和起点。旧时或有由于资料难以搜集导致史料不够充分的情况，如今各种史料数据库建设颇为兴盛，获取更多的细碎史料成为可能，且如《天开图画成乐土——朱启钤与北戴河海滨公益会》这样的著作利用其主编方背景，亦获取了一些前所未见的珍贵史料，这些史料上的新发现使得开展对近代北戴河海滨的深入研究正当其时。且史料浩如烟海，数据库所见亦只是其中一部，相信随着史料的深度开发与重现，对北戴河海滨的研究会更上一层楼。

4. 更多的专题研究仍需拓展

以近代北戴河海滨为例，围绕其地的专题性研究极少，而关于避暑旅游与地方开发，关涉话题颇多。中外关系与外人群体、与旅游相关的服务业发展、游客活动与心理、地方景观与空间、治理模式与权力结构的演变，海滨旅游与近代民众的生活思想，等等，均是有关近代北戴河海滨的重要议题。而通论性著作为保证写作连贯与章节布局，难免挂一漏万，不能作百科全书式的完整研究。且不仅是北戴河海滨，甚至所有的近代避暑地及避暑城市研究，仍需开拓方向，在更多的研究主题上做更加深入的研究，使近代避暑地及近代避暑旅游这一大的研究对象呈现出更加细致真实的面貌。

三、研究思路

本书以《北戴河海滨区域早期地方开发与旅游发展研究》为题，研究时段起自英国人金达"发现"北戴河海滨（也是北戴河海滨开始广泛进入外部视野的时间）的 1893 年，终于北戴河海滨全境解放的 1948 年，研究地域基本限定于 1898 年清政府划定的北戴河海滨避暑地范围。其早期阶段在短时间内由边缘乡村发展为基础设施完善的模范景区，是中国地方开发与都市建设的独特样本。本书结合微观与宏观视角，以时间节点做分割，以避暑旅游大潮下北戴河海滨地方开发的演进为主线，考证与梳理其不同阶段的开发过程与细节，展示和分析逐步形成的北戴河海滨避暑旅游文化，揭示出铁路、旅游风气、社会心态、管理模式等因素对北戴河海滨早期地方开发和旅游发展产生的深刻影响。

全书共设五章，分别有其研究内容和研究重点。

第一章《北戴河海滨的历史沿革与自然环境》，交代近代以前的北戴河海滨行政归属之演变，及其自然气候特征与历史旅游活动，这些基本的区域条件与历史信息可以说明为何此地会在近代发展成为全国闻名的避暑胜地，读者可由此建立对北戴河海滨的基本印象。

第二章《北戴河海滨避暑地的诞生》，论述自 1893 年始，北戴河海滨如何被西人"发现"并陆续购地建屋，清朝央地政府如何利用秦皇岛开港应对北戴河海滨之变，以及西人主导时代的海滨中外冲突、治理模式与避暑生活。

第三章《海滨公益会时期的地方开发》，以近代北戴河海滨最重要的民间团体——公益会为研究中心，研究公益会的成立背景、组织形式与制度特点、在北戴河海滨开展的市政建设，以及这一时期公益会的活动如何与政府、外人、当地原有居民互相影响，解释公益会怎样改变北戴河海滨的权力结构。

第四章《游客、避暑与媒介：北戴河海滨的避暑生活与避暑文化》，以北戴河海滨避暑旅游活动最为兴盛的 20 世纪二三十年代为研究时段，分析当时北戴河海滨避暑地在全国范围内的名声与地位，讨论北戴河海滨避暑游客和当地居民的身份与背景如何造成生活方式和互相观感上的差异，以及同一片区域内不同人群之间的融合与隔阂。本章第三节着眼于游客的避暑活动及心理，以游客游记为中心，展示他们如何认识避暑、认识海滨，以及海滨避暑留给他们怎样的避暑感受与体验。第四节以各方编辑、写作、出版的有关北戴河海滨避暑旅游的出版物为核心，论述避暑旅游宣传的多样化方式及其目的和效果。本章也是全书唯一以游客和避暑旅游活动为视角和研究对象的一章。

第五章《行政区时代的北戴河海滨地方建设与波折》，以过往研究较为薄弱的20世纪三四十年代为研究时段，重点研究20世纪30年代初北戴河海滨如何从避暑地转为行政区——自治区的诞生背景与过程，以及自治区时代市经理制在北戴河海滨的试验、公益会的角色转换以及自治区在全区的治理与开发。而对于1936年后的日伪统治时期和短暂的解放战争时期，由于史料难以收集，故不能进行深入细致的研究，只能以其治理模式与实际作为为主要内容，此处较有特点的是对日伪破坏海滨的研究。

总其五章，基本以五十余年间北戴河海滨的不同阶段为研究步骤，总结其如何在避暑旅游活动的带动下一步步追求区域发展，从一片渔村发展成为四大避暑地之一的过程中，其每个阶段的时代局势、治理制度、重要人物、内外部变化如何推进或掣肘北戴河海滨的地方发展，并从中总结经验和教训。

在本书研究中，笔者希望呈现出以下特色。

（一）资料应用的全面与创新

过往研究在史料挖掘与运用方面的缺陷前文已述，本书在写作时，应用了大量原有研究未使用或极少使用的日记、游记、新闻、图片、公报等，基本上将北戴河海滨研究从二手史料的困境中解脱出来，扩展了北戴河史料的外沿。近年来各类史料数据库的建设促成了这样的进展，使更丰富的、细碎的或完整的资料呈现在世人面前，新见史料和旧有史料的结合，正是本书写作的基础所在。其中，英国报纸档案馆、全国报刊索引、抗战文献数据平台、读秀等资料库发挥了重要作用。

（二）考证的严谨与细致

本书严格来说，仍是一部地方历史文化研究著作，主要采用的研究方法即历史考证法。由于过往研究的不足和史料的不够充分，北戴河海滨的诸多史事处于一片模糊或完全湮没的状态，且一些无根无据的著述仍在混淆视听。本书通过比对史料、分析历史发展逻辑，订正了一些旧有的记载和说法，重现了一些模糊事件的内在情形，笔者确信，本书大部分的历史考证应是可信的。

（三）对研究薄弱环节的突破

全书除第一章属于基本介绍外，其余四章对旧有研究均有一定程度的突破。如第二章西人清末阶段在北戴河的活动、第三章公益会与地方政府的建设细节、第四章对海滨社会群体的分析及对旅游宣传的研究、第五章对自治区市经理制在北戴河的应用等部分，堪称本书的特色章节。其他部分亦有所深入，对历史细节有较为丰富的展现，虽有部分内容仍受制于史料薄弱无法深入，但笔者认为本书仍会成为后续北戴河研究的重要参考著作。

第一章

北戴河海滨的历史沿革与自然环境

如今的北戴河海滨风景区地处河北省秦皇岛市北戴河区,在秦皇岛市中心的偏西位置,与青岛、大连、三亚等地同为国内著名的海滨度假胜地。虽然北戴河海滨名气大彰始于近代,但是其气候宜人、风景美丽的特点,在古代就已吸引人们前来游玩赏景,留下了一些诗文作品。追溯北戴河的历史人文,叙述北戴河的自然环境,有助于建立对北戴河海滨的基本认知。

第一节 行政沿革

戴河(又称戴家河)是河北省东北部的一条河流,其较大的东源源于抚宁区蚂蚁沟北青石塔,西源两支分别源于车厂北和聂口以北,东西源河水在沙河村汇合,后汇入渤海。[①] 戴河以北的一片区域就被称为北戴河,这是北戴河地名的来源。而北戴河海滨则是北戴河区域靠近渤海的一片狭长形滨海沙滩及其周围土地。

北戴河所属区域的历史最早可以追溯到商周时期。商朝时,现在河北省的东北部存在一个方国,名为"孤竹国"。孤竹国依靠青龙河发展起来,其疆域若与如今地图对比,则西到河北省迁安市,东部含秦皇岛市和唐山市下

---

① 河北省地方志编纂委员会编:《河北省志 第3卷自然地理志》,河北科学技术出版社1993年版,第215页。

属的各县区，北可到辽宁省西南部。其国存在一千年左右，后为齐桓公所灭，地归燕国。①《管子》一书对其覆灭有所记载："北伐山戎，制冷支，斩孤竹，而九夷始听，海滨诸侯，莫不来服。"②

秦汉之时，北戴河归属于辽西郡。辽西郡下辖十四县，分别为且虑、海阳、新安平、柳城、令支、肥如、宾徒、交黎、阳乐、狐苏、徒河、文成、临渝、絫县。辽西郡各县分布在如今的河北、辽宁、内蒙古三省区，其区域南端即抵海滨。③

隋时，北戴河归辽西郡柳城县。唐时，北戴河归河北道营州柳城县。辽时，"榆关、戴河以东及长城以北属中京道"。金时，北戴河属北京路瑞州，归海阳县管辖。元时，北戴河属辽阳行省大宁路。④多个朝代延续下来，北戴河归属虽屡有变化，但榆关和戴河长期是郡县之间的分界线，元时戴河口港是这片区域的重要海运港。⑤

明代时随着山海关的修筑，这一区域有所变化。山海关以及北戴河都在永平府抚宁县（今抚宁区）的管辖范围之内⑥，山海关是北部国境的重要防御之所，而北戴河则成为海运"积储之地"⑦。清初，北戴河仍隶属于抚宁县，乾隆二年（1737年），置临榆县于山海关关城⑧，北戴河转隶临榆县，戴河西岸仍属抚宁县⑨。

---

① 郭继汾：《孤竹国初探》，载收入氏著《蒲公英文集》，燕山大学出版社2016年版，第24—28页；冯金忠、陈瑞青：《河北古代少数民族史》，民族出版社2014年版，第8—10页。

② 管子著、颜昌峣校释：《管子校释》，岳麓书社1996年版，第200页。

③ 朱诚如主编：《辽宁通史》（第1卷），辽宁民族出版社2009年版，第124—125页。

④ 秦皇岛市地名办公室编：《秦皇岛风物志》，河北人民出版社1986年版，第8—10页。

⑤ 牛汝辰编：《中国地名掌故词典》，中国社会出版社2016年版，第13页。

⑥ 秦皇岛市地名办公室编：《秦皇岛风物志》，河北人民出版社1986年版，第10页。

⑦ 林伯铸编：《北戴河海滨风景区志略》，1938年，第1页。

⑧ 〔清〕赵允祜撰：《临榆县志》（卷二），光绪四年（1878年）刻本，"表·沿革"第5页上版。

⑨ 林伯铸编：《北戴河海滨风景区志略》，1938年，第1页。

就海滨来说，这里离县城较远，联峰山两侧分布着一些村庄，村民以种地打猎为生，生活平淡无奇。

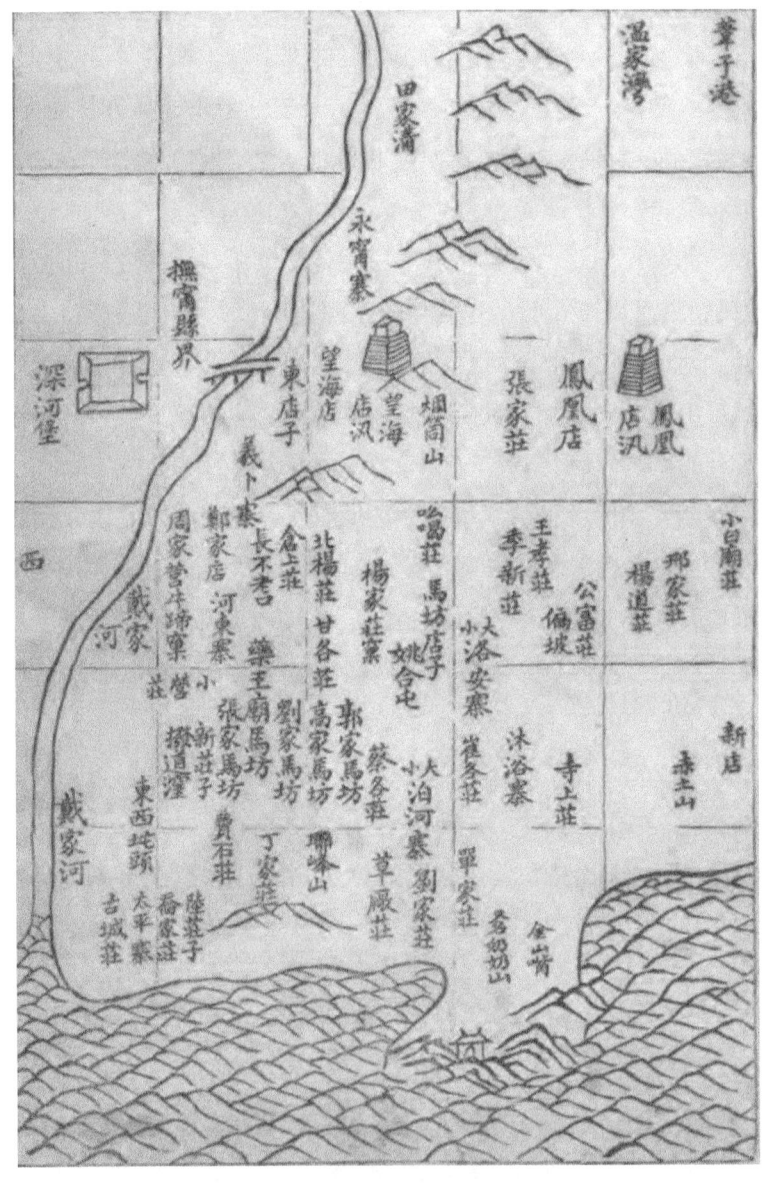

图1-1　清时北戴河区域图①

---

① 〔清〕赵允祜撰：《临榆县志》卷首，光绪四年（1878年）刻本，"图"第8页上版。

第二节 地理气候

"北戴河境内地形复杂,东为丘陵,西为山地。山峰起伏连绵、冲沟甚多。"这样的地理情况造就了大量的"深沟峡谷,奇石异洞",景色极为绚丽。① 其北部以剥蚀平原为主,低平的地势中稍有起伏;南部山峰林立,但高度一般;鹰角亭和赤土山以北的东北部是海积平原,部分区域有沙丘和沼泽地;联峰山以西、戴河以东的西部地区是洪冲积平原,绵延至河口。②

北戴河海滨是北戴河的一部分,地处临榆县城西南约70里,其范围东起鹰角亭,西至戴河口,长20里左右,背靠东西联峰山,南临渤海。联峰山又名莲蓬山,有东、西二峰,因其状若莲蓬而得名,二峰相距三里许,山上有观音寺一座。③ 此山最高处150余米,山体由混合花岗岩构成,多奇景。④ 在西联峰山南,有一高一低两座巨石,"状如二人对语",因此名为对语石。此外,联峰山还有骆驼石、仙人洞、通天洞、海眼等胜景。⑤ 自联峰山向东、南望去,可见绵延20里的沙滩与万顷海面。这里地势平坦,视线开阔,沙软潮平。

与景色相得益彰的是这里的怡人气候。因地处海边,每到夏季,这里白天与晚上可以分别享受到海风和陆风,使一天内的温差不至于太大。经统计,北戴河海滨"年平均气温为12.2℃,盛夏日平均气温为24.5℃"⑥。又因海风阵

---

① 陈国卫编著:《旅游胜地北戴河》,中国林业出版社1996年版,第1—2页。

② 秦皇岛市北戴河区地方志编纂委员会编纂:《北戴河志》,天津人民出版社1994年版,第75页。

③ 〔清〕赵允祜撰:《临榆县志》卷六,光绪四年(1878年)刻本,"舆地篇·山水"第21页下版。

④ 秦皇岛市地名办公室编:《秦皇岛市地名词典》,天津人民出版社1994年版,第575页。

⑤ 河北地名委员会办公室编:《河北名胜志》,河北科学技术出版社1987年版,第283—284页。

⑥ 陈国卫编著:《旅游胜地北戴河》,中国林业出版社1996年版,第1页。

阵，暖湿气流源源不断，降水也较多，在最热的 7 月份，其湿度能达到 80%以上①。空气流动强、温度低、湿度大成为北戴河夏季气候的典型特征，这样的气候凉爽宜人，较同纬度的北京等地舒服许多。

优美的景致与宜人的气候是北戴河海滨得天独厚的自然资源，为其在近代成为国内重要的避暑地提供了基础条件。

第三节　诗文记述

北戴河海滨及附近区域的盛景在各朝代吸引了诸多帝王和文人墨客前来观赏，留下了许多脍炙人口的作品。

秦始皇三十二年（公元前 215 年），始皇帝东巡来到北戴河附近的碣石山，在这里刻石撰铭以留念。②汉献帝建安十二年（207 年），曹操北征乌桓回师途中，路过碣石山，作名篇《观沧海》："东临碣石，以观沧海。水何澹澹，山岛竦峙。树木丛生，百草丰茂。秋风萧瑟，洪波涌起。日月之行，若出其中。星汉灿烂，若出其里。幸甚至哉，歌以咏志。"③这可能是对北戴河地区最早的景物描写，说明此地千年以前就以山海美景著称。

隋炀帝《望海》作于其东征高丽入住临渝宫之时，其中有"远水翻如岸，遥山倒似云。断涛还共合，连浪或时分"④的美句。隋炀帝近臣虞世基遂奉命和诗一首，有句云："清跸临溟涨，巨海望滔滔。十洲云雾远，三山波浪高。

---

① 秦皇岛市北戴河区地方志编纂委员会编纂：《北戴河志》，天津人民出版社 1994 年版，第 79 页。

② 何志利主编，昌黎县档案局编：《同治重修昌黎县志校注》，线装书局 2018 年版，第 284—285 页。

③ 《名人留迹北戴河》编委会主编：《名人留迹北戴河·诗文荟萃》，中央文献出版社 2007 年版，第 4 页。

④ 邓魁英、袁本良主编：《古诗精华》，巴蜀书社 2000 年版，第 1066 页。

长澜疑浴日，连岛类奔涛。"①与隋炀帝一样，唐太宗东征高丽时也留下了观海的诗句："披襟眺沧海，凭轼玩春芳。积流横地纪，疏派引天潢。仙气凝三岭，和风扇八荒。拂潮云布色，穿浪日舒光。照岸花分彩，迷云雁断行。"②这些久在内陆都城的君臣平日难以见到海景，渤海的壮阔景象给他们带来了视觉上和心灵上的冲击。

如果说之前的诗句还只是咏叹整个碣石山到渤海的景色，那后来就逐渐出现了专门描绘北戴河海滨景色的诗文。明时杨琚写金山嘴："百川归纳岂曾盈，无浪无波彻底清。漠漠远天连一色，沉沉皓月更同明。"③李廷对写金山嘴："一峰压水似浮沤，三面晴波漾白鸥。满月凝辉浮素璧，微风催浪送轻舟。"④联峰山的美景也有诗句留存，抚宁人翟鹏作《联峰海市》："山头隐隐见楼台，万状千形顷刻开。出入人踪离汉远，淡淡树影倚云栽。"⑤李廷对记联峰山："水色苍茫碧四围，临风独立瞰危矶。乍惊白鹭冲波去，旋见渔舟逐浪飞。岸柳浮沉供野绿，樯帆出没挂斜晖。遥看日落双峰外，醉拂春风踏月归。"赵景徕作《莲蓬山观海歌》："滨海有岭号莲蓬，悬崖削就金芙蓉。海光山势相争雄，怒涛隐隐凌太空。"⑥

古代文人的这些诗句不仅描绘了北戴河海滨的优美景色，也展示了这里静谧如世外桃源般的生活，渔民驾船出海打鱼，山势奇峻，海天一色。正是这样独特的自然风光、舒适凉爽的气候、恬静的田园生活才能使得这个不起眼的海滨小地即将大放异彩。

---

① 李越选编：《中国古代海洋诗歌选》，海洋出版社2006年版，第16页。
② 〔唐〕李世民著，吴云、冀宇校注：《唐太宗全集校注》，天津古籍出版社2015年版，第41页。
③ 《名人留迹北戴河》编委会主编：《名人留迹北戴河·诗文荟萃》，中央文献出版社2007年版，第11页。
④ 〔清〕赵允祜撰：《临榆县志》卷六，光绪四年（1878年）刻本，"舆地篇·山水"第22页下版。
⑤ 《名人留迹北戴河》编委会主编：《名人留迹北戴河·诗文荟萃》，中央文献出版社2007年版，第13页。
⑥ 〔清〕赵允祜撰：《临榆县志》卷六，光绪四年（1878年）刻本，"舆地篇·山水"第21页下版—22页上版。

第二章

北戴河海滨避暑地的诞生

北戴河海滨本是直隶临榆县西南部一个不起眼的靠海区域，当地居民在这里过着种地打鱼的普通生活，但晚清时期，外国人的到来打破了这里的传统生活。在近代中外交流的人潮下，北戴河海滨的自然风光和宜人气候自从被外人"发现"，就一步步吸引了越来越多的外侨来此筑屋度假或定居，使海滨成为一片中外杂居之地。中外杂居自然会引发管理难题，面对较为棘手的外国人，中国政府和当地人如何应对？外国人在这里的生活又是怎样的？本章主要论述西人"发现"海滨到外侨聚居渐成气候的二十余年海滨历史，重点讨论西人对海滨面貌与生活方式的改变和对海滨治理权力的侵蚀，以及中国政府、民间在此过程中的应对方式。

第一节 "发现"海滨

海滨背山靠海，除了当地土著村民，几乎是个人迹罕至的地方。海滨有十多个村庄，虽无确切数据，但依常理推算，应无多少人口。民国续修的《临榆县志》记载"清同治时尚无人迹"[1]，《北戴河海滨志略》载"海滨倚山面海，平畴深谷，隔绝尘境。在昔交通往还不便"[2]，可见其冷清情形。

---

[1] 高凌蔚、程敏侯等纂修：《临榆县志》第五、六卷，1929年，第16页。
[2] 管洛声编：《北戴河海滨志略》，1925年，第4页。

第二章 北戴河海滨避暑地的诞生

自鸦片战争之后，中国打开国门，一系列不平等条约规定的通商口岸大部分都地处沿海沿江的港口以及边境市镇。北戴河海滨这样的渔村位置偏僻，虽靠海但并不是大港，甚至可以说是"腹地"，国人尚且不知此地，自然也很难与外国人扯上关系。

直到光绪十九年（1893年），现代交通的发展才使北戴河海滨这一隐蔽区域为人所"发现"，且最先看上此地的是外国人。光绪五年（1879年），中国筑成唐山至胥各庄铁路以运煤，这也是中国第一条自主修筑的铁路。后在总工程师英国人金达的建议下，唐胥铁路延长至芦台，称唐芦铁路，光绪十四年（1888年）又接至天津，称唐津铁路。同年，海军总署奏请将唐津铁路"西接通州，东接山海关"。李鸿章后于1891年在山海关设北洋官铁路局总其事，终于光绪十九年（1893年）将铁路修至山海关，称津榆铁路。[①] 金达仍然是这段铁路的总工程师，他在勘察路线到达北戴河海滨金山嘴一带时，看到这里沙软潮平，甚为喜欢，有意在此筑屋留居。[②]

金达（1852—1935），英国人，全名为 Claude William Kinder，少时在日本生活，曾随父亲从事铁路修筑工作。1878年来华，先后任开平矿务局总工程师、开平铁路局和中国铁路公司总工程师，对这一时期中国铁路的初创与发展有所贡献，后于1909年离华回国。[③]

关于金达如何在北戴河海滨获得土地并筑屋，史料并不丰富，且各种说法之间有细节上的不同。《北戴河海滨志略》中只记载一句"（金达）怂恿铁路之华人杨季琳大举购地"[④]。《北戴河指南》记载：在铁路工程期间，已有工程师吐纳耳（F.B.Turner）居住于沿岸，工程结束后，铁路包工西人杨季琳遂在西联峰山上筑造房屋。[⑤] 张诚藩整理的《北戴河大事记》记载：在修津榆铁路时，金达为办公所需，在刘庄海边建了一座木屋临时使用，这是西人涉足

---

① 曾鲲化：《中国铁路史》，新化曾宅，1924年，第738—740页。
② 管洛声编：《北戴河海滨志略》，1925年，第4页。
③ 李志龙主编：《开滦史鉴撷萃》（上），河北人民出版社2011年版，第530页。
④ 管洛声编：《北戴河海滨志略》，1925年，第4页。
⑤ 徐珂编：《北戴河指南》，商务印书馆1921年版，第2—3页。

于此的最早事件。①

根据以上几种记载，再结合当时史事，可以推测出这样一个过程。修筑津榆铁路时，在北戴河设有车站，其路线和车站距海滨不远，时正值盛夏，金达偶然发现海滨一带舒适凉爽，遂和其他外籍工程师在这里临时办公。待到工程竣工时，金达又觉海滨实在适宜避暑和水浴，但因自己是外国人，按照中国法律无法在当地直接购地，只能委托铁路包工头杨季琳代为操办，于是杨才在此购买土地，向外国人租赁。就购地权一项可知，杨季琳只能是中国人，因此《北戴河指南》指杨季琳为西人，当有误。

津榆铁路的外籍工程师在某种意义上可以说是北戴河海滨的"发现者"，他们的到来和暂居吸引了更多来此避暑的外国人和中国人，开启了北戴河海滨作为近代著名避暑地的历史。北戴河海滨的生活从此不再只有土著村民的日出而作、日落而息，而是逐渐喧嚣了起来。

第二节　西人购地置屋

自外籍铁路工程师看中北戴河海滨这片宝地后，在华外国人渐知此地。第一批来此购地建房的外国人基本上都是在华传教士。第二次鸦片战争后，中法两国签订的《北京条约》中有一条款："中国政府准法国宣教士在各省租买田地，建造自便。"② 又因为十多个国家都从清政府攫取了片面最惠国待遇的特权，这个条款实际上赋予了欧美各国传教士在中国土地上随意购买土地和建造房屋的自由。

利用这个特权，在津渝铁路修成后，外国传教士史德华（J.Stewart）、劳瑞（H.H.Lowry）、塔夫特（M.L.Taft）等人来到海滨，欲购地建房。但只有

---

① 张诚藩整理：《北戴河大事记》，载中国人民政治协商会议河北省北戴河区委员会文史资料研究委员会编《北戴河文史资料》第一辑，1989年，第104页。

② 刘彦：《中国近代外交史》，上海泰东图书局1921年版，第56页。

史德华建成了一所用来开办公司的半西式洋房,因为中日甲午战争的爆发,中国军队征用了海滨建造防御工事,这使得劳瑞和塔夫特的购地计划未能成功,此前金达等人所租房屋也被征用。

战争过后,一切恢复如常,北戴河海滨的土地交易也转为正常,从这时到1897年,传教士购地都较为小宗。塔夫特等人买下的土地转卖给了美以美会,用作该会牧师疗养。伦敦基督教会购买了10亩地建造了14所小屋,每个小屋都有阳台和数个居室。到1896年,海滨的外国教会还在金山嘴建造了会馆。①

数年之间,欧美传教士已经在海滨购地并建造了星星点点的西式房屋,其中最有名的要数英国人甘林(Gandlin George-thomas)在西联峰山鸡冠山上建造的甘林别墅。甘林(1853—1924),英国偕我会教士,25岁时来到中国,早期活动于天津、唐山等地,1893年来到北戴河布道。他与金达一样,看中了这里的风景和气候,利用自己的传教士身份向当地地方组织"十三牌"买下了鸡冠山上的400亩土地。鸡冠山位于东联峰山的东北方向,是一座较为独立的小山峰,因其状如鸡冠而得名。甘林在此购地后,用几年时间为自己修造别墅,终在1896年,建成了一座两层楼房,并用石头砌成短墙环绕别墅一周。②这座别墅地处山上,可以一览海滩景色,是当时海滨最有名的一栋房屋。

1893年到1897年之间,是外国人在北戴河海滨早期购地建屋的几年,他们能逐渐聚集到这里,有几个方面的原因促成。第一,新修筑的津榆铁路使华北一带的外国人可以较为容易地到达距离海滨不远的北戴河车站,现代交通的进步是北戴河海滨发生变化的首要条件;第二,传教士享有购地筑屋特权,可以不受限制地从当地人手中购买土地,而这个特权产生于近代列强对中国的侵略,有强烈的不正当性;第三,传教士们有相当的行动热情,也有很强的团体互助精神,这使得他们不分国籍和教派,口口相传后陆续来到这里。

---

① 《秦皇岛海关十年报告(1902—1911)》,载田金昌主编《天开图画成乐土——朱启钤与北戴河海滨公益会》,中国文史出版社2018年版,第49页。

② 冯树合编著:《北戴河史迹》,中央文献出版社2008年版,第51页。

第三节　秦皇岛开港与海滨避暑地的开辟

北方渤海沿岸各地的大宗货物运输对海运甚为依赖，但北方冬季天气寒冷，常受结冰困扰，导致海运不得行。如天津，"虽直隶第一之开市场，极为繁盛。而白河浅涸，不容大船，虽其稍小者，得泊塘沽，尚要豫卸下若干货物于大沽，而后可行。又虽卸下塘沽之货物，更输送之于天津，辗转许多劳苦。且冬月结冰，交通路绝，故北清商业，虽日见发达，而天津海口，咸苦其不便，势不得不求良港于他也"。北方另一重要港口营口亦如是，"辽河水浅湍急，实非良港，且结冰之期，久于天津。冬月最便转运之满洲地方，而一年三分之二，殆为坚冰所锁，其不便甚矣"。①冬季华北及东北商业运输受阻，且开平煤矿所产之煤和北方邮政包裹也难以通行，亟须在北方另寻一良港。而北戴河海滨至秦皇岛一带由于独特的气候条件，即使在隆冬季节也不结冰，且此处离津榆铁路线较近，便于转运货物。于是在光绪二十四年（1898年）三月，总理各国事务衙门奏请在"直隶抚宁县北戴河至海滨之秦皇岛"一带自设通商口岸，以便货物运输。②

奏请得到允准后，海关税务司、开平矿务局等机构联合对该段海域进行勘察，以确定筑港地点。实地勘察之后，津海关税务司贺璧理报告称，此段海岸可当港口者，一为金山嘴，一为秦王岛。贺璧理指出，海运需与铁路相衔接才足够便利，金山嘴离津榆铁路较远，且中间隔有山地，而秦王岛距铁路较近，且"经行之路甚为平坦，用费必小"。另外，金山嘴一带已有外国传教士建有房屋，不便再设码头，遂决定在秦王岛西设码头，用于商船起卸货物。

贺璧理还划出了通商口岸的范围。该范围"由戴赭河往内二里至尺头山，自尺头山至秦王岛，西边离海不过一里半，在秦王岛一带仍离海二里，堪备

---

① 《秦王岛之将来》，《清议报》第 16 册，1899 年 5 月 30 日，第 1000 页。
② 《大清德宗景皇帝实录》卷四百一十六，第 6 页。

各洋商盖行之用"。贺璧理了解到西人在北戴河海滨所买之地和所筑房屋均在海岸线二里之内,而其他原有村庄在此之外,遂以二里为线划界。①

近代早期,列强利用诸多不平等条约逼迫清政府开放了许多通商口岸,但秦皇岛商埠是中国自开,与这些商埠不同,主动"自开"商埠包含清政府护卫国权的想法。条约开放口岸造成大量租界产生,侵蚀我国主权,甲午战争后,各国争夺势力范围,"并垄断其势力范围内之一切权利利益"。清政府深觉此事之害,遂想到自开口岸一法来抵抗,"一以阻止各国之垄断,一以保持自国之主权"。总理各国事务衙门在1898年的一封奏折中写道:"查中外各国之通商口岸,其地方一切权利,皆归本国管辖,无论何国商人,只能懋迁货物,不得干与地方。中国自开海禁以来,许各国分划租界,浸假而派领事,设巡捕,水面则停泊兵轮,界内则强收捐项。授人以柄,失国家固有之权,启强邻觊觎之渐。应著沿江沿边各将军督抚,迅就各省地方,悉心筹度,如有形势扼要,商贾辐辏之区,可以推广口岸,扩展商埠者,即行咨商总理衙门办理。惟须详定节目,不准划作租界,以维利益而保主权。"②秦皇岛商埠就是在这样的情势下自设为通商口岸,有日人对此观察颇明:"彼之取此政略者,盖有深意存焉也。然察二氏之意③,将谓维持清国之治安,使之免他邦之侵略,不外于各地开埠,于欧洲列国商业之利而已耶。……此港傍山海关,虽严冬不结冰,不独适于吐纳满洲及直隶山西之货物,又可以遏抑俄国之南下也。……清国已知自开放其海港,即所以自防御其海港,渐至施之于实际。"④

自开商埠本为防止外人划定租界,伤我主权,但秦皇岛区域有其特殊之处。秦皇岛开埠之前,北戴河海滨自戴河口至尺头山的狭长区域内,已有数量不少的外国人在此购地建屋,颇成气候。这样的已有之局使清政府感到很是棘手,毕竟先有外人聚居于此,才有后开商埠,如此一来,自开商埠对

---

① 《津海关税务司贺璧理申呈秦王岛添开通商口岸文》,载李保平、邓子平、韩小白等编《开滦煤矿档案史料集1(1876—1912)》,河北教育出版社2012年版,第224—225页。

② 刘彦:《被侵害之中国(即中国最低限度应取消之不平等条约)》,太平洋书店1928年版,第125—126页。

③ 指两江总督刘坤一开放南京和湖广总督张之洞开放岳州。

④ 《秦王岛之将来》,《清议报》(第16册),1899年5月30日,第999—1001页。

外人侵入的防范作用也就大打折扣。贺璧理还在呈文中建议"其华洋各商盖房之所在西段，若欲盖修道路等工程所需之费自应自备，因思亦应归洋人管理"①。若遵从此议，则秦皇岛口岸内产生租界是早晚之事，会严重破坏中国北方这一重要港口的国防和商贸自主权。考虑到这一严重后果，在贺璧理呈文之后，官方并未采用其划定的自戴河口至秦王岛的口岸范围，而是为其东西两部分制定了不同的政策，"其间近戴河二十余里，早经西人盖房避暑，金山嘴以西一带为各国教士所居，未便作为商埠。勘定赤土山以北至秦王岛，作为通商口岸。而划定戴河以东北戴河至金山嘴，沿海向内三里，及往东北至秦王岛对面，为各国人士避暑地，准中外人杂居"②。从此，北戴河海滨避暑地正式诞生，清政府将其与秦皇岛口岸分隔开来的做法有效地保护了秦皇岛口岸的主权，将北戴河海滨划在口岸之外的做法也限制了外国人制造租界的企图。同时，这种划分方式也对历史事实做了妥协，正式默认了外国人可在北戴河海滨居留。

总理衙门奏请开设秦皇岛商埠之前，开平矿务局会办张翼曾实勘此地，寻找建港之处。很自然地，张翼发现外国人在北戴河海滨多处建有房屋，于是敏锐地思考到，待到秦皇岛开埠后，来此外人会更多，恐于我不利。恰开平矿务局被赋予"圈留地段"的权力，为将来运煤、建设码头和街道做准备。于是张翼以开平矿务局的名义，在秦皇岛正式开埠之前，抢购了沿岸土地数万亩，"可出租于各国商民，惟一切治理之权均归中国自主"。③ 此事也得到了李鸿章的授意与支持，在秦皇岛被批准为通商口岸当日，李鸿章即让招商局密告张翼："将来津榆铁路必由北戴河接造枝路通海岸，商局应速派妥人前往察勘，择购栈房、码头地基，趁洋商未得信时力争先著为要。"④ 待北戴河海滨

---

① 田金昌主编：《天开图画成乐土——朱启钤与北戴河海滨公益会》，中国文史出版社2018年版，第54页。

② 管洛声编：《北戴河海滨志略》，1925年，第5—7页。

③ 同上书，第7—10页。

④ 李鸿章：《致招商局黄道》，光绪二十四年（1898年）三月初五日辰刻，载顾廷龙、戴逸主编《李鸿章全集26·电报六》，安徽教育出版社、安徽出版集团2008年版，第426页。以往研究较少提及李鸿章在此事中的作用，大多指为张翼个人所为。

设为避暑地，外人闻风而来之时，海滨土地多半已归矿务局所有（张翼个人也购买了大片土地），有效地限制了外国教人大规模购地。

在19世纪的最后几年，自北戴河海滨辟为避暑地后，外人来此避暑掀起新一波风潮。这一时期，来此避暑的主力仍是传教士。他们在西山建造了十余所别墅，在东山也是如此，在金山嘴建房约有50所。美国的美以美会、英国的中华圣公会等多个教派都来到北戴河，并建有别墅。①

正当外国人建造别墅的活动如火如荼之时，义和团运动兴起，北戴河海滨的外国人受到了严重冲击。义和团打着"扶清灭洋"旗号，对"洋教"尤其深恶痛绝，而北戴河海滨的外国人恰是传教士占绝大多数。义和团发展到北京一带时，北戴河附近的传教士、铁路外籍职员及其家眷均面临危险，孙星枢代宋庆幕僚迟程九所作《庚子从军日记》中，记载了宋庆在山海关附近保护洋人之事。日本书记官杉山彬在北京遇害后，"榆关一带人心摇动，拳匪猖獗尤甚"，宋庆派遣亲兵一哨，驻扎在海滨联峰山，与英军一起"护守金达及各洋员之房屋"。②后来，随着北京形势愈急，北戴河成为洋人逃离华北的重要出口。光绪二十六年（1900年）五月十五日晚，有中国军队护送丰润的"美教士及妇稚共十八名"乘坐火车分别到达北戴河和天津，等待坐船离开。③宋庆也派兵"护送各洋员之眷属至北戴河"，二十一日，因宋军须赴天津，洋员遂"往北戴河搭附轮舟"离开。④在中外军队的保护下，北戴河的洋员、传教士在义和团攻击之前就已离开，几乎未受伤害。五月二十八日一点钟，"忽报北戴河莲蓬山各处洋楼火气"，"又见金山嘴、秦王岛两处洋楼亦同时延烧"，临榆县令派遣的扑救人员人数不多，在强大的火势面前无所措手，

---

① 田金昌主编：《天开图画成乐土——朱启钤与北戴河海滨公益会》，中国文史出版社2018年版，第49页。

② 孙星枢：《庚子从军日记》，载北京大学历史系中国近现代史教研室编《义和团运动史料丛编》（第一辑），中华书局1964年版，第228页。

③ 《通永镇（李安堂）电》，光绪二十六年五月十六日，北京大学历史系中国近现代史教研室编：《义和团运动史料丛编》（第二辑），中华书局1964年版，第192页。

④ 孙星枢：《庚子从军日记》，载北京大学历史系中国近现代史教研室编《义和团运动史料丛编》（第一辑），中华书局1964年版，第229页。

房屋烧毁殆尽。①此次事件对北戴河洋教打击甚大,有信教人士后来记载:"房屋为之一炬,什物为之掳掠,信道之人,遭遇不偶,性命旦夕,深造之士,固乐舍生取义、捐躯成仁,而附和暗弱者流,遂胆破而魂飞,视教会为畏途,裹足不前。"②

图 2-1　北戴河被毁坏的别墅③

但随着义和团运动的失败和《辛丑条约》的签订,外国人卷土重来,1901年后,北戴河海滨的外国人较之前更多。辛丑年一月,英国外交官古德要求临榆县向战争期间被毁的洋房赔偿巨款,终以钱无所出,临榆县拿获当时犯事三人,"押犯齐集北戴河犯事地方,斩枭示众"。此举既震慑了拳民,利于洋人此后人身财产安全,又未让赔款摊派于当地居民,西人和当地居民对此结果甚为满意。④战争期间,有一股德军来到北戴河海滨,在小辛庄建造兵房,驻扎在此,还修建了一条军用铁道连接到北戴河车站,为其运转物资。

---

① 邹渭三、凌登岳:《榆关纪事》,载北京大学历史系中国近现代史教研室编《义和团运动史料丛编》(第一辑),中华书局1964年版,第155页。

② 王焕文:《北戴河教会近况(直录)》,《通问报》第374期,1909年,第2页。

③ [德]穆默图,闵杰编撰:《德国公使照片日记(1900—1902)》,程玮译,福建教育出版社2016年版,第260页。

④ 邹渭三、凌登岳:《榆关纪事》,载北京大学历史系中国近现代史教研室编《义和团运动史料丛编》(第一辑),中华书局1964年版,第207—208页。

战争结束后,联军获得在天津常驻军队的权力,其从北戴河撤回天津时,将军用铁路拆除,并于光绪三十二年(1906年)将所建兵房交还给中国。但天津暑期酷热,德军在交还兵房之时又与中国签订租借协议,夏季德军自津来北戴河,可借用原兵房居住,作避暑之用。① 待到阴历九月前后,天气转凉,德军又与临榆县和当地巡防队办理交割,将兵房交还给中国方面。② 德军的存在给海滨外国人提供了军事保护,外人的建房活动也愈见活跃。自《辛丑条约》签订后,外人在海滨"鸠工建筑,土木大兴。于兹数年中,竟美轮美奂,肯构肯堂,巍然峙然,高矗云霄者百数十所矣。于是素来之穷山僻壤,竟一跃而登为焕然一新之名胜"③。

图2-2 德国驻军在北戴河的兵营④

自1898年秦皇岛开埠和北戴河开辟避暑地以后,中间虽遭遇义和团运动的波折,但外人到北戴河海滨建屋避暑的活动整体仍呈扩大趋势,其中有两大重要原因。一为清政府划定北戴河海滨为避暑地后,允许中外人士在此杂居,因此,外人到此地避暑"名正言顺",受官方保护,而并非此前无任何依

---

① 管洛声编:《北戴河海滨志略》,1925年,第12—13页。
② 《津海关道禀德国交还北戴河避暑兵房文附原函并批》,《北洋官报》第1977册,1908年10月21日,第8页。
③ 王焕文:《北戴河教会近况(直录)》,《通问报》第374期,1909年,第2页。
④ [德]穆默图,闵杰编撰:《德国公使照片日记(1900—1902)》,程玮译,福建教育出版社2016年版,第261页。

据的自发之举；二为《辛丑条约》签订后，在条约的庇护下，外国人尤其是传教士在中国土地上走动、居住更加方便，且受到其军队的保护，海滨之外人别墅建造之风较之前更加兴盛。

第四节 避暑生活

一、避暑文化传入

炎炎夏日的高温会给人带来强烈的身体不适感，有可能导致眩晕、脱水等症状。而人类在很早就开发了多种多样的消夏方式，如食用冰镇食品、扇风、洗浴等，但这些方式只可解一时之暑热，遂另有避暑之法。避暑，即暑热之时到凉爽的地方去生活，这种方式使人类如候鸟一般，在常住地与避暑地之间定期迁徙，以躲避高温。因陆地上随海拔升高而气温渐低，山间成为古人避暑常去的地方，丛林既能遮挡日光，溪流也能产生水气，使山中成为极为适宜的避暑妙地。各地山上的寺院道观，或私人建造的山庄别院，在夏季往往更受欢迎。明朝时有人上山避暑时作诗云："溽暑烦尘宇，祇园想胜游。倦生程邈客，兴发子猷舟。瀑布湍如雪，丛林气似秋。云岚纷在目，神往若为留。"① 内陆地区最有名的避暑胜地即清朝在承德修筑的避暑山庄，每到夏季炎热之时，清皇室及大臣就浩浩荡荡地前往承德避暑，并在那里办公、游乐，待到北京高温散去，再回到京城。

与山间相比，海边因其有海风吹拂及较为清凉的海水，气温较平地略低，湿度也更大，亦具避暑之效，但夏季到海边避暑在中国古代并不盛行，这样的风气起于近代西方。据潘淑华的考证，"无论是在中国或西方文化中，海洋及海滨最初皆被视为令人惶恐不安及充满不确定性的大自然环境。把海滨转

---

① 张四维：《舅氏约游栖岩寺避暑诗以促之》，载张恒注《弦歌三晋》，山西教育出版社2017年版，第252—253页。

化为闲暇空间,源自西方数世纪以来的文化变迁"。随着西方人文主义和海洋学的发展,西方文化逐渐改变了人们对大自然尤其是海洋的态度。诗人、画家开始到海边寻找创作灵感,来自城市的人们去海滨度假,"为了寻找难得的宁静环境及单纯简朴的氛围,并通过旅程进行对自我身份的觅寻与重构"。①海滨具有与日常所居的城市不同的特殊环境,人们到这里来避暑度假,使自己置身于一种日常喧嚣之外的探索新世界的体验之中,短期内放松自己的身心,追寻生活的差异感与精神的愉悦感。

中国海滨避暑度假旅行文化由鸦片战争以后的外国人带来,青岛、大连、北戴河等著名的海滨避暑旅游胜地均是从近代起步,且由外国人最早开发旅游事业。以北戴河为例,当地居民以海域为打鱼之所、谋生渠道,他们聚居的村庄也距海岸线有一段距离。但外国人来这里居住的目的与当地居民显著不同,他们追求这里夏季的凉爽气候,壮阔的山海美景,以及宜居的环境对人身体带来的恢复与调适。自外国人"发现"这里之后,外国人所建房屋越来越靠近海岸线,且最好能使房屋的部分窗户对着大海,以满足在屋内就能欣赏景色的需求。晚清时期来到中国的外国人大都聚居在大城市的租界或使馆中,城市嘈杂的声音、浑浊的空气、肮脏的路面、封闭的视野、熙攘的人群使他们时常感到疲惫和郁闷,夏天的酷热更让人难以忍受。于是,便捷的铁路交通与北戴河的"横空出世"为他们提供了一个舒适的夏季避暑地,海滨避暑文化遂在北戴河海滨兴起。

二、避暑人群

自各国传教士来北戴河购地建屋之后,口口相传之下,居住在京津地区的外交官、商人、中国政府外籍雇员也纷纷来到这里,北戴河的外国人数量增长迅速,夏季前往北戴河避暑的风气在京津外人群体中盛行。赫德担海关总税务司重任,戊戌年(1898年)六月,李鸿章欲与其商议洋员德璀琳的

---

① 潘淑华:《城市、避暑与海滨休旅:晚清至1930年代的北戴河》,《"中央"研究院近代史研究所集刊》第95期,2017年,第40—41页。

薪水之事，赫德却在北戴河避暑①。这一年维新变法快要失败之时，康有为欲求救于英国公使，而后者也在北戴河避暑②。1903年7月，美使康格乘火车赴北戴河游历③。1905年8月，绍英拜访驻京各国公使时发现德国公使已在北戴河④。1906年夏，俄国公使璞科第往北戴河避暑⑤，德国驻天津新任领事Knipping甫一上任，即往北戴河一游⑥。1908年6月，德国公使雷克司由京赴北戴河避暑⑦，德国政府甚至还计划来年使用公款为驻京德使在北戴河修建住宅⑧。在清末北戴河被划为避暑地后的十余年中，这样的场景常常在华北出现：1到6月，京津地区的外国人就携带家眷和仆人，带上足够的食物，登上发往北戴河车站的火车，到达北戴河后，入住于其或建或租的别墅内。在之后的两三个月内，这些外国人避暑于此，公务电文飞传北戴河，他们就在此处理公务、召开会议，待到八九月天气转凉时，再举家乘车回到京津。外国官员纷纷在夏季前往北戴河游玩，甚至已经影响到了其正常公务，五国银行团欲举行会议时，"驻京五国代表中有旅游南方或避暑北戴河者，遂致缺席不能开议"⑨，可见这股风气之盛。有英国记者观察到："我发现中国北方的每个人都在谈论北戴河，这也难怪，因为在感受过北京和天津的灰尘和炎热之后，对海滨的渴望是无法抑制的。每一列发往北戴河的列车都会带去一两个来自欧洲的家庭，人们正迅速挤进这个迷人的小地方。"⑩

---

① 李鸿章：《复荣中堂》，光绪二十四年（1898年）六月二十二日，顾廷龙、戴逸主编：《李鸿章全集36·信函八》，安徽教育出版社、安徽出版社集团2008年版，第186页。

② 康有为撰，楼宇烈整理：《康南海自编年谱（外二种）》，中华书局1992年版，第59—60页。

③ 《津门尺素》，《申报》1903年7月21日第2版。

④ 绍英著，张剑整理：《绍英日记》，中华书局2018年版，第115页。

⑤ 《俄使出京避暑》，《申报》1906年6月28日第2版。

⑥ 王承传著，冯雷、王洪军整理：《王承传日记》，凤凰出版社2017年版，第160页。

⑦ 《驻京德使赴北戴河》，《北洋官报》第1743册，1908年6月9日，第10页。

⑧ 《德国备款建造济南领事署》，《申报》1906年12月11日第3版。

⑨ 《新年后之财政进行谈》，《申报》1914年1月13日第6版。

⑩ *PEI-TAI-HO*, London and China Express, 1898.8.19, p.16.

传教士们会在北戴河举行成规模的会议和其他活动。美国基督教北长老会的牧师丁义华，组织万国改良会，号召改良自己、家庭和社会，巡回各地进行演讲活动。1910年夏季，丁义华在北戴河避暑之余，组织演艺活动，为改良会进行筹款。①1911年夏，一位中国勉励会成员受同会教友相邀从上海赴北戴河，他一为避暑观景，二为"有机会遇见北方的传道人士"，以在北方传播勉励会。②1914年，上海主日学合会借北戴河之地举办主日学教育研究会，该次会议由美国都春圃牧师主办。参加者董德嘉回忆："当时，辽阳教会德教治牧师派遣陈奥林和本人参加学习，学期一个月。"③1915年，天津

图2-3　1914年莫理循在北戴河海边④

青年会发起为期半月的北戴河夏令息游会，会员自天津乘火车前来，入住于北戴河当地牧师家中。⑤这些教会往往夏季在北戴河海滨组织集体活动，一是让各地而来的信道者在此休养游玩，二是进行教会活动，扩大教会的影响力，教会活动是这一阶段北戴河海滨避暑活动的主要组成部分之一。

19世纪末20世纪初的20年间，外国人无疑是北戴河避暑的主力人群，但也有部分中国人受到影响，前往北戴河海滨体验生活。首先，中国信教者

---

① 王焕文：《中国改良会筹款文艺会志盛（北戴河）》，《通问报》第417期，1910年，第3页。

② 《教会通信·北戴河》，《月报》第37卷第6期，1911年，第14页。

③ 董德嘉：《北戴河成为西洋人的例外租借地》，载辽阳市政协学习宣传文史委员会编《辽阳文史资料》（第19辑），辽阳市政协，2009年，第21页。

④ 莫理循（George Ernest Morrison，1862—1921），英国人，生于澳大利亚，19世纪末来华，遍游中国各地。该照片为1914年莫理循到北戴河海滨避暑时所摄，检索自中国国家图书馆网站，检索日期为2022年9月11日，网址：http://read.nlc.cn/allSearch/searchDetail?searchType=all&showType=1&indexName=data_531&fid=RW0000WJA0126。

⑤ 《北戴河夏令息游会记》，天津青年会：《会务杂志》第24号，1915年，第1、3—4页。

占其中一大部分，他们受外国传教士相邀或号召，前往北戴河参加教会会议与活动，通常与北戴河当地牧师有所联系。其次，个别中国政府高官受到外国在京外交官的影响，前往北戴河避暑休养，但人数很少。唐绍仪因患有肺病，1909年到北戴河"异地调养"，有消息称"侍郎自异地养病后，甚有功效，近日回津，其病已大愈矣"。[①]1910年知识女性吕碧城女士受传教士甘林之女的邀请，来到海滨著名的甘林别墅避暑养病，她在海滨到处赏玩时，"西人军士数人……颇啧啧称异，盖其地绝少中国妇女行踪也"[②]，说明中国人在此游玩并不常见。

以上三类人群构成了1893—1917年北戴河避暑旅游的主体人群，其中又以前两类外国人为主，少量中国人为次，北戴河海滨成为华北外人聚会游玩的优选之地。

三、交通情形

（一）从外部到北戴河海滨

从京津地区或中国南方抵达北戴河海滨，一走铁路，二走海路。铁路即京奉铁路（津榆铁路），该路在北戴河设有车站，但距海滨还有一段距离，须采取其他交通方式前往海滨。海路则可将船停靠在秦皇岛港口，登陆后再走陆路到达海滨。

自铁路通达北戴河后，从京津北上极为便利，一般华北地区人士均是乘坐火车前往北戴河。其中经济条件较好者会乘坐头车甚至包车，孙宝瑄在日记中记载他从山海关乘坐火车头车回京时，一路寥寥无人，只有北戴河站上来三五个外国人[③]，海关总税务司赫德1907年自北戴河回京时乘坐包车[④]。铁

---

① 《京师近事》，《申报》1909年10月18日第6版。
② 吕碧城：《北戴河游记》，《妇女时报》1911年6月11日第1期，第33页。
③ 孙宝瑄著，中华书局编辑部编，童杨校订：《孙宝瑄日记》，中华书局2015年版，第1107页。
④ 《官场纪要》，《北洋官报》第1116册，1906年，第8页。

路交通虽便，但需要的时间也不短。参加夏令息游会的青年们上午十一点钟自天津老龙头车站上车，下午五点四十五分到达北戴河车站，用时近七个小时①。北洋大学的徐宗溥上午十点多从天津登车，抵达北戴河已是夕阳西下②。因此，通过火车自京津出发，几乎要耗时一整个白天才可到达北戴河车站。

走海路似乎并不方便，在秦皇岛开埠之前，大船难抵此处，建港之后，走海路可抵秦皇岛，然后再通过其他方式到达北戴河海滨。1907年，英国画家利德尔来到中国旅行写生，夏季他从上海坐船出发北上，在路过威海卫、旅顺港之后到达秦皇岛，随后上岸转乘火车到北戴河车站，从车站再去海滨。这种情形一般出现在乘坐大船之时，如利德尔乘坐的就是开平矿务局的"开平号"轮船，而像庚子事变时逃离北戴河的外国人，乘坐小船即可直接自海滨离开，说明海滨附近水域也具备通行条件。③

北戴河车站离海滨还有一些距离，而来此旅游的人往往都携带许多行李，通行此路颇为不便。于是在这段路上出现了几种用以接驳的交通方式，如肩舆、乘轿、骑驴等，这些工作一般由当地村民担任，以换取些许路费。肩舆与乘轿纯靠人力，吕碧城到北戴河下车后，即乘坐肩舆，"拾级登山"，抵达鸡冠山上的甘林家中④。天津青年会的成员们到达北戴河车站后，雇用大车拉送行李，人员只能或乘轿或骑驴去往海滨⑤。

骑驴，是从北戴河车站去往海滨的最常见方式，对游客来说也最富新奇之趣，他们对这个极具特色的交通方式印象颇深。利德尔在书中表达了他骑着毛驴走过这段路途时的心理，这段话对路况和毛驴本身有精彩的描绘，特摘录如下：

---

① 《北戴河夏令息游会记》，天津青年会：《会务杂志》第24号，1915年，第1页。
② 徐宗溥：《北戴河游记》，《北洋大学校季刊》第1期，1915年，第7页。
③ ［英］托马斯·霍奇森·利德尔著，李国庆校订：《帝国丽影》，［美］陆瑾、欧阳少春译，北京图书馆出版社2005年版，第84—85页。
④ 吕碧城：《北戴河游记》，《妇女时报》6月11日第1期，1911年，第33页。
⑤ 《北戴河夏令息游会记》，天津青年会：《会务杂志》第24号，1915年，第1页。

到达北戴河站后，我们找到运行李的大车和供人骑的毛驴。车很重，动作迟缓。笨重的轮子由实木制成，有些还没有辐条。轮子无疑想做成圆形，但并不太圆。车辕套着骡子，奇数节点上拴了一头毛驴以增加拉力。很快我们就跨上驴子出发了。走过横跨河上一座摇摇晃晃的桥，我们上了一条被称之为马路、实则狭窄颠簸的小路。到著名的海滨还得在这路上走约3英里。小路蜿蜒曲折，有时几乎消失在地里。高粱是此地广泛种植的一种谷类。高大的高粱将我们也遮没其中。我们翻山越谷，赶驴人大声呵斥这些可怜的牲畜。不过它们确实又经跑又稳当。人类面临难以跋涉的道路，而几乎没有其他动物能够通过时，立刻会想到并不很讨人喜欢的驴。我认为这种牲畜在仔细识别道路时，表现出近乎人类才有的知觉。几乎任何国家的旅行者都知道这一点。即使在驴的身材太小不够强壮的时候，人们使用的也是集马的高大和驴的敏捷稳健于一身的骡。

我们使用的马鞍与缰绳颇值得研究。马鞍只不过是好几块加了衬垫的布片用生皮和皮带系在一起。马镫没有一对是一样的。我蹬过的一对非常大，古色古香，适合古代武士使用。另一对则是小孩尺寸的现代马镫，只有靴子尖能放进去。而前面那种，很难把那对大铁砣放准地方。缰绳是用绳子和生皮制成的，没有马嚼，抓起来又脏又不舒服。在此地期间，我骑着这种小毛驴，忍受如此糟糕的装备，走了多少英里的路程啊。①

利德尔的文字至少表达出以下几点信息：第一，从车站到海滨的路况较窄且不平整；第二，驴在此地较为实用；第三，骑驴的体验并不舒适。在他的感受中，这段旅程非常糟糕，驴的存在也代表着这里原始的、落后的交通方式。

无论是乘轿还是骑驴，抑或是托运行李之大车，因其原始的道路，不可避免地要受到天气的影响。当遇到下雨天气时，游客"衫履尽湿，驴不能行"，"山沟之水已没驴蹄"，运送行李的大车因受困于泥淖无法前行。② 另一

---

① ［英］托马斯·霍奇森·利德尔著，李国庆校订：《帝国丽影》，［美］陆瑾、欧阳少春译，北京图书馆出版社2005年版，第86—87页。

② 《北戴河夏令息游会记》，天津青年会：《会务杂志》第24号，1915年，第4页。

位外国人的经历更加窘迫,因为下雨,北戴河发了洪水,在他从海滨去往车站的路上有两条无法避开的水渠,他只能脱掉衣服,用嘴叼着公文,只身游了过去,当他到达车站的时候,身上只穿着一件背心,连裤子也没有。①

总之,北戴河海滨的外部交通截然分为两段,乘坐火车和轮船可以较为方便地到达北戴河车站和秦皇岛港,但剩余道路仍然需要依靠传统的交通方式。由于道路狭窄、不平整,轿子、肩舆、毛驴、大车等传统交通工具需要消耗较长的时间,颠簸之下,乘坐体验不甚良好,受天气的影响也非常明显。另一方面,骑驴虽然原始,但在城市生活中难以与闻,许多游客初次骑驴都很兴奋,"脚夫发出一字口令,群驴立刻跑起来。脚夫们发现,乘客不想跑步,又发出一字口令,则群驴立刻缓步"②。于是,在远离城市的北戴河,骑驴不仅仅是交通方式,也是游客对海边渔村日常的一种生活体验,这种体验带给他们好奇与跃跃欲试的冲动,带给他们非城市生活的新鲜感,可以说是海滨避暑生活的第一步。

（二）北戴河海滨的内部交通

就北戴河海滨避暑地内部而言,因其是一狭长地形,自戴河口到鹰角亭20余里,靠步行到处游玩很是劳累,所以在海滨内部也需要借助交通工具。

在1917年之前,海滨内部的道路与车站到海滨的道路相差无几,均为原始的土路,而毛驴也是最主要的交通工具。利德尔又一次记录了这里糟糕的路况:"路只是小径而已。马车车轮在路上压出深深的车辙印,其深度由大木车轮的轮轴决定。在多雨的季节里,路上溪流潺潺,骑行需格外小心,连毛驴都可能绊倒。"③北戴河海滨水资源丰富,到处都是小溪、河流,但供车马人员通过的桥梁却不太多,利德尔和他的同伴需要直面危险,骑驴涉水,而水

---

① *Some Railway Adventures*, Westminster Gazette, 1898.9.27, p.10.
② 董德嘉:《北戴河成为西洋人的例外租借地》,载辽阳市政协学习宣传史委员会编《辽阳文史资料》(第19辑),辽阳市政协,2009年,第21页。
③ [英]托马斯·霍奇森·利德尔著,李国庆校订:《帝国丽影》,[美]陆瑾、欧阳少春译,北京图书馆出版社2005年版,第88页。

位有马鞍那么高。据此来看，海滨的内部交通亦不甚便利，这也成为后来修筑马路的前提。

四、海水浴

在海滨避暑日常中，除了享受凉爽的海风，洗海水浴也是必做的事情之一。海水的比热容较大，在夏季的白天升温慢，较陆地地表温度低，因此洗海水浴比较清凉，也促使其成为避暑的主要活动之一。再者，西方自近代医学发展以来，发现洗海水浴对人体健康有益，主要表现在"海水富于臭氧气，浴之能增皮肤之蒸发、血液之循环，爽健精神，增进食欲"，对治疗多种疾病有益。基于这些观念的普及，西方人对海水浴与海水游泳较为热衷，"男子女子咸视此为恒课，少妇或强制其褓褓儿童，使之就浴"。①于是，西方人将洗海水浴的习惯带到了北戴河海滨，在这里，海水浴兼具避暑和养身两重作用。

在海滨沿岸的沙滩上，有各家自建的铁皮小屋，用以下水之前更换衣服，"其衣式与常服不甚悬殊，但略短而已"②，则如今所谓泳衣也。每天上午八点到十一点钟，下午两点到七点钟一般是海浴时间。到海浴时间时，各家大人带领小孩到自家更衣棚内换好泳衣，随后下海游泳。③唯更衣棚均为私有，若非在海滨有房屋的旅行者，就必须借用海滨熟人的棚子，或在海滨住处换好泳衣再前往游泳。

来到海滨的旅行者，尤其是中国人，均对海水浴表示好奇，很兴奋地参与其中。利德尔有亲戚在海滨居住，在他的观察中，亲戚家的小孩经过海滨几个星期的海水浴，"变得黝黑健康"。而他本人也非常享受海浴："在北戴河海浴舒服极了，老少皆爱。海水暖洋洋的，海浴者比在家时泡的时间要长得

---

① 管洛声编：《北戴河海滨志略》，1925年，第83页。
② 吕碧城：《北戴河游记》，《妇女时报》第1期，1911年6月11日，第35页。
③ 董德嘉：《北戴河成为西洋人的例外租借地》，载辽阳市政协学习宣传文史委员会编《辽阳文史资料》（第19辑），辽阳市政协，2009年，第22页。

多。"① 而吕碧城第一次感受海水浴,比利德尔要激动许多,在她的眼中,海滨游泳是一幅让她惊叹的场景:"惟见浴者散于海面,而女子较多,散卷发,攘皓腕,奋其轻躯,与海水相激战,波涛涌至,尽灭其顶,涛退始得复现。浪花多处,簇拥芙蓉,仿佛浴神化身千百,作水国之嬉游也。"② 给吕碧城触动较大的是,西人竟有海浴这样舒适的游戏方式,女子也可以随意游泳而不避他人,这样的开明风气与天性释放让吕碧城字词之间羡慕不已。但中国人往往对海水游泳并不熟悉,绝大部分人是初学者,吕碧城在海面上只敢坐在礁石上看甘林之女及其朋友游泳,而董德嘉和其教友来到北戴河之后,也是在外国牧师的教授下,第一次学习在海水中游泳。牧师为他们在海滨设置了一个大的集体更衣棚,每天下午两点同去游泳,董德嘉学会几种游泳方法后,"自觉轻松自得"③,已能感受到其中乐趣,其多年后写下这段故事时,仍能准确回忆个中细节,可见此次经历印象之深。

1893 年到 1917 年之间,在海滨新建房屋和夏季前来避暑旅游的多是外国人,他们对海水浴已有习惯,遂将这项爱好带到海滨,使其成为海滨避暑的一个特色。北戴河海滨的海水浴也让外国人感到惬意,一位英国游客写道:"我们在那里度过了一个令人愉快的夏天,所有人都受益于清凉的微风和海水浴。"④ 而来此地的中国人尚在少数,对海水浴技术缺少掌握,但也被这项极具魅力的娱乐方式吸引,从而作初体验。自此之后,北戴河海水浴之名愈来愈响,越来越多的中外人士慕名而来,体验这夏日独特的乐趣。

五、区域新面貌

北戴河海滨原本只是一个本地渔民不多的偏僻区域,村民在这里过着打

---

① [英]托马斯·霍奇森·利德尔著,李国庆校订:《帝国丽影》,[美]陆瑾、欧阳少春译,北京图书馆出版社 2005 年版,第 87 页。

② 吕碧城:《北戴河游记》,《妇女时报》第 1 期,1911 年 6 月 11 日,第 35 页。

③ 董德嘉:《北戴河成为西洋人的例外租借地》,载辽阳市政协学习宣传文史委员会编《辽阳文史资料》(第 19 辑),辽阳市政协,2009 年,第 22—23 页。

④ *Peitaiho and the British Fleet*, Overland China Mail, 1898.8.8, p.3.

鱼种地的简单生活，传统的生产生活方式使海滨保持了较为原始的自然状态。自1893年开始，外国人来海滨避暑居住的人数基本呈逐年增长态势，他们在这里建筑房屋，开展避暑娱乐，使海滨的面貌产生了较大变化。

由于外国人居住点的增加造成了新的聚居片区，他们根据工作性质、国籍等，在海滨东、中、西三个部分形成了三片集中居住地，其居住人群各有特点。海滨外人的一个主要群体英美传教士大多居住在东山之横石岭一带，并向东延伸到金山嘴、鸽子窝；中部西山（联峰山）一带为德国人主要居住区，欧美各国公使也多在此区域内著有别墅或租有房屋；而海关税务司、招商局、怡和轮船公司、太古轮船公司的成员集中于西部河东寨附近。①

服务机构和商业设施相应而来。据吕碧城观察，甘林别墅之山后，不仅住户较多，且有屈臣良、济利亚等药房和照相馆②，董德嘉也在海滨刘庄看到商务印书馆和临时商店等设施③。海滨外人有通信需求，光绪二十八年（1902年）六月即有南山邮局之设，但只有每年夏季五月一日到九月底提供服务，到冬季时，则由北戴河邮局派员二人前来办理投递事宜④。电报房创设时间更早一些，在光绪二十六年（1900年）之后就开始收发电报⑤，但也是只有夏季才运行，每到入秋，交通部（今交通运输部）即发布通告将其关闭⑥。

以上住所与机构的添置，使海滨在二十年间变化颇大，其外人居多的情形，使海滨的建筑风格与面貌和中国市镇截然不同。1898年，映入一位外国游客眼帘的景色是这样的：海岸上点缀着三四十座石头或砖砌的平房，这些住宅朴素又舒适，每间都有宽敞的阳台和三四间起居室，后面是一个庭院，被厨房、仆人室和办公室占据。平房多是传教士的房屋，而欧洲官员和一些

---

① 林伯铸编：《北戴河海滨风景区志略》，1938年，第2页。
② 吕碧城：《北戴河游记》，《妇女时报》第1期，1911年6月11日，第33页。
③ 董德嘉：《北戴河成为西洋人的例外租借地》，载辽阳市政协学习宣传文史委员会编《辽阳文史资料》（第19辑），辽阳市政协，2009年，第22页。
④ 管洛声编：《北戴河海滨志略》，1925年，第46—47页。
⑤ 同上书，第49页。
⑥ 《交通部通告》，《政府公报》，1915年10月4日，第45页；《交通部通告》，《政府公报》，1916年5月29日，第24页。

公司的房屋要更加豪华，他们纷纷建造宽敞雅致的别墅。①这些居所大多依山面海而建，距海岸较近，一可观海景，二可便于海浴，另有一些别墅主人因海岸潮湿而特意将房屋建在远处②。董德嘉初到海滨时，看到"楼阁罗列，其红绿各色铁皮楼顶，好像世外天地。每栋楼前，均有走廊花畦，地面较宽者设有喷泉、庭球场等"③，以及海岸上一排铁皮更衣棚。总之，西人根据欧美风俗在这里建屋、布置，使海滨面貌充满西式风味。

与此对比明显的是，周围村庄的当地居民生活仍维持旧日面貌。"河边几艘渔船，渔夫一年中有几个月在岸上暂居。他们的棚屋简陋至极。几片凉席、帆布，由弯曲的棍子支撑着，拴紧了以免被风刮走，像极了英国吉卜赛人的营地"，这是利德尔在河岸上看到的场景。而村庄里的场景不遑多让，"路上经过在中国各处可见的许多房屋的废墟，坍塌的旧泥墙是旧时人口比现在更密集的见证。路过的几个村庄没有一个富庶的。人们看着都穷困潦倒、衣不蔽体。就算是宽敞点的房屋，比如村长居住的，也似遭受过破坏，未及修整"。④可见，当地人的生活是比较贫苦的，其居住的房屋与西人别墅相比，更是云泥之别。这些村民因西人到来而产生的少有变化则是可以受雇于后者，赚取一些生活所需，这些工作有租赁大车和毛驴、为西人盖房等，另外当地居民还将农渔产品和手工制品售卖给西人，但由其房屋情形来看，这些新的活计带来的收入并不足以对他们的生活水平产生大的改变。北戴河海滨西人漂亮多彩的别墅与欢快的娱乐氛围和当地平民艰难的生活形成了鲜明对比，这也是近代列强侵略下中国社会的真实写照。

---

① *The Development of China: A Trip to the Great Wall,* Dublin Daily Nation, 1898.8.10. p.2.
② 管洛声编：《北戴河海滨志略》，1925年，第36页。
③ 董德嘉：《北戴河成为西洋人的例外租借地》，载辽阳市政协学习宣传文史委员会编《辽阳文史资料》（第19辑），辽阳市政协，2009年，第21页。
④ ［英］托马斯·霍奇森·利德尔著，李国庆校订：《帝国丽影》，［美］陆瑾、欧阳少春译，北京图书馆出版社2005年版，第88、91页。

第五节　西人的自治团体与自我管理

西人在北戴河海滨建造别墅及避暑旅游的风气本是自发形成的，起初并不是组织性活动，只是数年之内人员房屋渐多，清政府才设立避暑地为其正名。但避暑地不是一个独立的行政区，海滨区域内的重要事务如买卖地皮、收税、司法等仍要由归属地临榆县来处理。且前文已说过，除教会外，外国人在海滨没有购买土地的资格，这一点在徐珂所编《北戴河指南》中有更清晰的说明："然购地之权利，教会耳，华人耳。外人之为教士、为商贾者，非以教会名义购之不可，即不然，亦必以外人所延华人之曰买办者出名承受而转鬻于外人也。"① 因此，外国人想要获得土地必须通过教会，或借华人之手，但来到海滨的外交官、商人中许多人与教会或华人买办关系不深，想得到土地颇为不便。于是在越来越多的外国人涌向海滨的情形下，拥有一片用来建房的土地成为他们的最大需求和最大难点。为了解决这个难题，1898 年——即海滨被辟为避暑地的当年，海滨西人成立了一个团体"石岭会"，此会"以监理会名义购地，转赁于会友"②。自此，石岭会负责出面与临榆县及当地地主沟通，买到土地后再转租给西人个体，西人建屋较此前更加方便。

但是，石岭会成立后，并不只是负责购地事宜，它逐步成为其会员群体的自治组织，而这源于海滨西人的自治需要。清政府划定避暑地后，虽名义上将海滨归于临榆县管辖，但海滨自有其特殊之处。最主要的问题在于海滨是外国人聚居区，近代中国不平等的中外关系导致涉外事务大于天，小小的临榆县管理这么多拥有特权的传教士、外交官和商人，实在无能为力。但海滨外国人拥有更多的生活需求，他们需要更多更全面的服务设施，需要共享权利——以保证在分配海滨资源时减少矛盾，需要分摊责任与义务——以共同维护集体环境，等等。他们早已习惯城市中的生活方式，以及城市中完善

---

① 徐珂编：《北戴河指南》，商务印书馆1921年版，第3—4页。
② 管洛声编：《北戴河海滨志略》，1925年，第15页。

的配套设施及管理服务,当中国地方政府满足不了这样的需求时,他们就寻求自我解决,于是"石岭会"作为自治组织应运而生。

关于石岭会的章程,其成立时应订立过一次,但至今未能发现原本。现在流传较广、引用较多的一个版本是1939年制定的,根据1919年版修订而来,但目前所见关于北戴河海滨的研究著作几乎未见引用1919年版章程。徐珂编撰的《北戴河指南》一书中完整地收录了一篇《石岭会办理概略》,观其内容,实为石岭会的章程,而该书出版于1921年,因此可以得出这篇《石岭会办理概略》就是1919年版的《石岭会章程》。1939年版的章程与1919年版的章程有部分不同之处,也反映出二十年间石岭会的变化。所以,在未找到石岭会成立时原始文件的情形下,分析1919年版的章程,有助于更加真实地认识早期的石岭会。

石岭会之名得于英美传教士聚居区横石岭,由该区域的外籍居民自发组织形成。该会的宗旨为"以设立休憩所藉供教会中人及同志之能确守会章者之用",入会会员资格为"有地产一区或数小区能遵会章而署名于会员册者"。因此,在海滨有地产者,且能遵从会章的外籍居民皆可入会。地产所有者在入会时,须缴纳会费十五元银币,始有投票权利。

石岭会设有委员会负责常务,亦有全体会员参加的年会,其选举制度和议事规则较为完善。委员会由六人组成,内设会长、副会长、书记、会计等职位,每年改选其中二人,每个职位任期为三年。石岭会每年一届的会员年会于8月第一个星期二举行,在会上讨论会员提出的议案,多数同意时才可通过,遇有关于修正章程之类的议案,须经到场会员的三分之二以上赞成才可通过。

在地产方面,石岭会对会员有多项详细严格的规定。若会中有人想要租借和出让地产、房屋,买方应是石岭会中人,或"愿为会员者",这一条规定使石岭会的地产只会在会内流动,外界人士难以得到石岭会会员的房产。会员将自己的房屋租赁给别人时,租房者亦应遵守石岭会章程。会员在建造房屋时,其图样也要征得委员会的同意,以保证新建房屋不对临近旧有房屋的观景视线造成遮挡。石岭会由各国传教士等人员组成,其居住区域也相对集中,章程里对地产买卖、房屋租赁、建筑房屋的特别限制有利于保证区域内人员对石岭会的认同,保证了其组织的集中与稳固。

石岭会区域的公共事务,会员享有权利,也负有相应义务。起初,来到海滨的外国人都是独自建屋,彼此之间较为独立,但随着别墅越建越多,人员增加、房屋密集,遂产生许多公共事务,如道路养护、公共卫生等。石岭会成立后,将这些事务置于委员会之下进行管理。石岭会之"公产",如议事厅、公地、海滩、道路、树木及各种设备与木器均由委员会以保管人资格处理,会员个体对委员会处理公务所产生的后果不负责。但为筹措处理公共事务之资金,会员须缴纳相应费用。《章程》规定,居住在石岭会区域的成人每月应缴纳银币一元给石岭会,用作石岭会之用度,还须另纳月捐给卫生协会,用于公共卫生。此外,石岭会对区域内的产业形态进行管制,"不准开设酒肆工厂及其他妨碍卫生之商店",货栈旅舍经该会特许后才可开设。石岭会还按照西人生活习俗,在其公地内留出三个片区用作公园之设,供该会住户使用。每到冬季,北戴河海滨人烟稀少,石岭会留有专人看守保护区域内的公产私产。总之,在石岭会区域内,会员可享受石岭会带来的便利,如清洁卫生、安全管护、公园游乐等,但也须负个人的义务,如缴纳捐税、遵守规则等。①

据以上可知,石岭会的建立旨在使该区域内的会员结成团体,形成集体自治的管理体系。自治团体的成立有效解决了海滨西人散而无组织的状况,为海滨西人在买卖地产和公共事务等方面提供了依托,保障了海滨的基本秩序。但是,从另一方面来说,石岭会的存在和其制度却是对中国主权的侵蚀。清政府划定避暑地时,只准许中外人士杂居,并未允许其在中国土地上拥有各项管理权力,因此,海滨西人应以独立的个体服从当地政府的管理,尽管临榆县在这一方面未能及时跟上,但也不应由石岭会越俎代庖。石岭会的各项制度中,有许多条款直接藐视中国主权,如其将海滩、道路等视为石岭会的公产,以及对区域内产业形态的限制,均明显不合法理。对于西人私产的认定,应以地契为准,主要包含房屋及其周围,而海滩、道路等本属公共使用,并非西人共同购置,石岭会认定为公产之举,不啻为将这些区域视为其

---

① 《石岭会办理概略》,载徐珂编《北戴河指南》,商务印书馆1921年版,第56—65页。

会员群体之私产，而使他人及中国政府不得染指。其次，石岭会以会员及其地产为个体，并非划定某片区域而成，因此，该会规定区域内不得开设某某工厂店铺，可能会形成对非会员的管制，将其权力伸张到团体之外。

石岭会利用西人的聚居优势，使群体自治演变为区域自治，意图在中国的土地上圈出西人的一片自留地，久而久之，竟使国人对海滨有异域之感。据董德嘉回忆，他们这些中国教友能在海滨享受到各项权利，"都是教士们特别照顾。其他中国人，除非在此服役的男女工友之外，入境尚且不许，经常有乡下人进来，竟诬为盗贼，送署判罪者"①。前述吕碧城在海滩骑驴游玩时，遭到西人军士的惊奇，亦表明西人已将海滨视作非中国人之地。

西人还得寸进尺，欲将北戴河海滨演变成租界，并建立由他们主导的行政组织。德国人汉纳根在庚子之后曾刊布红皮书，建议在海滨效仿上海等地的租界，建立工部局②。1906年，海滨西人还意图组建正式的民政厅③。这些建议的真实目的是将石岭会等自治组织实体化，彻底将海滨变成西人完全掌控的国中之国。幸而临榆县及时意识到了问题的严重性，在汉纳根刊布红皮书后，地方政府从山海关派兵驻守在联峰山，掌握当地缉盗司法事宜，也对海滨西人形成了威慑，终使西人未能得逞。

西人抱团自治的做法，使中国在北戴河海滨的利权进一步丧失，普通中国人的自由活动在海滨受到一定程度的限制，中外杂居的避暑地几被西人独占，这种情形引起了一些实地到访的中国人的反思。吕碧城在海滨游玩一遭后指出："吾国人当炎夏之际，襦襻汗喘于市井之间。国有胜境，不知辟而游之，乃为他人捷足先登，反宾为主。彼今日之蜃楼海市，即吾昨日之断井颓垣也。"④徐宗溥悲愤地写道："余于此游，又不能不无悲且憾矣。夫直省非我国北部诸行省之一乎？卧榻之侧，岂容他人酣睡？今之酣睡者，高枕于衽席

---

① 董德嘉：《北戴河成为西洋人的例外租借地》，载辽阳市政协学习宣传文史委员会编《辽阳文史资料》（第19辑），辽阳市政协，2009年，第23页。

② 管洛声编：《北戴河海滨志略》，1925年，第27—28页。

③ 《西报纪西人拟在北戴河设立民政厅》，《申报》1906年8月29日第3版。

④ 吕碧城：《北戴河游记》，《妇女时报》第1期，1911年6月11日，第36页。

之上，岂特卧榻之侧乎？凡我国人，宜如何励精图治，以求免于灭亡之祸，乃复志在苟安，阘茸不振。……我愿我辈少年，其无忘投笔之志也可。"[①]1914年，直隶省商品陈列所调查员到北戴河海滨调查实业，发现"沿海多外人夏日乘凉之所，亭阁相接，绀碧交辉，且筑石墙以界之，几将十数里之海岸据为所有，实不能不令人生鹊巢之感"。[②]国家及地方政府长期以来，未能实施有效办法牢固掌握避暑地的治理权力，致使北戴河海滨几成租界。几位游客的哀怨之言自然无法改变现状，但随着时间的推移，来旅游避暑的国人增多，这种状况即将得到转变。

本章小结

近代铁路的发展对北戴河海滨在清末民初的发展演变影响巨大。19世纪末津榆铁路的修建使该路外籍工程师发现了北戴河海滨这一避暑地方，从而开启了北戴河海滨作为近代著名避暑胜地的历史。在此之前，北戴河海滨虽然属于直隶省管辖，但一直是一个远离大城市的人口稀少的海边偏僻之所，由分散的十多个村庄组成。自津榆铁路（京奉铁路）在北戴河设站以后，几个小时以内，北京、天津这样大城市的人们就可以不太费力地到达北戴河，这样的交通变革把北戴河拉入了一个更大的世界，海滨也不再是原来与世无闻的状态。铁路在20年间，充分发挥了其媒介的作用，将京津地区的外国人和少数中国游客源源不断地拉到北戴河海滨，在海滨建造房屋的外来人员越来越多，终成气候。因此，铁路交通的介入是北戴河海滨成为近代避暑胜地的首要因素。

秦皇岛开埠直接催生了北戴河海滨避暑地之名。与北戴河海滨临近的秦

---

① 徐宗溥：《北戴河游记》，《北洋大学校季刊》第1期，1915年，第8页。
② 直隶省商品陈列所调查员：《调查实业报告：临榆县、秦皇岛北戴河》，《直隶实业杂志》1914年第2期，第26—27页。

皇岛，被清政府选中作为1898年仅有的几个自开商埠之一，目的是解决天津、营口等北方重要港口冬季结冰无法运输货物的难题。北戴河海滨本也在通商口岸范围之内，但在勘察过后，清政府认为海滨已有诸多外国人士建造房屋居住，不便作为口岸，而将其定为中外人士杂居的避暑地。这一决定让海滨脱离了通商口岸，也脱离了一个更加复杂的环境，同时创造了避暑地这一全新的概念与区域名称。秦皇岛开埠的另一结果是依靠这个港口，从南方坐船也能到达北戴河海滨，这为北戴河海滨的外部交通开辟了另一条线路。

避暑地的设置尽管让北戴河海滨远离了通商口岸的复杂环境，但清政府在此事上并未做深层次的筹划，给海滨带来了后患。避暑地不是行政区划，只是一片区域的名称，其日常治理还是要依靠当地的临榆县。但很明显地，外国人聚居的特点让北戴河海滨的事务不再如以前那么简单，临榆县没有权限和能力来妥善地处理，只能在警政等个别事务上稍作弥补。可以看出，1898年秦皇岛开埠时将北戴河海滨设为避暑地是清政府的一时之策，他们并未想到要为海滨设立专门的行政机构和制定一套管理制度，这一短视也让外国人钻了空子。在海滨日常管理无所依托的情形下，海滨西人成立了自治团体"石岭会"，该会不仅为会员处理地产等私人问题，而且几乎全面掌控了其聚居区域的公共事务，俨然一小型市政厅。海滨外国人的抱团侵占了本属于中国地方政府的权力，也将海滨西人凝聚起来，对中国人产生了排外意识。经过20年的发展，海滨几乎成为外国人的专属领地。

同时，外国人的到来也为北戴河海滨带来了前所未有的海滨避暑文化，使海滨在打鱼、种地、观景之外，增添了新的生活内容。数百栋别墅的修建改变了海滨的建筑景观与基本布局，海滨在整体样貌上趋于西化。外观的西化与生活方式的西化实为一体两面，外国人在这里避暑、洗海水浴、举办宴会，完全是一派西式的休闲娱乐景象。这种时尚的风气（在近代中国，"西方的即为时尚的"几乎受到普遍认可）也吸引了一些中国人来到此地，体验此前未能与闻的海滨避暑乐趣。拥有了更多的受众，北戴河的名声也传播得更远，清末报纸上即有这样的说法："北之有北戴河，一若华南之有银鞍岛、莫干山,盖同为避暑之佳境也。"①

自1893年至1917年,即为近代北戴河海滨避暑地的早期发展期,其主要特征为西方人在该地占主要地位。随着之后交通进一步发展和中国人大批来游,北戴河海滨即将发生新的变化。

---

① 王焕文:《北戴河教会近况(直隶)》,《通问报》第374期,1909年,第2页。

第三章

海滨公益会时期的地方开发

在北戴河海滨的历史上，北戴河海滨公益会是无法绕开的一个民间团体，它存在了20余年，领导海滨地方建设十余年，向来受到研究者重视。鉴于过往对公益会的研究较其他方面稍丰，本章在既有研究的基础上，增添史料、详加考证，以期进一步深入研究海滨公益会时期的市政建设与地方治理。

第一节 北戴河海滨公益会的成立

一、公益会的成立背景

1912年，北戴河海滨的环境并没有因此产生大的改变，仍然在欧美人士的主导下继续闲适的避暑生活。但1914年后的数年间，北戴河海滨开始变得与之前不太一样，避暑人群逐渐发生明显的结构转变，交通也因此更进一步，北戴河海滨的旅游业遂更进一步繁荣，促使了北戴河海滨公益会的诞生。

（一）第一次世界大战期间北戴河海滨住户结构的转变

1914年之前，到北戴河海滨避暑旅游以西人为主，海滨的房屋也基本上都是西人的产业。国人还未形成在海滨置办固定住所的风气，只是匆匆而行，只有极个别人在海滨拥有土地或房屋（如张翼及其子张文孚）。1914年开始，这种情形发生了变化。这一年，欧战爆发，协约国、同盟国两大阵营在欧洲交战，远在中国华北北戴河的西人也因战争分成两个阵营。海滨的德国人或回国参战，或不容于英法，渐渐从海滨退出。这一年，德军将原租界的海滨兵房正式交还给中国①，许多德国居民也将自己的房屋挂牌出售。一些中国官员和富商遇到这个机会，遂将德国人出售的房屋渐次买入，海滨因此渐有国人产业主。

到1916年后，中国人到海滨置办产业者又有明显增加。洪宪帝制失败，许多参与过帝制的高官名流下野，他们暂别政坛，又想逃离政治核心区域，于是纷纷在北戴河海滨置办产业，借以偷闲。这年夏天，前外交总长陆徵祥在北戴河避暑②，但他所住的房子是租赁的而非购置③。同期，前财政总长周学熙也来到北戴河海滨，其在联峰山东麓购地建造私家园林"趣园"④。1917年夏，前内务总长朱启钤来到北戴河海滨⑤，借住在供职于津浦铁路管理局的德国工程师白克纳的别墅中⑥。1917年8月，中国对德国宣战，德国侨民必须离开中国，朱启钤遂从白克纳的手中买下了这栋别墅。不久之后，朱启钤又在西山从张文孚手中购买土地，自建别墅"蠡天小筑"。⑦同期，因德国侨民的撤退，西山的许多别墅空缺，中国上层人物纷纷承继过来，使西山区域成为中国人的聚居区。海滨的住户人群结构遂有大的变动，一群对西方生活方式有所接触的中国官商界人物进入海滨，这使得公益会的创立有了人员基础。

---

① 管洛声编：《北戴河海滨志略》，1925年，第13页。
② 《王鸿年回京报告》，《申报》1916年9月11日第2版。
③ 《北京电》，《申报》1916年9月30日第2版。
④ 周学熙叙：《周止庵先生自叙年谱》，文海出版社1985年版，第51页。
⑤ 朱启钤编：《蠖园年表》，1944年。
⑥ 朱启钤曾任津浦铁路北段总办和津浦铁路督办。
⑦ 刘宗汉：《朱启钤与公益会开发北戴河海滨拾补》，载北京市政协文史资料研究委员会、中共河北省秦皇岛市委统战部编《蠖公纪事——朱启钤先生生平纪实》，中国文史出版社1991年版，第121页。

（二）北戴河海滨铁路支线开通

因数年之间到北戴河游玩的人数明显增加，原有的交通道路愈显不便，游客从北戴河车站下车后，去往海滨的住处要经历令人难以忍受的糟糕路途，避暑的热闹与道路的难行形成鲜明对比。考虑到这个急迫的需求，北京政府交通部遂决定修筑从车站到海滨的支线。

在交通总长许世英的主导下，北戴河海滨支线于1916年开始修建，京奉铁路局负责具体实施。此项工程预估用款16万元[1]，起于北戴河车站铁桥东，止于海滨[2]，于1917年5月正式通车[3]。

这条线路可以说是避暑旅游专用，其售票政策很明显地体现了这一点。海滨支线一般启用于每年的5月1日，到10月31日停运，完全包含了北方的夏季，其他季节只在春节等特殊时间开设专车。铁路局对避暑旅游者实行车费优惠，乘车者可一次购买往返车票，其价格为两趟单程票之和的七五折，且返程票可在10月底之前任何日期使用。即某游客五月购买往返车票抵达北戴河，那么他就可以在6月至10月的任何一天使用返程票登车返回，可见此票对旅游者之实用。该车还设有一等、二等车座以及卧铺车厢，其价格也分成相应档次，便于各个阶层的游客选购。当时的火车行驶速度较慢，即使用快车（中途停靠次数较少）从北京到海滨也需要八个半小时，这么久的车程也不太舒适。因此，许多京津地区的游客，喜欢乘坐晚上发车的卧铺，这样就可在车上睡一夜，第二天天亮即可到达海滨，这样既保证了休息，也避免了白天坐车之湿热难耐。不论是短期游还是长期游都适合这样乘车，尤其是短期游的旅客，购买往返车票后，星期五晚上登车，第二天一早到达海滨，星期日晚上从海滨登车，星期一早上到达京津，既能兼顾工作，也能抽空避

---

[1]《北戴河支路工程用款之估定》，《铁路协会会报》第48期，1916年，"路事纪闻·内国之部"第6页。

[2]《京奉铁路兴革事项表（建筑之部）》，载《交通部直辖各铁路民国五年兴革事项表》，1918年，第27页。

[3]《交通部收京奉路局电》，《交通月刊》第7期，1917年，"公牍"第73页。

暑，极为便利。①

这条铁路支线的投入使用极大地带动了避暑旅游热潮，海滨从此被铁路直接连接起来，1917年是海滨自1893年和1898年之后的又一个转折年份。东南地区的游客要去北戴河海滨需要通过多次铁路转车，1921年，游客在沪宁、沪杭甬铁路各站都能买到北戴河联票，可直接凭票转车，这一购票方式的产生对海滨旅游又是一种推动。②

图 3-1　海滨车站③

二、公益会的创办过程及其制度

（一）朱启钤来到海滨后的观察与思考

朱启钤（1872—1964），贵州开阳人，青年时在其姨父——晚清重臣瞿鸿禨幕府中做事，晚清时期相继任京师大学堂译学馆监督、京师（内）外城

---

① 管洛声编：《北戴河海滨志略》，1925年，第42—45页。
② 《沪宁沪杭甬路：各站发售北戴河联票》，《铁路协会会报》第104期，1921年，"记载·内国路事"第141页。
③ 周振勇摄：《海滨车站》，《天津商报画刊》第12卷第1期，1934年，无版数。

巡警总厅厅丞、京师习艺所监督、津浦铁路北段总办等职。1912年以后，相继任津浦铁路督办、交通总长、内务总长、京都市政督办等职，是北京政府的核心人物之一。1916年因参与洪宪帝制而下野，转而经营中兴煤矿公司，1917年夏来到北戴河海滨。

朱启钤看到这里风景秀丽，气候宜人，准备在这里购屋以作将来养老之用。久居政坛高位的他拥有敏锐的政治嗅觉，在他了解过海滨历史之后，知道这里自晚清起，"县官征其租税，理其诉讼，他非所问，追设警察，以保护外侨为职守，平时对待外人奉令唯谨。石岭会骎骎侵行政之权，乃行政官放弃不问耳"①。在外人抱团与国人放任的情形下，外人聚居的东山区域比朱启钤等国人居住的西山区域道路更平整、卫生更整洁、房屋更壮观、人员更团结。朱启钤担心长此以往，海滨权力将尽归外人，美好的"山川风物不可以久存也"②。

朱启钤判断，当地政府难以在短期内承担起抑制外人侵权之责任，遂决定集合一帮同志，建立自治团体，建设公益事业，与外人争权。

（二）建立自治团体——公益会的创办及其会员群体特点

朱启钤1918年建好自己的别墅蠖天小筑后，就号召组织北戴河海滨公益会。因朱启钤前期纵横政坛，在北京政府中位居上层，人脉极广，他很快就召集了一批在北戴河避暑的政商界名流，这些人有王克敏③周学熙④、施肇曾⑤、周

---

① 管洛声编：《北戴河海滨志略》，1925年，第22—23页。
② 朱启钤：《莲花石公园记刻石》，收入氏著《蠖园文存》，载贵州省文史研究馆编《民国贵州文献大系》（第三辑上册），贵州人民出版社2015年版，第45页。
③ 王克敏（1876—1945），浙江钱塘人。清末曾在外交部任职，民国后活跃于北京政府财政部和银行业，是金融界的知名人物。
④ 周学熙（1866—1947），安徽建德（今属东至）人，中国近代著名实业家。是晚清高官周馥之子，清末时期周学熙参与办理北洋新政，接办启新洋灰公司，并参与开办滦州煤矿，民国后曾任财政总长。
⑤ 施肇曾（1867—1945），苏州吴江人。施肇曾长期在交通系统任职，曾担任陇海铁路局督办、交通银行董事，1917年担任中国银行董事。

自齐①、梁士诒②、曹汝霖③、段芝贵④、许世英⑤、雍涛⑥、张弧⑦、任凤苞⑧、苏守愚⑨、吴熙忠⑩。以上人员当中，施肇曾、周自齐、梁士诒、曹汝霖等人与朱启钤同为交通系的领袖人物，许世英曾是朱启钤的下属，其他人也都活跃于政坛或商界，互相熟稔。其中有多人都因参与帝制而暂别政坛，汇聚于海滨避世，朱启钤将这些人捏合在一起，初步成立了一个团体组织——北戴河海滨公益会。

当年7月，朱启钤领衔，以上人员共同署名，以公益会名义致函直隶警务处处长，希望警察部门支持公益会在海滨修路。这时的公益会虽已组织起来，但属私下自行发起的团体，还未得到官方备案认可。朱启钤及同人已准备开始在海滨兴修道路，开展公益事业，请求直隶警务处饬令北戴河海滨警察局局长袁泽凤派警察"弹压保护"，辅助公益会的工作。⑪直隶警务处处长

---

① 周自齐（1869—1923），山东单县人（祖籍浙江秀水）。清末在外交系统和清华学堂任职，民国后先后任山东都督、交通总长、财政总长、中国银行总裁、农商总长等职。

② 梁士诒（1869—1933），广东三水人。清末任邮传部大臣、铁路总局局长，民国任总统府秘书长、交通银行总理、财政次长，是当时举足轻重的政治派系交通系头号首领。

③ 曹汝霖（1877—1966），上海人。清末留学日本，任职于外务部，民国时先后任外交次长，交通总长、外交总长、交通银行总理。

④ 段芝贵（1869—1925），安徽合肥人。清末留学日本学习军事，回国后在新建陆军中效力，曾短暂任黑龙江巡抚。民国后担任过湖北都督、镇安上将军等职。

⑤ 许世英（1873—1964），安徽秋浦人。清末曾在朱启钤手下任京师外城巡警总厅行政处佥事，后任山西提法使、布政使。民国后任大理院院长、司法总长、内务总长、交通总长。

⑥ 雍涛（1875—1948），江苏高邮人。毕业于新加坡大学，后从事军火买卖，是国内最大的军火中介商。

⑦ 张弧（1875—1938），浙江萧山人。清末任代理福建布政使、长芦盐运使、两淮盐运使等职，民国后任盐务筹备处处长、财政次长等职，1917年任侨工事务局总裁。

⑧ 任凤苞（1876—1953），江苏宜兴人。曾任交通银行协理，1917年发起创立金城银行。

⑨ 苏守愚，名企瞻，福建人，天津商人。

⑩ 吴熙忠（1882—1966），徽州婺源人，一般称吴颂平，其父吴调卿为天津四大买办之一，吴颂平曾国内外学习警察和军事，回国后任山西教育厅厅长。

⑪《致直隶警务处长函》，《北戴河海滨公益会报告书》，1919年，"立会文牍"第1页。

杨以德回函表示支持，并表示政府在海滨交通卫生事业上虽曾动议，但"力有未逮"。他称赞公益会的成立恰逢其时，表示该会提倡的地方自治"与国土主权关繁甚巨"。[①] 从杨以德的回函中可以看出地方政府在北戴河海滨的微妙角色，虽有心整治海滨秩序，收回地方利权，但受到两大阻碍。一是无足够的经费，办理市政公共事业需要大量资金，且短期之内得不到回报，地方财政难以支持；二是受制于外交，海滨西人均为西方列强国家之人，地方政府尤其是警察在与外人交涉中，稍有不慎就会引起外交事件。这两点制约了当地政府在建设海滨与保护主权方面的行动，而公益会的横空出世使地方政府看到了希望，公益会的成员都是政商界大佬，拥有超出临榆县甚至直隶省的政治资源和经济资源，且名义上都是海滨居民，使该会不含官方色彩，在行事上较政府更加便利。这些因素综合起来，直隶省大表支持就在情理之中了。

约一年之后，公益会的公益事业开展有序，同人正式向北京政府内务部、直隶省长和直隶省警务处呈请将公益会正式立案为正式团体，并拟定了正式的团体章程附函提交（这也是杨以德之前回函中的要求）。

该呈文如下：

呈为组织北戴河海滨公益会，拟具章程，呈请鉴核事：窃查北戴河海滨界在昌黎、榆关之间，背倚联峰，面临渤海，天风浪浪，云山苍苍，为北方避暑胜地。往岁西人揽胜，联袂偕来，小筑幽栖，借消长夏。自前年京奉局展修海滨铁路，每逢夏令，国内士夫亦复纷如云集。一弓既拓，百堵皆兴，人境结庐，乐郊共适。惟是地方公共交通、卫生，以及保存古迹事宜，属在海滨，未遑议及。查东西各国，对于山川名胜以及公共事业，或由政府设备，或由地方整理，或由团体提倡修饬，均不惜巨资，俾臻完备。盖山川草本之菁英，实为国民高尚之精神所寄，而公共事业之兴举与否，尤为居民自治能力之表示也。北戴河东山一带，教会及外宾虽有乐克保会之设，然按其组织情形，盖仅以谋私人感情之联络。际兹居民日繁，百端待治，交通、卫生尤

---

① 《直隶警务处长杨君以德复函》，《北戴河海滨公益会报告书》，1919年，"立会文牍"第1页。

关重要，苟无处理公共事务之集合，何以促进村市自治之精神，矧当《自治条例》尚未公布，公共组合尤为必需。启铃等爰发起公益会以为之倡，并捐助款项，先从修筑西山马路入手，逐渐扩充于东、南二山，并徐图兴办其他善举。谨拟章程，呈候核示。如蒙俯准，即当依据章程，克期成立，并乞饬令临榆县知事及海滨警察局长妥为保护。除分呈省长警察处外，理合呈请鉴核，迅赐批示，实为公便。谨呈。

发起人：朱启铃、段芝贵、周学熙、施肇曾、梁士诒、周自齐、许世英、曹汝霖、王克敏、张弧、吴颂平、雍涛、任凤苞、汪有龄、李希明、吴鼎昌[①]

此呈文表明了公益会的两个主要工作方向，一为开展公共事业，二为保护山川古迹。朱启铃等人并没有在呈文中直接说明护卫国家主权，只是委婉地指出欧美人士组织的乐克保会（即石岭会）"仅以谋私人感情之联络"，不足以承担建设公共事业的重任。采用这种说辞主要是为了避免麻烦，毕竟这些呈文属于公函，若公开表达对西人侵权的不满，恐会造成争端。因此，开展公共事业与保护山川古迹成为明面上的公益会立会缘由，当然这两点并非虚言，随着旅游和居住的人数越来越多，海滨的确亟须在交通、卫生等事业上跟上步伐。文中所说"苟无处理公共事务之集合，何以促进村市自治之精神"，其意为要做好地方自治，自然不能依靠石岭会，而是要另造组织，而这个组织就是公益会。朱启铃等人希望通过建立团体、开展自治，将海滨权力牢牢抓在手里，不再受西人的侵蚀。

地方自治，是清末民初一股影响极大的社会思潮。地方自治在中西方社会各有源头，但其内里差别极大。王建学在其研究中将两种地方自治观进行对比，得出四组明显不同的差异。中国传统社会中，人们主要生活在农村，联系较为松散，区域较为独立，生活节奏也很慢，因此造成历史上形成了乡村的自治观、安逸的自治观、闲散的自治观和乡绅自治的基本形态。而欧洲经过发展演变，其城市中商品经济发达，"人口、空间、文化和非农业活动高

---

① 《呈内务部直隶省长警务处立案文》，载《北戴河海滨公益会报告书》，1919年，"立会文牍"第1—2页。

度集中",造就了近代西方城市的自治观、战斗的自治观、组织的自治观和市民自治的基本形态。① 而近代中西方碰撞交流后,西方地方自治思想进入中国,尤其在中国城市中造成了巨大影响和实际变革。宣统年间,清政府颁布《城镇乡地方自治章程》,其第一条为"地方自治以专办地方公益事业事宜辅佐官治为主,按照定章由地方公选合格绅民,受地方官监督办理",自治范围包括学务、卫生、道路工程、农工商务、善举、公共事业(电车、电灯、自来水等)、筹集自治款项等事项,与国家行政各管其事,各负其责。该章程规定,地方自治应有"议事会"组织,应有自治公所为办公场所。② 观此章程,则可确定,其所倡导之地方自治将中西方地方自治思想加以融合,但主要以西方精神为主,表现出城市的、战斗的、组织的自治观,不是无为而治,而是以积极进取的态度发展地方,这是与中国传统自治最大的不同之处。民国初年,地方自治继续得到倡导,1915年,北京政府颁布《地方自治试行条例》和《地方自治试行条例施行规则》,对地方自治做出了规范。《条例》首条为"地方自治依本条例之规定,由地方公选合格绅民,承县知事之监督办理地方公益事宜",其自治事宜与前述《城镇乡地方自治章程》相差无几。③ 在清政府和民国政府的倡导下,具有强烈西方意味的地方自治遂渐次推广开来。

重要的是,在民初地方自治法规的制定与实践中,朱启钤是重要参与者。朱启钤1913年上任内务总长,1914年督办京师市政,直到1916年离任。在《京都市政计划说略》一文中,朱启钤表达了自己对地方自治的看法。他指出西方国家均已将市政归于自治,中国远远落后,因此,必须向列强学习,使"交通、风纪、感化、卫生、御灾、救贫诸要政……次第毕举"。彼时的自治实际上是官厅主导,其主要组织京师市政公所堪称一政府机关,但朱启钤也认为要坚持自治精神,要求市政公所遇事应与地方绅商共同商议,共图市民

---

① 王建学:《地方自治观念在近代中国的嬗变——从政治意义上的自治到法律意义上的自治》,《厦门大学学报(哲学社会科学版)》2011年第3期,第110—118页。

② 《城镇乡地方自治章程》,《北洋法政学报》第91期,1909年,第1—5页。

③ 《地方自治试行条例》,《内务公报》第16期,1915年,"法规"第25—27页。

之乐利。① 在执掌京师市政公所期间，朱启钤领导同人修筑马路、沟渠，开辟公园，建设图书馆、陈列所，收取捐税，使京师面貌焕然一新，民众生活方式更加丰富。通过这些经历，朱启钤非常清楚地方自治对城市（村市）的发展具有极大益处，因此，他一到北戴河海滨，就看出这里的公共事业需要极大改变。在官治薄弱的状态下，朱启钤只能依靠地方自治团体，公益会遂应运而生。

与前一年相比，发起人又增加了汪有龄②、李希明③、吴鼎昌④三人。呈文递上后，央省对公益会建设交通、卫生等事业的计划均表赞赏，并认可了公益会的章程。在这个过程中，朱启钤等公益会创始人的身份起到了极大的推进作用，十多位前政府总长以及金融、商业界名流的联名分量极重，直隶警务处长张汝桐的回函甚至还按照旧官职称呼"贵总长与诸公"，并没有把他们当作普通"居民"看待，说明公益会会员的身份在早期成立阶段为其办理手续产生了隐形助力。

得到了央省政府机关的明文支持，公益会在开展工作一年之后正式召开成立大会。1919年8月，成立大会暨第一次会员大会在位于西山的王克敏宅召开，参加大会的除公益会会员外，还有地方政府代表周嘉琛⑤、吴器堂、袁泽凤等。通过选举，公益会的职员得以产生，朱启钤当选会长，王郅隆⑥当

---

① 朱启钤：《京都市政计划说略》，《市政通告》，1914年7月20日，第2—3版。

② 汪有龄（1879—1947），浙江杭县人。清末毕业于日本法政大学，创办北京法学会，民国后曾任司法次长。

③ 李希明，本名李士鉴，直隶天津人。毕业于铁路学堂，长期在各煤矿、金矿任职，与周学熙同为启新洋灰公司的创办人之一。

④ 吴鼎昌（1884—1950），浙江吴兴人。清末留学日本，入东京高等商业学校，民国后任中国银行总裁、金城银行董事长、盐业银行总经理。

⑤ 周嘉琛（1880—1944），江苏淮阴人。清末至民初历任湖北荆门州知州、烟台道尹、河北内丘县知事、临榆县知事。

⑥ 王郅隆（1888—1923），直隶天津人。曾任黑龙江、湖北、安徽等省盐务采运局总办，创办天津华昌火柴公司、丹华火柴公司，也是天津金城银行的创始人之一。

选副会长，三位董事为王克敏、杨以德①、李士鉴，两位监事为张弧、施肇曾，三位负责日常事务的干事分别为吴颂平、吴鼎昌、管洛声②。

朱启钤在会上发表演讲，首先阐述了公益会发起之缘起及工作之展望。在这次演讲中，朱启钤直接挑明了保护海滨主权的意图。他指出外人为谋取避暑者的便利，组织石岭会代为管理，作用在于"房舍、树木、地址不必有人居守，无虞盗窃侵占"。石岭会的做法是"公共团结之胜于个人"的真实体现，朱启钤认为面对外人的团体自治，华人尤其是公益会不能甘于人后，若仍如一盘散沙，则"地方不自治，他人将代治"，明确指出了任由石岭会发展的严重后果。其次，朱启钤表示，公益会应该担当起建设地方、维持秩序之重任。在政府无力承担的情形下，朱启钤认为"尽人事以次第经营，责在本会"，经营范围包括修马路、开设公共浴场、建临时医院、创建公园等。还要对本地名胜古迹如联峰山等加以保护，防止"富人自由买山"，使公众失去游览之地。朱启钤的演讲主要意旨在于，公益会应秉持"此事必在我"的信念，在地方自治上，不仅要主动承担，而且要比外人做得更好，以展示能力，维护主权。

直隶临榆县知事周嘉琛是周恩来的叔叔，与朱启钤也有师生之谊。民国初年，朱启钤作为内务总长，主管全国县知事的选拔与考核，他在办理县知事训练班时，周嘉琛即在内学习，因此，可以说朱启钤是周嘉琛的老师。③在公益会成立大会上，周嘉琛继朱启钤之后，作为地方行政长官发言。他赞扬了公益会的志向及其工作，认为公益会可"助地方之发展，补官力之所不足"。临榆县警察局局长袁泽凤继而发言，赞扬公益会对其"昔日愿望所及力不能任之事"有所兴举，他代表当地警察表态支持公益会的工作。

于是，1919年8月在公益会全体同仁的齐心协力下，在央地政府的支持

---

① 杨以德（1873—1944），直隶天津人。清末在天津当侦探员，民国后曾出任直隶警务处处长兼天津警察厅厅长。

② 管洛声（1867—1938），名凤龢，江苏武进人。清末任奉天海城县（今海城市）知县、新城府知府，民国后曾任直隶第一中学监督，长居天津。

③ 朱海北：《周总理同先父朱启钤之间的交往（1982年）》，载崔勇、杨永生编选《营造论——暨朱启钤纪念文选》，天津大学出版社2009年版，第146页。

保护下，北戴河海滨公益会正式成立。此时，其会员人数已超过最初的发起人数，除发起人外，还有张文孚①、载抡②、徐廷爵③、廖世经④、徐世章⑤、赵从蕃⑥等会员，俱载于1919年度的《北戴河海滨公益会报告书》中。分析这些会员的出身、经历及公益会成立时的身份可以得出以下几点结论。第一，有相当一部分会员在国内或国外接受过系统的现代学堂或大学教育，对西方生活方式接触较多，甚至他们自身的生活也是偏西式的，比如在避暑旅游、建造西式别墅的选择上。第二，这些人物的身份有助于地方自治，从经历来看，会员们或曾是政府高层，或是金融巨擘，或是商业大佬，在政治资源和经济能力上，有助于海滨的基础建设。第三，会员们之间相互熟知，较为团结，会员大多生活在北方经济中心天津，在上层社会中长期打交道，具有非常密切的私人关系，有利于增强公益会的凝聚力。第四，大部分会员具有从政经历，因此他们对地方自治有深刻的认识，也具备较强的组织和行动能力。基于以上几个基本特点，公益会会员们才能在朱启钤的号召下，达到思想上的统一，对开展地方自治有所赞助和支持。

公益会作为一个公共团体，需要一个公开办公场所。包括成立大会的几次前期会议，公益会都是借用会员住宅，但这样的方式并非长久之计。组织机构成型之后，公益会正式向直隶省长提出申请，请求借用原德军兵营作为公益会事务所。该兵营之沿革前文已述，1914年，第一次世界大战爆发，德军从海滨撤离后，此地一直受控制，实为公产，于是公益会始有此议。经直隶交涉署同意并与公益会签订条件，此事遂成，公益会声明该兵营作为公产只有地方公益一个用途，绝不转为私有，也不得买卖租借。1918年8月公益会提

---

① 张文孚，字叔诚，原开平矿务局总办张翼之子，在北戴河拥有大片土地，在天津等地也有房产和商业。

② 爱新觉罗·载抡（？—1950），庆亲王奕劻第五子，民国后在天津做寓公。

③ 徐廷爵，曾任津浦、京奉铁路局局长。

④ 廖世经，上海嘉定人。曾任奉天承德监察厅厅长、京奉铁路局局长。

⑤ 徐世章（1889—1954），直隶天津人。长期在交通系统供职，曾任津浦铁路管理局局长。

⑥ 赵从蕃，江西南丰人。曾任江西民政长、大总统府军需局会办等职。

出申请，10月即入驻办公，该兵营随即正式改名为北戴河海滨公益会事务所。①

北戴河海滨公益会是一华人上层社会的集合。他们作为海滨居民（其实都是短期居民，大本营在京津），是海滨华人中的"士绅"阶层，代表着海滨华人新住户的共同利益。从这一方面来说，公益会开展的地方自治具有传统中国士绅自治的风格，而缺少普遍性与平民性。尽管如此，北戴河海滨公益会的成立意义仍然是巨大的，它标志着北戴河海滨第一个华人自治团体的诞生，从此，北戴河海滨的近代发展历程进入公益会主导时期，并长达十余年。

（三）公益会章程

应政府备案要求与公益会自身工作需要，该会还制定了详细的章程，照录如下：

第一条：本会以办理海滨地方公益事业为宗旨。

第二条：凡捐助本会经费千元以上及创办时执行事务热心赞助者均为发起人。

第三条：凡居住海滨或系地主者均有入会之资格，但须得发起人三人之介。

第四条：本会办理之事项如左（下）②：一关于交通事项；二关于卫生事项；三关于慈善事项；四关于土地调查及公共营业事项；五关于公共捐助事项；六关于官厅委托事项；七关于请求官厅维持协助事项；八关于保持风景古迹事项；九关于冬令公共房屋保管事项。

第五条：本会应设职员如左（下）：会长1人，副会长1人，董事3人，监事2人，干事3人，名誉董事无定额。

第六条：会长、副会长、董事、监事均由会员公推之，三年均改选，再举者得连任，干事之进退由会长专行之。

---

① 田金昌主编：《天开图画成乐土——朱启钤与北戴河海滨公益会》，中国文史出版社2018年版，第183页。

② 原文为繁体竖排，此处原文为"如左"，故此处现加注"（下）"。其他同。——笔者注。

第七条：本会一切事务会长有完全处理之权，干事秉承会长之命分理事务，会长有事故时副会长代行其职权。

第八条：凡关于筹集款项及重大兴革事务与改订重要章程均应经董事会之议决。

第九条：凡关于款项出纳之报告公布等事由监事稽核之。

第十条：本会处理事务得置文书、会计、庶务各课，由干事分理之，前项各课之组织及办事细则由会长定之。

第十一条：本会大会如左（下）

甲：常会每年一次。

乙：临时会。

前两款之会议由会长先期函知各会员、各职员列席，会议所议事项取决于多数可否，同数取决于会长。前项议事细则由会长拟订经由董事会之议决。

第十二条：董事、监事应于会内组织事务室，遇有应办事宜或由会长函请或自行集合均临时酌定之。

第十三条：会长、副会长、董事、监事均为名誉职，不支薪金，干事薪金由会长酌定，如系会员兼任者，得请求不支薪，但津贴不在此限。

第十四条：如因办理地方公益属于会外事务，应雇用各项职员者由会长随时酌定之，但重要事项须经董事会之议决。

第十五条：本会收支各款每月造册报告一次，每届年终公布之。

第十六条：本章程如有未尽事宜，由会长改定，经由董事会同监事议决公布之。

第十七条：本会以外之团体，有办理公益事务与本会宗旨相同者，如认为必妥时，得开联合会议。

第十八条：本章程公布日实施。①

就本章程而言，有以下几个显著特点：

（1）会长权力极大。会长是公益会的核心人物，其虽出于公选，但掌握

---

① 《北戴河海滨公益会章程》，《北戴河海滨公益会报告书》，1919年，"章程"第1—3页。

了公益会大多数事务的决定权,如第七条规定"一切事务会长有完全处理之权",在可决定干事的进退和薪金,开会投票同数时还可决定最终结果。

(2)公益会办理事项庞杂。就第四条所列,公益会除司法等国家事务外,几乎办理海滨一切公共事宜,在公益会面前,石岭会在组织和事务方面明显更加封闭。

(3)其组织可见公益性质。作为主办公益事业的自治组织,公益会自身职员除干事外都不领薪水,这从源头上展示了公益会办理公益的决心,也保证了领导层纯为公共利益出发,而非为自身利益。

(4)主动争权。第十七条的内容明显为西人专设,西人团体遇事应与公益会开会商议,这是公益会主动争权的表现,让石岭会等组织无法自行其是。

《章程》的出台为公益会行事确立了规范,公益会行事也正式走上正轨,其所办的公益事业更加如火如荼。

从公益会早期设立的建设目标及其《章程》可以看出,公益会在北戴河海滨实行的自治制度借鉴并模仿了日本的市町村制。市町村制是近代日本兴起的一种地方自治制度,在日本全国广泛施行,市町村有两种词意,一为"国家行政区划",一为"法律上认其有人格,而许其行使自治权之团体",因此,公益会成员常仿其话语将北戴河海滨归为村市或町村。

市町村须经国家行政准许方可设立,其团体"以一定境域与其境域内之住民而构成之"。市町村境域内之住民享有相应的权利和履行相应的义务,他们可以使用市町村之营造物以及所有财产(如山林原野、道路桥梁、公园、病院、博物馆等),同时应负有承担市建设町村经费的义务。市町村设置有完善机关,如市町村会、市参事会、町村长及其他辅助机关。市町村会为最重要的议决机关,其议员有固定人数,区域内公民对议员的产生有参选权和投票权。①

市町村秉公意,集公产,兴建、维护、管理公共事业,供其所有成员乃至此区域之外人使用。这种模式成为公益会的学习对象,公益会希望通过地方自治,使海滨区域内的公共事业实现自给自足,形成长期制度。但地方自

---

① [日]普文学会:《自治制问题义解》,共和法政学会编译部译,1913年。

治在海滨属起步阶段，公益会的机关设置与制度执行与市町村制还有较大差距，主要体现在公益会虽得到政府授权进行自治，但并不是一个完整的自治团体，它没有将所有海滨居民纳入团体内，而只是由少量正式会员行使决议等权力。不过，公益会所办地方公共事业，所有人均有使用权力。这种自治制度实为过渡模式，为将来完善的地方自治做一尝试和铺垫。

第二节 公益会主导的海滨地方开发

1918年夏季公益会草创，还未及备案之时，该会就开始在海滨进行基础事业的建设。1918年从修筑马路开始，继而随着备案落定与《章程》出台，继续修建公园、医院、公共浴场、体育场所、图书馆等，数年之间为海滨添建了供居民和游客使用的、多样化的基础设施，极大地改变了海滨面貌。下文分述之。

一、修筑马路

第二章对海滨原有的交通情形有所介绍，从北戴河车站到海滨，以及海滨内部道路均极为原始，受天气影响极大。自京奉铁路海滨支线修筑成功并通车之后，海滨以外交通大为改变，一般游客乘坐火车即可抵达位于海滨中心区域的海滨火车站。但海滨内部道路却无甚改观，随着前来避暑旅游的游客越来越多，糟糕的道路状况与游客需求成为尖锐矛盾。朱启钤和公益会同人迅速看到了落后的交通是制约海滨旅游与发展的最大障碍，遂先由筑路入手，拉开了建设海滨基础设施的序幕。

朱启钤曾在北京主持正阳门区域的城墙改造与道路建设，深谙现代道路交通对城市乡村商业发展和日常生活的重要性，一来到海滨，朱启钤就看出道路不修是妨碍海滨居民和游客避暑生活的首要因素。朱启钤指出，铁路通车使海滨"结构固日见整齐"（指房屋增加与聚落成型），但道路"实形湫隘",在海滨建造别墅的中外人士对道路"惟意所适,了无标准",造成海滨较宽的道路上"车辙马迹,泥泞难行",在山间开辟的小路"曲似羊肠"。这样的道路不仅不利于通行,且有碍观瞻,更不利卫生。①朱启钤设想,路政若修,则可使海滨经络畅通,为其他基础设施建设和应用打下基础,因此,公益会的首件要事就是修筑现代马路。

(一)采用现代筑路法

北方地区传统道路或自然形成,或平整而成,多以黄土为基,晴天则坚硬如石,雨天则泥泞不堪,风天则尘土漫天,不仅行路体验不佳,且有碍卫生,行人衣物易脏。但西方近代发明了新式筑路法,使道路筑造技术得到了革命性进步。苏格兰工程师马克当在前人改革成果的基础上,提出在两层10厘米厚、7.5厘米大小的碎石之上,再铺上一层2.5厘米的碎石作面层。这种路面不仅可以有效排水,而且因碎石之间的咬合力而更加坚固,行人再无泥泞与灰尘之苦,而得到迅速推广,被称为"马克当路面"。②

公益会会员大都在大城市生活,常见使用这种筑路法筑造的城市路面,久受其利,遂决定采用马克当筑路法对海滨道路进行改造。公益会雇佣外国工程师卫得希对西山马路进行设计,卫得希设计的海滨马路宽约7.6米,两侧行道树各占0.6米,其余路面分为两部分,4米为可通行各种汽车的"马克当路面",另外2.4米为一般平整路面,供驴马等牲畜和重载大车通行。行道树为一年生洋槐,每隔3.5米栽种一棵,同时在行道树外侧,用碎石铺设一条排水沟。此路的设计包含几种功用,考虑到了现代车辆和传统车马的不同需求,栽种行道树使马路更加美观,行人亦可以遮阳,是海滨道路的一大进步。

之前海滨的溪流也是阻碍交通的一大问题,公益会在修筑道路时遇水则架桥。这些桥梁的桥柱、桥栏等均使用混凝土浇筑而成,桥面使用由石灰、

---

① 《致直隶警务处长函》《修西山马路》,载《北戴河海滨公益会报告书》,1919年,"立会文牍"第1页、"修西山马路"第1页。

② 柯龙、刘成、黄丽平主编:《土木工程概论》,西南交通大学出版社2018年版,第86页。

碎砖和细砂所组成的三合土，分层夯实后具备一定的强度和耐水性，桥下铺满碎石以稳固桥身，减少水流侵蚀。①

公益会成员身居上层，视野较广，对新技术的接受意愿较强。现代筑路法使海滨道路为之一变，不再受泥泞和易损之苦，技术的革新是公益会时期马路与之前旧道路最大的不同点，也是最大的提升点。

（二）马路布局

因公益会会员多居住于西山，在征地方面阻碍较少，第一批马路就由西山起建。最早修筑的西山马路长 3.5 千米，主要干路为从海滨车站到河东寨东北河沟，为节省资金而覆盖原有官道，各支路将住宅区、海滩与干路连接起来。以上道路于 1919 年建成。②

随后公益会将马路修至外国人聚居的东山区域，即由海滨车站向东展进。因此处系石岭会区域，人口密集，房屋紧凑，修筑道路受到阻碍。公益会成员遂与此处外人居民逐户商议，尽管也有不赞成者，但最终凭借公益会的努力，劝服在道路所经土地上的住户拆墙让地，使东山马路得以在 1920 年修筑成功。

接着，公益会又修筑了西海滩路。海滩是海滨最重要的旅游区域，为便利游客，在连接居住区的西山、东山马路修筑成型后，公益会开始进行修筑海滩马路。海滩马路离海较近，专为游玩所用，也曾遇到俄人房屋阻碍，但经劝导后亦能解决。③

经过数年努力，海滨形成了西山、东山、海滩三个区域的马路布局，其中又分别有干路和支路，总计长达 30 余里，基本建成了完善的现代马路体系④。总体来看，华人聚居的西山区域道路较东山区域密集，这也奠定了西山区域之后的快速发展。还有重要的一点是，通过修筑东山马路，公益会将自

---

① 《北戴河海滨公益会报告书》，1919 年，"修西山马路"第 1—2 页。
② 管洛声编：《北戴河海滨志略》，1925 年，第 31 页。
③ 《北戴河海滨公益会报告书》，1922 年，第 1 页。
④ 管洛声编：《北戴河海滨志略》，1925 年，第 31 页。

治事务伸入到外人聚居区,展示了华人团体的自治能力,提升了公益会在海滨的威望。

1925年以前公益会马路修筑表 [①]

马路类别	马路名称	马路起止
西山干路	西经路	由车站西达河东寨第一桥
西山支路	西一路	在第四桥东其南通海滩路,北达联峰山
西山支路	西二路	在第三桥东其南达海滩路,北接西一路
西山支路	西三路	在第三桥西王胡庄东通联峰山麓
西山支路	西四路	在王胡庄西通联峰山麓
西山支路	西五路	在河东寨第一桥往北
西山支路	双桥路	在西一路北端向东行
西山支路	乱石山路	在联峰山后逸信小房西
西山支路	公园路	在西一路后环形过公园通西三路
西山支路	草厂路	在车站球场北道西一路第七六号市房后
东山干路	东经路	由车站东贯刘庄达金山嘴鹰角叉道
东山支路	东一路	在刘庄桥西通海沿
东山支路	东二路	在第三号卜宅东通海沿
东山支路	东三路	在经路小桥东通海沿
东山支路	金山嘴路	由叉路往南达金山嘴
东山支路	鹰角路	由叉路往北通鹰角
海滩干路	西海滩路	由西经路第五桥沿海达河东寨

(三)马路使用规则

与新式马路相应而生的,是马路使用规则,因马路由公益会修筑,其规则也由公益会制定。

其一为马路上禁止行驶汽车。海滨马路修筑之时,采用的修筑方法本留有汽车行驶路面,但在正式投入使用后,马路上多旅客行人,而汽车呼啸而行,速度较快。公益会认为对行人安全有危险,遂提请当地警局发布告示,

---

[①] 改录自管洛声编《北戴河海滨志略》,1925年,第32—33页。

规定海滨马路上禁行汽车（时称摩托车），只准马车、人力车、脚踏车通行。①

其二为海滨海滩路以南禁止建造房屋。西海滩马路修筑之前，公益会就提请警察局规定海滨沙滩不准买卖土地，修建房屋。其理由为海滩地方属于公地，若建有房屋，一则对交通有碍，不利之后修筑马路，二则影响海滩风貌，不利公众观光。此禁令建立在维护公众利益的基础上，基本得到遵守，待海滩路修筑之时，只有一户需要让路。海滩路投入使用之后，该路靠海一侧海滩区域更是不准修筑任何建筑物，包括住宅、浴室及音乐亭，海滩的基本风貌得到保持。②

二、辟建公园与绿化造林

园林在中国古代是极为常见的建筑形式，但由政府、私人、团体建好园林开放给公众使用的却甚为少见。公园的大规模兴起也得益于近代西方市民社会的发达，为给市民创建休闲娱乐场所，公共园林遂在城市中间或市外之风景秀丽处辟建。公园与自然景观最大的不同就是前者经过了人为的改造或全新搭建，有专门的公共机关负责维护管理，与私家园林最大的不同在于开放给全体公众使用，而非闭门自赏。以此对照，自然生长无人照管之花草树林、皇宫之御花园、苏州之私家园林均不能称作公园。近代以来，中国人模仿西方国家，也开始建造公园，较著名者有1914年开始改造社稷坛而成的北京中央公园，而领导这一工程的正是时任内务总长和京师市政督办的朱启钤。

正因有此经历，朱启钤来到海滨之后，认为海滨也应有公园之设，由公众共享。公益会成员中，梁士诒、雍涛、张弧等人都曾在北京参与过中央公园之事，自是对朱在海滨辟建公园的主张十分赞成。联峰山下有一处名胜曰莲花石，其并非一巨石，而是此处层峦叠嶂，从远处望去状若莲花，因此得名。游客来到这里，"啸傲其间"，可以感受到"松涛与潮汐风沙激荡之声遥

---

① 《北戴河海滨公益会报告书》，1919年，"议禁行摩托车"第1页。
② 《北戴河海滨公益会报告书》，1919年，"议禁沙滩建屋"第1页。《北戴河海滨公益会报告书》，1922年，第1页。

相应"，在此处登高观海，"则视线极远，尤鲜障碍"。如此美景，公益会认为"属诸私人，绕以垣墉，海滨风物将为减色"。随后，他们找到拥有这块土地的张翼之子张文孚协商（张也是公益会会员），张文孚非常大方地予以赞助，捐出其名下西联峰山下莲花石所在的土地133亩，交由公益会用作"公共登临之所"。①但这片区域在张翼父子名下仍是原貌，没有供公众游览休憩的必要设施，其景观也不够丰富，不够有层次，公益会遂开始在这块土地上进行改造。

修公园主要工作为布景，公益会通过实施几个大的工程，改善了莲花石周围的基础环境。人为改造可以使原本不够精致丰富的景点变得如人所愿，公益会从别处移来松树两千多株，营造"松涛"景观，移来其他树木一千余株，分布点缀。在主要景点莲花石旁，设立莲花石碑，由朱启钤作文，许世英书丹，刻于碑石之上，以记录公园缘起。又设石座、石桌、石桥，以石质材料的布置搭配莲花石景，在人为参与的同时又不失自然本色。为方便游客在公园赏景，公益会还在莲花石公园范围内修筑了环形道路。②为改善公园与外部之间的交通，公益会在两侧山沟处修有拱桥，南口处有一朱红色的单拱桥，又名飞虹桥，桥下有溪流穿过，声色宜人，公园北边有桥与当地古刹观音寺相连接，桥名为"蠖公桥"（朱启钤号蠖公），先为木桥，后改建为水泥桥。③

其次，公益会还在公园内及周边设置人造景点及游戏休憩场所若干，丰富了莲花石公园的旅游资源。莲花石以北建有松涛草堂，别名霞飞馆（即咖啡馆），是海滨住户及游人的聚会饮酒和登临赏景之所，是莲花石公园内最重要的一处公共空间。此馆由一水泥大平台打底，平台周围置有一圈栏杆，紧挨栏杆陈设有花卉、藤桌、藤椅等物件，平台上栽种有大松树一株，这些布置表明，该平台主要作为赏景、纳凉、休憩之用。在平台一角，就是著名的霞飞馆，即一座木框架、玻璃结构、房顶为干草铺就的房屋。由于草顶和周

---

① 林伯铸编：《北戴河海滨风景区志略》，1938年，第20页。
② 同上。
③ 张诚藩：《"莲花石公园"始建与构成》，载中国人民政治协商会议河北省北戴河区委员会文史资料研究委员会编《北戴河文史资料》（第一辑），1989年，第86页。

围松树的缘故，也被称为"松涛草堂"，草堂实际上是一个餐饮休憩场所，屋内售卖西餐、酒水，游人可购买吃食后在平台上或倚栏远望，或静坐听涛。①松涛草堂建成后，莲花石公园不仅是一个只用脚丈量的山景园林，更是驻足歇脚、聚会宴友之佳处，海滨的外国人和中国上流人士常在此处玩乐至夜晚。

公园修成后，公益会在公园东南角开辟出了一片土地，整理成运动场所。现代运动的发源地为西欧——尤其是英国，人们对于体育锻炼极为热衷，这些运动传入中国后，京津等地追求时尚的年轻人耳濡目染，也参与其中，篮球、网球等体育运动遂成为一种时髦的摩登文化。朱启钤等人在北京建设中央公园时，就曾在园内设行健会，提倡强身健体、高尚娱乐。在他们的认知中，体育运动是诸多社交娱乐方式中最为健康的一种，不仅无饮酒享乐之颓废，还能在运动中增强体质。许多游客来到海滨本就为颐养身体，他们呼吸清新空气，享受海水浴，追求健康生活，设立运动场所也与这一风气相得益彰。由于这种需求的存在，公益会开辟运动场，在周围种植树木一周，既明界限，亦遮阴凉，内设有水泥看台供观者休息，中间则为运动场地②。这块运动场也向公众开放，给夏季住户和游人增添了一处较为别致的公共空间。

在松涛草堂东侧，公益会修建了鹿囿。1914年，朱启钤开辟北京中央公园时，从承德原热河行宫运来驯鹿44只，放置在公园西北角新建的鹿棚之中，这些驯鹿由公园管理方负责饲养并供游客任意观赏。这个经验被朱启钤借鉴到了莲花石公园的营建思路中，公益会在草堂旁的沟壑和林地处修筑了一片鹿囿，鹿囿中饲养了20余只梅花鹿。这些鹿不仅可供来到联峰山游玩的游客观赏喂养，也会割下鹿茸卖给北京怀仁堂中药店，给公益会创造一点收入。每到夏季，梅花鹿由来海滨避暑的朱启钤家人饲养，其他时节则由公益会雇人照料。③鹿囿的修建使莲花石公园增添了动物的活气，对于来自大城市

---

① 张诚藩：《"莲花石公园"始建与构成》，载中国人民政治协商会议河北省北戴河区委员会文史资料研究委员会编《北戴河文史资料》（第一辑），1989年，第85页。

② 林伯铸编：《北戴河海滨风景区志略》，1938年，第20页。

③ 杨炳田：《朱启钤与公益会开发北戴河海滨》，载北京市政协文史资料研究委员会、中共河北省秦皇岛市委统战部编《蠖公纪事——朱启钤先生生平纪实》，中国文史出版社1991年版，第110页。

的游客,这种山野氛围更加具有吸引力。

经过一段时间的努力,莲花石公园渐成大貌,围绕着原海滨名胜莲花石,观赏树林、园中道路、休憩桌椅、松涛草堂、运动场、鹿囿等均为公益会新添。莲花石公园的修建是北戴河海滨公益会的一大壮举,从此公园成为海滨新的必游之处,人们在公园内可以饮食、运动、游戏、漫步、观鹿,使北戴河海滨提供的旅游服务更加多样化和现代化。游客在观赏海滨独有的山海美景的同时,还能享受到城市中便捷多样的娱乐方式,这是现代旅游业发展的趋势,公益会在这一点上眼光长远、以人为本,考虑到了住户与游客的多样需求,完成了一次非常成功的公园建设。

与莲花石公园建设的起因相似,公益会认为海滨景色虽佳,但上百所住宅周围缺少树木花草点缀,有碍观瞻,公园等场所也需要数量庞大的植物移栽或替换,基于这些需要,公益会有自建苗圃之议。1919年8月公益会举行第一次行政会时,就共同主张应修建苗圃,作为"提倡种树之预备兼整理固有山林"。但修建苗圃需要大片土地,公益会计议利用原有德军兵营之地改作苗圃,会员认为兵营之地不存在归属纠纷,德侨已撤,该兵营理应用作公地,只要行政机关同意,即可使用。① 另外,公益会还利用公有荒地,并借用会员的私地,扩大种植面积。1920年时,朱启钤展望苗圃之未来:"苗圃集国内外造林之树,移植播种,成活者达十万余株,假以岁月行,将有葱郁之

图3-2 莲花石公园石刻②

---

① 田金昌主编:《天开图画成乐土——朱启钤与北戴河海滨公益会》,中国文史出版社2018年版,第122—123页。

② 《徐大总统北戴河莲花石题诗石刻摄影》,《铁路协会会报》1921年第100期,插图。

观。"①1921 年时，公益会共栽种苗木 126 亩 4 分②，栽种品种有银杏树、罗汉松、马尾叶、落叶松、虎皮松、龙爪槐、杏仁树、合欢树、德国槐等③。苗圃的树木供给多方，首先是绿化海滨，公益会将苗圃的树木移栽到缺少绿植的山上或公园中，造成森林；其次，公益会将德国槐等树木移栽到马路两旁作行道树之用，以图美观和遮阴；再者，公益会在苗圃培育的树苗，对外公开售卖，公益会会员、海滨外人和其他在海滨居住的人员，以及商业机构、服务机构，都可购买苗圃之苗木，以点缀房屋周围，形成景色。公益会将绿化造林的主张坚持了多年，终使海滨到处郁郁葱葱，山峰上下、房屋周围，均是一片绿色，海滨景色更优、空气更佳。

三、建设卫生事业

北戴河海滨原无正规的医院，在公益会成立之前，有夏季来此避暑的西人医生短期坐诊，并开设有药房④。但随着海滨住户与游客逐年增多，这样的医疗条件捉襟见肘，尤其是华人就医多有不便。公益会成立之时，考虑到人们的医疗卫生需求，计划在海滨建设一所夏季医院。该设想由公益会会员施肇曾提出，他建议由北京的中央医院提供医师和药物，于每年夏季来海滨坐诊，公益会负责建设医院房屋。

北京中央医院是北京近现代历史上的一家著名医院，即如今的北京大学人民医院（北京大学第二临床医学院），始建于 1916 年。清末参与防控东北鼠疫的伍连德医生于 1915 年在上海创办中华医学会，倡导现代医学建设。他有感于"吾国医学迟滞"，指出"全国之中稍觉完善之医院，均为外人所创

---

① 《北戴河海滨公益会报告书》，朱启钤：《蠖园文存》，载贵州省文史研究馆编《民国贵州文献大系》（第三辑上册），贵州人民出版社 2015 年版，第 42 页。

② 《北戴河海滨公益会报告书》，1922 年，第 2 页。

③ 杨炳田：《朱启钤与公益会开发北戴河海滨》，载北京市政协文史资料研究委员会、中共河北省秦皇岛市委统战部编《蠖公纪事——朱启钤先生生平纪实》，中国文史出版社 1991 年版，第 110 页。

④ 管洛声编：《北戴河海滨志略》，1925 年，第 40 页。

设",京师之中竟无国人自办"一美备之医院",甚觉可惜。1915年冬,伍连德、施肇曾等人共同发起倡议,提出创设北京中央医院。经筹款、施工,该院于1916年奠基,1917年落成,1918年正式投入使用,地址位于北京阜成门外大街帝王庙隔壁。北京中央医院是近代北京最早的在现代医学指导下华人主持建设的西医医院,该院建筑由外国工程师设计,内设有各科室、手术室、隔离室、药剂室、摄影室、看护室等,在各个方面追求现代化。[①]北戴河海滨公益会正式成立时,北京中央医院已落成数年,而公益会会员施肇曾又是北京中央医院的创始人之一兼院董事,因此施提出联系中央医院在海滨设立夏季医院,操作起来较少窒碍。

公益会行动迅速,1918年8月提出议论,9月即开始兴建医院,该年12月公益会与北京中央医院正式签订协议。原文如下:

今由公益会建筑医院一所,并拨用旧兵房一排,分设单间病房及大养病房,由中央医院筹拨应用医疗器具药物,分派医士一人或二人,并看护妇于夏期常川住院办理诊疗事宜,其办法订有简章外,双方议订合同如下:

一、此项建筑及公益会设备之品,每届夏期交中央医院点收,秋间停办交回公益会保管,日用零星器具中央医院自行置备。

二、夏期应用庖厨及各种夫役,概由中央医院雇用,但房屋由公益会临时指拨。

三、医院收入支出统由中央医院经管,其医士等往来川资或归自备,所得诊费或分五成归医士等,均由中央医院自行商订。

四、医院出纳每期结算一次,公益会房屋不征租金,如有盈余,由公益会拓展本院建筑,其不敷者由中央医院担任。

五、医院开办后,或因不得已之事故,一方面主张废除此项合同,应俟秋间或夏历二月以前提议,当夏期开诊时日不得迟延更改,开诊期内不得有缺乏医士住院等事。

[①] 伍连德:《北京中央医院之缘起及规划》,《中华医学杂志(上海)》第2卷第4期,1916年,第12—14页。

右（上）条件双方同意自民国九年夏期实行，试办一年以后应否更改，届时双方协议之。

中华民国八年十二月　北戴河海滨公益会朱启钤签字①

按协议之条款，公益会在原德军兵营旧址上按医学专业之要求兴建医院。1920年年中，建成医院用房五间，建筑及器具共花费5 400元，并于当年开诊。经过一段时间的运行，原234平方米的用房捉襟见肘，于是，施肇曾另外筹集资金12 000元，扩建用房435平方米，医院用房基本建成。② 医院名为莲峰医院，其建有割剖室、治疗室等专门用房，设有头等、二等、三等病房，为不同需求的病人准备。医院内设有自来水及下水管，其他如蒸汽消毒器等医用器具皆由北京中央医院添置。1921年，医院设施基本完备。③

公益会与中央医院签订的协议将两者责任划分得非常清楚。公益会负责建设医院用房、停办期间看管医院物品，中央医院则负责医院的具体诊疗、提供医用器具，在医院财政方面，公益会并不干预，由中央医院"自负盈亏"。但明显可以看出，此协议对中央医院不甚公平，第三条虽规定"医院收入支出统由中央医院经管"，但第四条又规定医院"如有赢余，由公益会拓展本院建筑，其不敷者由中央医院担任"，也就是说，亏损时中央医院进行补足，反之中央医院并不会得到盈利。单从医院收支来看，负责具体日常业务的中央医院只能做到收支平衡或入不敷出，该院从莲峰医院得不到任何收益，可以说，公益会将中央医院也拉入了"做公益"的事业中，但这对后者明显是不合适的，易造成医院方面积极性的降低。

莲峰医院开办后，面对公众制定了《北戴河海滨夏期医院简章》，以告知具体诊疗、住院及收费事宜。该《简章》如下：

---

① 田金昌主编：《天开图画成乐土——朱启钤与北戴河海滨公益会》，中国文史出版社2018年版，第191—192页。

② 同上书，第123、125页。

③ 《北戴河海滨公益会报告书》，1922年，第3页。

北戴河海滨夏期医院简章

一、本院由公益会建筑，商由北京中央医院筹拨医疗器具，轮派医士及看护妇常川住院，并分设药房，以便中外避暑人士疗养之地。

二、本院每年自夏历五月望日起，至八月望日止，为应诊时期。

三、门诊时间每日午前八点半钟至十点钟止，每人收诊费五元。

四、出诊时间每日自午后四点钟至八点钟止，每次收诊费十元。

五、住院养病单间病房每人每日收费十二元，大养病房每人每日收费三元。

六、凡遇地方贫苦者，由公益会备函介绍，不取医费。

七、妇人产科临时另议。

八、凡公益会会员，于会中尽有特别义务者，由公益会预先开单函知，门诊及住院费一概减半收取，应用药费按八折计算，花柳病不在此例。

九、本简章未尽事宜，随时酌量修改。①

由《简章》可知，莲峰医院专为避暑人士而设，每年夏历5月15日至8月15日营业，基本包含了北方夏季，在此期间内，海滨附近居民也能到此就诊。诊疗分在院门诊和外出看诊两项，分别在上下午实施。在诊疗与住院费用方面，莲峰医院的收费分为几个档次且对贫苦者有所照顾。早期就诊该院还收取诊费，后来进行更定，只要按照时间去就诊则不收诊金，只在超时后才收取两元诊金。住院方面，一般经济状况者可入住较为便宜的大养病房，后期该院分头等、二等、三等病房后（分别可住2人、10人、12人），三等病房只需一元一天。药品费用方面，贫苦者可由公益会开具证明之后不收药资。②总体来看，莲峰医院尽可能保障人有所医，但这种收费模式也会导致其收入不足，只有头等病房的收入似可补贴。

公益会统计过莲峰医院开诊三月内的病患数据，每日到诊二十余人，这也与海滨人口较少的情形相匹配。病患基本上都在内科和外科就诊，所患均

---

① 田金昌主编：《天开图画成乐土——朱启钤与北戴河海滨公益会》，中国文史出版社2018年版，第192页。

② 《北戴河海滨公益会报告书》，1922年，第3页。

为常见疾病。从莲峰医院的收费方式和就诊人数来看，收入应难以大进，但其开销却很多，不仅要购买器械和药物，还要雇佣杂役，发放医师护工的薪资，负责以上人等的饮食，仅"薪工火食杂"每月就要开支500多元。① 收入少、开支大，这样的模式难以长久，在坚持数年之后，中央医院经费困难，不能再派遣医师护工到海滨，公益会又只能临时邀请京津地区的医生暑期来进行医疗服务，已不如之前中央医院负责时便利。②

关于公共卫生，石岭会区域内组织有卫生会（见前文《石岭会章程》），卫生会雇佣夫役，到各户清扫秽物，然后用车运到远离住宅区的地方倾倒。③ 公益会成立后，因马路、公园等相继兴建，公共区域扩大，需要人力清洁，于是公益会雇佣扫地夫常年经管卫生事宜。④

四、保护名胜古迹

莲花石公园于1919年7月开始营建，9月，朱启钤上书内务部，请求将莲花石在内的北戴河名胜古迹予以保存，防止有人买卖土地，或交由外人永租。其呈文如下：

为呈请事。案查联峰山一名莲蓬山，在临榆县城西南七十里，东西二峰相去三里许。联峰山东有双峰，若人立相对语，曰说话石。联峰山东南隅，有海嘴半入于海，曰金沙嘴。是皆载在县志者。夷考其地，即在今之北戴河海滨。本会成立后，会员协议，佥以瑞士有世界公园之称，固由于山川风物之美，亦彼都人士缔造经营之所致。北戴河海滨风景，外人旅居其地者，咸称道不置，人事不修，引为缺憾。本会拟凡名胜古迹所在，以群力保存之。并次第规划，以供中外人士公共游观之地。其地凡三处，一曰莲花石，在联

---

① 《北戴河海滨公益会报告书》，1922年，第3页。
② 林伯铸编：《北戴河海滨风景区志略》，1938年，第19页。
③ 管洛声编：《北戴河海滨志略》，1925年，第40页。
④ 田金昌主编：《天开图画成乐土——朱启钤与北戴河海滨公益会》，中国文史出版社2018年版，第122—123页。

峰山南麓，峦石起伏，向背有致，遥望似莲花，因有莲花石之号，本会业已辟治为公园。二曰联峰山，山巅及山后之崖，高者岩，秀者峰，层叠环抱，林壑俱美，本会将来拟点缀亭榭数处，并整理其道路树木。三曰鸽子窝，在金沙嘴迤东之海角，西人名之曰鹰角，悬峰绝壁，崄峭嵚奇，本会将来拟并葺治为第二公园。以上三处，莲花石已成公园，可以永久保存。联峰山、鸽子窝之两处，一时未能着手经营，深恐中外人士不知其为名胜古迹所在，一经略卖，便费周章。本会业已函致临榆县知事，查明志乘，出示禁止买卖。谨绘具略图，声明联峰山及鸽子窝地点所在。呈请大部咨行外交部，令行直隶交涉署，遇有外人永租联峰山及鸽子窝范围以内之地，其契一律不准投税，以杜纷争，以保存地方名胜古迹。此外，海滨地方可供中外人士卜筑之地尚多，联峰山及鸽子窝两处，所占北戴河海滨全部地位面积极小，证以图例，便可了然，限制买卖，留为中外人士登临凭眺之所，绝无窒碍。合并声明。谨呈内务部。①

该文上呈内务部后，内务部认为公益会"所请限制租买各节似应照准"，于是咨文外交部，请外交部查核令行直隶交涉署（直隶省处理外务事宜的专门机关）查照办理。②同时，临榆县也发布通告，宣布"嗣后金沙嘴迤东之鸽子窝地方严禁私相买卖，俾留为第二公园中外人士公共游观之所"③。

在央、省、县各级政府的支持下，公益会得以将北戴河海滨几大名胜古迹所在土地列入严禁买卖行列，成为实际意义上的公地（尽管有其归属）。在保护的基础上，公益会对各名胜古迹进行开发，让这些景点得以发挥更强的

---

① 此呈文录于才树骧：《朱启钤在北戴河的建树——中国第二历史档案馆有关朱启钤在北戴河政绩记载之摘要》，北京市政协文史资料研究委员会、中共河北省秦皇岛市委统战部编：《蠖公纪事——朱启钤先生生平纪实》，中国文史出版社1991年版，第130页。但有少许字词标点错讹，笔者据内务部抄转该文咨外交部照片校改，该件照片载于田金昌主编：《天开图画成乐土——朱启钤与北戴河海滨公益会》，中国文史出版社2018年版，第139—140页。

② 田金昌主编：《天开图画成乐土——朱启钤与北戴河海滨公益会》，中国文史出版社2018年版，第140页。

③ 同上书，第148页。

旅游效应。在莲花石、联峰山、鸽子窝三处地方中，莲花石区域经公益会努力，已逐步建成公园，莲花石公园之地即来自该会会员张文孚的捐赠，不仅没有产生买卖，还体现出公益会会员对保护名胜古迹的直接支持。该公园随后成为中外人士游憩之胜地，游览人数节节攀升，成为公益会保护与开发名胜古迹的模范之作。

之后，公益会本有计划继续开发联峰山和鸽子窝，为海滨再建公园，可惜因经费紧张，迟迟不能开展。在这种情形下，有人私下将联峰山进行买卖，公益会虽然还未开发此地，但仍然坚持初心，对这种行为大加抵制。

先有贲文阁曾在联峰山中峰、鞑子坟、话石一带私自偷埋界石，意图将该处土地盗卖，公益会对此明显违反之前规定的行为迅速行动，函请临榆县当地政府和临榆警局进行处理。于是，临榆县根据1919年规定，将贲文阁盗卖行径进行查禁，警局出动人员将其私埋的界石挖撤。① 这次查禁行动是当地政府和公益会的一次共同行动，严格执行了之前的禁止买卖规定，也对其他人产生了威慑作用，自此之后数年未曾有人再敢对山林土地进行盗买盗卖活动。

1924年1月前后，在沉寂数年之后，又有人私下尝试盗卖名胜土地，再次受到公益会的强烈抵制。这次事件由当地人刘升伯组织，他纠合人员，在联峰山一带埋下界石，并砍伐山上树木，其行为较贲文阁更加明目张胆，意图凭借人多势众使此事变为成案。事件发生后，公益会迅速反应，从行政和司法两个方面向刘升伯施压。首先，公益会函请直隶省长电饬临榆县当地政府和直隶省警察厅出面，对刘升伯所行之事直接禁止；同时，联峰山土地所有者张文孚的律师林行规对该地权属进行解释，陈说该地有地契为证，本属张文孚所有，交由公益会占有保存，刘升伯立界石、砍树木是对张文孚土地所有权和公益会管理权的直接侵犯。林行规引用地契、协议、官方法规，证明了联峰山土地不仅与刘升伯无关，且早已不允许任何人擅自进行买卖的事

---

① 《朱启钤恳将临榆县属北戴河海滨联峰山鸽子窝保存名胜古迹禁止买卖重申禁令》，载田金昌主编《天开图画成乐土——朱启钤与北戴河海滨公益会》，中国文史出版社2018年版，第144页。

实。为继续保护海滨名胜，朱启钤在此事发生后再次呈请内务部，要求该部重新申明 1919 年颁布的禁止买卖海滨名胜古迹的命令。①

公益会状告刘升伯后，临榆县作出行政裁决，判决书中，临榆县将土地所有权、内务部禁令、赏文阁事件等结合，详细陈述理由，最终判定刘升伯购买联峰山内山场无效。②在公益会、张文孚、临榆县行政机关的共同努力下，刘升伯非法占有山场之事迅速得到遏制，联峰山等名胜在公益会的积极保护下长期维持完整样貌，没有被私人占领。

张文孚不仅在海滨占有大片土地，也凭借家有资产，多行慈善之事，他主理慈善组织积善堂，为海滨建设多有出力，其中包括修缮海滨名刹观音寺。观音寺本为当地居民信仰之所，但年久失修，房屋寺墙多有倾圮。外人来海滨后，又大力宣播天主教、基督教、东正教等，一些居民被吸收为教徒，佛教愈不张。公益会自宣布保护名胜古迹后，除对山林等自然环境保存管理，也注意到了观音寺这种不可多得的人文古迹。张文孚的积善堂本与地方组织十三牌有每年修缮一次观音寺的约定，但观音寺破败尤甚，积善堂未能彻底修缮。公益会成立后，与张文孚相商，请张将观音寺墙舍重新修筑，公益会再从旁补助。

观音寺修缮工程由张文孚积善堂出资，前后支出在 8000 元以上，公益会负责工程建设。在公益会主持下，观音寺西院添盖三间平房，绕以回廊，寺中房屋添设纱窗，砖地改为混凝土地，寺院前后添置石桌石椅，花木亦在内外有所添设，经过重建，观音寺一改颓败之气，有兴盛之象。在寺院屋内陈设方面，公益会会员主动捐赠，为观音寺补充了一批造像、图书、佛具，1922 年的《北戴河海滨公益会报告书》详细记载了会员们的捐赠明细。郭世

---

① 《朱启钤恳请临榆县属北戴河海滨联峰山鸽子窝保存名胜古迹禁止买卖重申禁令》，载田金昌主编《天开图画成乐土——朱启钤与北戴河海滨公益会》，中国文史出版社 2018 年版，第 143—147 页。

② 《临榆县知事公署行政裁决书》，载田金昌主编《天开图画成乐土——朱启钤与北戴河海滨公益会》，中国文史出版社 2018 年版，第 151—154 页。

五[①]为观音寺造观音大士像一座,"觅良工摹彫、髹漆、装金",经一年半之久,终迎于寺中,用香、花供养。朱启钤捐赠一批家具,有木几、木案以及坐卧用具,共54件;施肇曾捐赠佛教经典326册;京师警察总监吴炳湘捐赠铜钟1座,润富建筑公司捐建钟楼,将铜钟悬挂于楼中。[②]用时约两年,观音寺这个久无修缮的破败寺庙,内外为之一变,信众到此礼佛时,观感颇佳。

修缮观音寺是公益会在保护北戴河海滨名胜古迹和发扬传统文化方面的又一功绩。在公益会的主持下,海滨诸多原有缺少保护的名胜古迹得到妥善保存和开放,不仅防止了歹人侵占,更通过恰当的改造,使其更具吸引力。地方特色景观和特色文化在改造中重焕生机,中外人士可以无障碍地、更加适宜地继续享用这些公共场所。

图3-3 修缮后的观音寺[③]

---

① 郭世五(1867—1940),字葆昌,河北定兴人。初在北京西华门一家古玩店学徒,后任总统府庶务司长,撰有《瓷器概说》1卷。

② 《北戴河海滨公益会报告书》,1922年,第2—3页、"会计账略"第4页。

③ 管洛声:《本年中元节北戴河海滨公益会延请高僧在观音寺讲经时僧侣及会众合影》,《北洋画报》第8卷369期,1929年,第2页。

五、修建公共浴场

海水浴是北戴河海滨有别于传统旅游胜地的核心吸引点之一，但在公益会之前的西人主导时代，海水浴未能做到大众化。西人往往由自家房屋自行延伸，将海滩圈占一部分，不准他人使用，不过彼时华人游客较少，私家海浴之法尚能维持。到海滨铁路支线开通之后，华人游客越来越多，对海水浴的需求也随之变大，公益会考虑到这一点，认为不能任由海浴无序进行，遂有创设公共浴场之行动。

创建公共浴场之前，公益会对海滩秩序已经有所约束。前文提到，在修筑海滩马路时，公益会规定马路靠海一边沙滩为公共用地，禁止私人建屋，包括洗浴更衣室，这保证了海滩一线视野开阔，也防止私人借建屋之机霸占海滩及海域。公益会此禁令发布后，在第三桥边有公益会某会员建有自家浴室，公益会认为其已经违背禁令，但随后转变思想，计划借该浴室已成之机，将这一片沙滩海域化为公共浴场，既由私转公不违禁令，又方便无私家浴室之公众享受海水浴。在与该会员商议之后，海滨第一公共浴场正式开办。海滨海岸线较长，一个公共浴场不敷使用，之后，公益会又相继在第四桥、第五桥之间创设第二和第三公共浴场。公益会之前在德军兵营旧址上修筑公益会事务所及苗圃时，拆下原有兵营木料，正好派上用场，用来修建浴室。[1]

三个公共浴场建好之后，向公众完全开放，采取收费制度，公众在浴场内游泳、使用公共浴室和浴衣都需要交费。游泳（洗海水浴）一次交费2角，租用浴衣一次交费2角，浴室内设有冲水箱，每间浴室年租15元，月租6元。喜海浴者往往也喜欢日光浴，许多人在游泳结束后，常在沙滩上躺卧许久，公益会在浴场内设立咖啡馆，供这些游客在观海晒肤之余享用饮品。另外，考虑到许多游客是海水游泳初学者，入水时恐有危险，公益会还特意联系当地警察局，专为海滨浴场设立水上警察，常驻此地，负责救护事宜。[2]

---

[1] 林伯铸编：《北戴河海滨风景区志略》，1938年，第21页。
[2] 管洛声编：《北戴河海滨志略》，1925年，第87页。

图 3-4 浴场水警①

与以前一些私家用苇席等材料筑成的浴室相比,公共浴场的浴室坚固美观,能遮挡风雨,内里用具也更加先进,较好的使用体验使公益会的浴场成为海滨模范。再加之公共浴场所含沙滩海域较广,因此开办之后极受欢迎,外地游客来海滨者基本上都会选择在公共浴场游乐。

---

① 敬德:《北戴河海滨水上救生警察》,《天津商报画刊》第 3 卷第 4 期,1931 年,第 2 页。

六、兴举文化教育

一般来说，自1893年起来到海滨建造居所的避暑中外人士都不是海滨原住居民，他们只是将海滨作为休闲场所所在，其主要的生活与工作不在这里。这些避暑人士的子女大都在北京、天津、上海就读于条件较好的中小学堂，基本不会使用海滨的基础教育事业，但公益会出于责任心与公益心，在海滨教育方面也有所赞助。

海滨居民多以打鱼种地为生，经济方面并不富裕，给当地的小学提供不了多少帮助。公益会赞助之前，有西人林文德每年向刘庄国民小学赞助120元，1919年开始，公益会接替林文德开始承担起赞助刘庄小学的责任。这一年的8月，即公益会成立之月，公益会会员家中女眷如唐宝珩（唐绍仪六女）、唐宝玫（唐绍仪八女）、朱津筠（朱启钤四女）、朱松筠（朱启钤三女）在海滨组织义卖，将售卖物品所得700余元均捐给刘庄小学。公益会为长远计，又用会员捐款购买2 400元的七年期内国长期公债，每年可从此收获利息144元，均赞助给刘庄小学。后期海滨各村相继成立私立或公立小学，其中陆庄小学也由公益会赞助。①

从一件小事可一瞥公益会赞助时期的海滨小学生面貌。1921年，美国议员团来华考察，他们一到北戴河，就有当地官厅组织当地小学生前来迎接。在该调查团的记述中，这些小学生的精神风貌颇佳："复有穿制服之小孩百许，自近地学校来站迎候，年龄皆在十二岁左右，邀余作短篇演辞，余欣然从之。彼等排成一行，颇似一小军队。"② 由此可见公益会时期的海滨小学生外观（制服）和精神气（纪律）均呈良好之态。

除学校教育之外，公益会也在社会教育方面有所作为，代表性事件即开办海滨图书馆。海滨图书馆开办于1931年6月，此馆的开办有赖于国立北平图书馆的支持，二者类似于当年莲峰医院与北京中央医院的关系。能够联系到中央医院有赖于施肇曾作为纽带，但以往论者并未注意到公益会会员与国

---

① 林伯铸编：《北戴河海滨风景区志略》，1938年，第20—21页。
② 《美国议员团视察中日韩三国之报告（九）》，《申报》1921年4月24日第18版。

立北平图书馆之间的关系，特爬梳如下。

国立北平图书馆的历史要追溯到1909年的京师图书馆。宣统元年（1909年），在新政的大背景下，学部奏请设立京师图书馆，地址在什刹海广化寺，缪荃孙任首任监督。民国成立后，该馆停办数年，后经改组于1917年1月重新开馆，馆址在原国子监南学房舍。1928年，南京国民政府收取北京后，该馆不能再用"京师"之名，遂由教育部改名为"国立北平图书馆"，并于次年迁到中海居仁堂。①

而与海滨公益会进行合作的国立北平图书馆已是原馆与中华文化教育基金董事会所建北平北海图书馆合并后的产物。1917年，因中国对德宣战，协约国阵营各国与中国约定庚子赔款缓付，中美两国部分有心人士遂有退还部分赔款以促进两国文化交流之议，并于1924年经美国两院通过该议，美方希望该部分赔款用作中国教育文化事业。于是中华教育文化基金会董事会得以诞生，专门保管并利用该款项，1924年9月，该会成立，董事共15人，公益会会员施肇曾之胞弟施肇基位列其中。②其他如颜惠庆、范源濂、顾维钧等人均与公益会各前政界会员同在北京政府共事，顾维钧也在北戴河建有别墅，他曾回忆"每逢夏季我经常在星期五晚上去北戴河度周末"③。因此，该会成员实与公益会会员有着千丝万缕的关系。中华教育文化基金会董事会成立后，出于发展教育文化之宗旨，遂在北海组织设立北京图书馆，该馆于1926年3月正式成立，也是在1928年，该馆更名为"北平北海图书馆"。1929年，教育部居中组织，希望国立北平图书馆能与北平北海图书馆合并，中华教育文化基金会董事会开会讨论后通过，于是北海图书馆成为国立北平图书馆第二馆。④合并后的北平图书馆由教育部和董事会合组的国立北平图书馆委员会主

---

① 蔡元培：《国立北平图书馆记》，载北京图书馆《文献》丛刊编辑部编《文献》第14辑，书目文献出版社1982年版，第229页。

② 《中华教育文化基金董事会第一次报告》，1926年，第1页。

③ 顾维钧口述：《顾维钧回忆录》（第一分册），中国社会科学院近代史研究所译，中华书局1983年版，第264页。

④ 蔡元培：《国立北平图书馆记》，载北京图书馆《文献》丛刊编辑部编《文献》第14辑，书目文献出版社1982年版，第229—230页。

持一切事宜，董事会成为北平图书馆的幕后管理方之一。①

公益会人物与中华教育文化基金会董事会成员有如此关系，于是，公益会产生了与国立北平图书馆合作建立海滨图书馆的想法。1930年，《国立北平图书馆月刊》记述北戴河海滨公益会向该馆商请从馆内拨出一部分拥有复本的图书和一些书架运到北戴河，在海滨设立图书馆，以满足海滨避暑人士的阅读需要。公益会并请北平图书馆派遣馆员前往海滨，帮助筹划，北平图书馆对以上请求均表同意。②随后，北平图书馆派遣该馆职员邓衍林来到海滨筹备图书馆建设事宜③，而关于运输图书和书架事宜，由北宁铁路提供帮助，不收取运费④。公益会将该馆设于观音寺内，公益会会员管洛声曾说明选址原因："海滨建筑，大概趋欧化，独观音寺藏于万松之里，佛殿禅房，恍隔尘世。"⑤正是这种静谧、古典的中国式氛围，才让公益会觉得图书馆与此地相合。

除北平图书馆赞助的一部分书籍外，公益会还公开发布告示，向社会征集图书。启事原文如下："敬启者，海滨山明水媚，正学校休假之时，尤便共同讲学。顾行李往来，难于捆载书籍。兹由北平国立图书馆酌拨复本图籍，就观音寺地址，六月内开办北戴河海滨图书馆。嗣后再筹建筑，应先征求海内藏书著作诸家暨公司机关，惠赠中外古今图籍，或予寄存，以供众览，用宏文化，而惠士林。谨此函请提倡赞助，并代介绍搜罗，无任延企！此启。"⑥

在国立北平图书馆和公益会的共同扶持下，1931年7月11日，北戴河海滨图书馆正式开馆，当日入馆人数约250人，借书者有25人。⑦图书馆与莲

---

① 《国民政府教育部、中华教育文化基金董事会合组国立北平图书馆办法》，载北平图书馆编《国立北平图书馆馆务报告民国十八年七月至十九年六月》，1930年，第42页。

② 《北戴河公益会商设海滨图书馆》，《国立北平图书馆刊》第4卷第5期，1930年，第133页。

③ 《北戴河海滨添设图书馆，北平图书馆派员布置中》，《浙江省立图书馆月刊》第1卷第5—6期，1932年，第193页。

④ 《北戴河筹办海滨图书馆》，《民众教育通讯》第1卷第6期，1931年，第66页。

⑤ 洛声：《观音寺》，《北洋画报》第638期，1931年，第3版。

⑥ 《北戴河筹办海滨图书馆》，《民众教育通讯》第1卷第6期，1931年，第66页。

⑦ 王凤华编著：《北戴河海滨旧闻录》，中国城市出版社1997年版，第99页。

峰医院同样，都只有夏季才进行营业，每年 7 月 1 日开馆，8 月 31 日闭馆，时间较莲峰医院更短一些。①这两月中，海滨图书馆由北平图书馆派来的馆员经管，每日开放时间为早八时至十时及下午五时至七时，馆中的中西文图书采取开架式阅览制度，进馆者可自行取下在馆中阅读，也可借走带回家中，只是每人每次借书最多两册。②

图书馆是现代社会的产物，其区别于古代藏书楼的最大特点就是由社会大众共享，而非私人独藏。自近代以来，中国人认识到修建图书馆是传播文化、强国强种的有力措施，遂在各都市和各学校建设公共图书馆。北京在当时是北方文化中心，也是现代图书馆事业发展较快的城市，在 20 世纪二三十年代已拥有数量众多的公共图书馆，而北戴河海滨只是一个人口较少的旅游避暑地，在文化方面几乎无甚可谈。但公益会人士看到阅读亦是避暑生活中不可或缺的一部分，力促其事而成，海滨图书馆的建立不仅便利了来此避暑的上层人士，也对当地文化教育有一定助益，在海滨文化事业史上占有重要地位，报刊评论公益会此举"俾文化之流行，无隙不入，无远而弗届也"③。

以上是北戴河海滨公益会在 1918 年草创起，至 20 世纪 30 年代该会退居幕后前，在北戴河海滨基础建设方面的主要工作。可以看出，公益会擘画宏大，行动有力，短短的时间内在建筑公路交通、开展医疗卫生、保护名胜古迹、发展文化教育、建设避暑游乐场所等方面取得了惊人的成绩。与 1918 年前相比，海滨的面貌被公益会建设的基础设施大加改变，从前自然发展的海滨，在公共团体的领导下，建设得趋于现代化和城市化，公路、公园、西式医院、图书馆，这些在当时几乎只在城市中才有的现代公共事业被公益会搬到了海滨这个小地方，不仅便利了当时避暑人士的日常游玩，也为北戴河百年以来的现代化进程打下了最初的基础。

---

① 《北戴河海滨图书馆》，《中华图书馆协会会报》，第 7 卷第 2 期，1931 年，第 15 页。

② 北宁铁路管理局编：《北戴河海滨导游》，中国旅行社，1935 年，第 12 页。

③ 《北戴河海滨设图书馆》，《中国出版月刊》第 1 期，1932 年，第 86 页。

第三节 其他方面的建设

公益会主导海滨时期，虽然在独力支撑之下，建设了许多事业，但毕竟该会属于公共自治团体，在一些需要特别权限和特别资源的事业上，完全不能主导或只能参与一部分。于是，在公益会充当北戴河海滨建设领头羊的情形下，政府官厅、国营与私营企业等或为配合公益会、或为利益所动、或为其他原因，纷纷在北戴河海滨设立分支机关和商业场所，既补充了公益会建设的不足，又丰富了北戴河海滨的旅游业态，也是公益会时期海滨建设的重要组成部分。

一、警察事业

公益会虽然得到政府授权，可以在海滨进行自治建设，但政府仍然保有其重要的权力，警察就是其中之一。无论海滨是西人主导时代还是公益会主导时代，警察都是海滨不可或缺、也最具权威的一股力量，警察机关的存在对海滨的稳定和发展是重要的保障。

第二章已提及当地警察部门于西人主导时期在海滨的建制，公益会时期又有所变化。原有的警察均隶属于临榆县警察局，但自1919年公益会正式成立起，北戴河海滨的警察就由天津的直隶警务处派遣。直隶警务处处长杨以德也是公益会会员，所以对北戴河海滨的警政非常上心，从该年起，直隶警务处每年夏季派遣保安队数十人和水警十多人，组成海滨警察署，共同驻在海滨，保护中外避暑人士的人身财产安全。从1923年起，海滨警察规模扩大，保安队增至120人，并分别驻在公益会事务所、草厂庄、灯塔庙等处。但直隶警察处所派警察只负责海滨避暑核心区域治安，其周围的原有村庄，仍由当地临榆县警察局派管，直到1925年，北戴河当地警察也转由海滨警察署指挥。[1]

---

[1] 管洛声编:《北戴河海滨志略》，1925年，第28页。

从警察机关的设置可一窥直隶省对北戴河海滨的态度。早年清政府划定避暑地时，明令北戴河海滨避暑地由临榆县管辖，一应缉盗司法事务由该县负责。民国后包括到公益会时期，虽然海滨基础设施和旅游事业已有大的发展，但在行政区划上仍然属于临榆县。直隶警务处的直接接管使北戴河海滨一跃成为特殊之地，当地的治安司法等事宜直通直隶省，这一改变可简化当地警务程序。海滨外人较多，这对警察机关是较难应付的现实，每当遇有中外人士之间的纠纷，临榆县就须请示直隶交涉署，由该署与直隶警察处共同应对，临榆县警察局在这些事情上几乎毫无决断权力。所以，直隶警察处对海滨警政的直接接管，便于处理海滨复杂的涉外事务，也使临榆县警察局从中得到解脱。综合来看，直隶省对北戴河海滨已不再以边缘县区看待，而是认为应该重点关照，当然这种变化的产生也部分得益于避暑人群里有大量华人上层人物，直隶省不得不对这些人物更加上心。

二、航空交通事业

中国官办民用航空业始于1919年，这一年，北京政府交通部开始筹办民用航空，3月，丁士源担任刚刚成立的"筹办航空事务处"处长，主管全国民用航空筹办。1919年11月，中央航空管理机构航空事务处正式成立，靳云鹏任处长，1921年2月，航空事务处改为航空署，统一管理全国航空行政。[①]中国民用航空业自始起步。

北戴河海滨与外界交通长期以来依赖于铁路，直到1921年夏天首次出现航空交通。1920年，京津两市才第一次通航，隔年航空署就创设了北京到北戴河海滨的航线，可见这条航线在航空署设计中，是当时较为重要的航线之一，也可见北戴河避暑旅游之盛。

因北戴河海滨的避暑旅游地属性，这条航线与海滨列车相似，也是只在夏季营业。北戴河的飞机场设于赤土山，此地建筑较石岭及西山为少，便于飞机起落。因该航线属临时性质，机场的建设"因陋就简"，"以便经济而图

---

① 刘莉、王勇编著：《中国民航发展简史》，中国民航出版社2010年版，第8—10页。

迅速"。北戴河飞机场没有建筑存放飞机的棚厂，遇有风雨，只能用苇席进行遮蔽。①

每逢星期五下午三时，飞机由北京出发前往北戴河，星期一上午八时，则由北戴河海滨返航。往返时间的设置也与海滨专车相似，以保障周末短途旅客的工作不受影响。但不同的是，飞机比火车更具效率，时火车从北京单程到北戴河海滨需一整夜时间，而飞机只需两小时。更高的效率自然需要更高的花费，此航线单程机票高达40元，往返票为70元，贵出火车票数倍。②当然，这样的收费标准意味着飞机往返在当时不是给大众的选择，而是专门提供给富人阶层的。在海滨的对外交通上，航空充其量只能作为辅助手段而非主力。

除往返京戴通勤航线外，航空署还开辟了北戴河空中游览飞行项目。此项目专供游客空中远眺海滨，"每星期六下午三时举行，每次飞行二十分钟，票价每张十五元"③。空中游览飞行可以看作航空署的创收尝试，星期五飞机抵北戴河后，星期一才飞回，航空署利用中间空闲举办短时的空中游览飞行，是将飞机物尽其用的做法，也给北戴河避暑旅行增添了别样趣味。

总体来看，京戴航线不是当时京津地区去往北戴河海滨的首选交通方式。有资料显示1921年9月该航线"旋飞旋停"，1922年7月该航线"旅客稀少……旋又停止"。④可见航空在当时虽然便捷，但票价较高，再加之人们对民航交通认可度有限，一时之间难以盈利，这使得航空交通一直未能成为京津与北戴河之间有力的交通方式。但京戴航线的开辟是中国民航业早期的重要线路，且是民航与旅游业的较早结合，是北戴河旅游交通的多样化呈现。

---

① 《北京北戴河临时航空线旅客运输》，《航空（北京）》第2卷第7、8期合刊，1921年，第80—81页。

② 管洛声编：《北戴河海滨志略》，1925年，第45—46页。傅焕光编著的《中国现代交通史》载京戴航线机票价格与此有出入，为单程60元，往返100元，见该书第346页（华丰印刷铸字所，1926年）。

③ 傅焕光编著：《中国现代交通史》，华丰印刷铸字所，1926年，第346页。

④ 潘树藩：《最近各国航空事业》，商务印书馆1934年版，第202页。

图 3-5 北戴河海滨飞机场[①]

三、邮电通信事业

邮政与电报作为交通方式在近代以来得到新的发展,其服务范围在清末时期已延伸到广大国土之上,邮传部也将邮政、电政与路政、航政并列成为四大交通事业。铁路的建设需要大量投资,且工程建筑艰难,因而修筑缓慢,导致辐射范围有限,但邮政与电讯事业因其自身特点布局起来较铁路为易,展进较快,早早就形成了全国网络。北戴河海滨因清末西人的聚集而产生初期的邮寄与电报服务(本书第二章有所提及),到公益会时期,随着海滨避暑人数的大增,这两项交通事业又有新的变化。海滨住户和游客的增加,不可避免对海滨邮寄和电报服务提出更高的要求,而这两项事业向属国营,邮政局、电报局面对这样的需求,也感到有利可图,于是两方意愿相合,事业遂有展进。

公益会时期,北戴河海滨邮局由夏季营业,改为常年营业。当地南山邮

---

① 田金昌主编:《天开图画成乐土——朱启钤与北戴河海滨公益会》,中国文史出版社 2018 年版,第 71 页。

局在 1922 年以前，只暑期营业五个月，自 1922 年起，改为常年开办的二等邮局，并在 1923 年起开展货物快递服务，包裹可从北戴河海滨寄送至全国乃至国外。①营业时间和范围的扩大需要展扩邮局机构，公益会时期，海滨邮局的人员和工作场所均有所增扩。在人数上，1925 年左右，海滨邮局已有员役 17 人②。在办公场所方面，公益会作为海滨"地主"，对邮局房屋建筑方面给予了重要帮助。公益会认为原有的邮政局"房舍简陋太甚"，于是向交通部申请为邮局翻建房屋，并代绘图纸，代为招商，于 1921 年 10 月开始兴工。③

《北戴河指南》中收录的《北戴河邮局章程》提供了有关该邮局营业日常的宝贵史料。每周一至周六，是北戴河邮局的工作日，每日早八点到十二点、下午两点到八点为营业时间。星期天以及法定假日，营业时间缩短为早九点到十点、下午五点到八点。此外，邮局也提供信汇④服务，便于用户异地取用钱款，其办理时间为每周一至周六的上午九点到十二点、下午两点到五点。邮局也对邮票、信封、明信片等邮寄必需品明码标价，分别为黄色邮票册每册 1 元（含一分邮票 28 枚及三分邮票 24 枚）、信封每个三分五厘、明信片每个一角二分。⑤

邮政虽然是一种需时较长的运输与通讯方式，但也有其独特的优点，如费用低廉，通达性强等。北戴河海滨邮局的信件包裹可直达北京、天津、上海等国内重要城市，也可联系近处唐山、昌黎等市县，即便是南方其他广大区域，亦可从上海转运。这些优势使北戴河邮局的收寄数量相当可观，据统计，自 1918 年至 1924 年，该邮局每年收寄普通邮件数量在 10 万件上下，总体呈上升势头，从夏季营业改为全年营业后，1924 年上升到 16 万余件，说明全年营业后，其他季节亦能收寄相当数量的邮件。此外，汇兑业务亦随年份

---

① 管洛声编：《北戴河海滨志略》，1925 年，第 47—48 页。
② 同上书，第 48 页。
③ 《北戴河海滨公益会报告书》，1922 年，第 6 页。
④ 信汇是汇款人向银行提出申请，同时交存一定金额及手续费，汇出行将信汇委托书以邮寄方式寄给汇入行，授权汇入行向收款人解付一定金额的一种汇兑结算方式。
⑤ 徐珂编：《北戴河指南》，商务印书馆 1921 年版，第 22—24 页。

推移呈上升态势，付出银数从 1918 年的 9 873.63 扩大到 1924 年的 29 437.71，开出银数从 1918 年的 8 121.57 扩大到 1924 年的 41 857.58，均翻升数倍。值得一提的是，航空署开办的京戴航线还会顺带提供邮寄服务，其虽效率较高，当天可达，但一是使用者较少，二是费用较高，因此不具备普遍性，业务量也较低，航空邮件在北戴河只能作为一种特色存在。①

由以上可见，在电报、电话等通信方式未普及的情形下，邮政是北戴河海滨人士与外界连接的基本方式，造成了海滨邮局邮件数量相当大，钱财汇兑、衙署公文等也利用邮政渠道进行联通，邮局成为北戴河海滨最重要的基础服务设施之一。

紧随邮政之后的，是电信事业。电报是 19 世纪科学技术进步的产物，作为文字通信方式，它比传统的信件邮寄之效率有飞跃式的提升。海滨因外人聚居，早早就有电局之设，一直延续到民国期间，并采取夏季营业制度。电报相比于邮寄，其功能较为单一，只能收发文字，且由于其对普通人来说费用较为高昂，电报文字一般也尽可能简练，无法像信件一样洋洋洒洒，但其优势在于效率较高，即时通达，比邮寄信件要节省不少时间。费用方面，海滨电局规定，发往直隶省内的电报，华文按每字六分收取，外文按每字九分收取，跨省拍报，华文按每字一角二分收取，外人按每字一角八分收取。与邮寄费用两相对比，电报明显要高出不少，所以，能使用电报者，其经济情况必然具有相当水平。海滨的主要住户均为华人上层及外国人士，电报费用对他们来说完全不存在问题，但夏季一过，这些人回到城市，本地原住居民少用电报，海滨电局即行关闭，使用人数和费用的差距也是邮局和电局采取全年营业和夏季营业方式的主要原因。从业绩来看，凭借海滨夏季数量不少的外人与华人上层，电局收发电报数量也很惊人，1921 年该电局收发电报 8 000 余号，1922 年受直奉战争影响亦有 5 000 多号。电政管理机构面对这样的业绩，也对海滨电局愈加重视，原来在京津与北戴河海滨之间拍发电报需要由途中之临榆、昌黎、唐山等电局经转，1922 年冬季，电政部门专门在海滨与天津之间添设专线，自此可直接通报，消息来往更加便捷。同年，海滨电

---

① 管洛声编：《北戴河海滨志略》，1925 年，第 48—49 页。

局新办公房屋落成,与邮局建筑一样,得到了公益会的助力,新邮局、电局均在海滨火车站附近,处在海滨中心位置,供民众使用。①

图 3-6　邮局与电局②

四、电话、电灯、自来水事业

电话作为当时最为便捷的即时通信方式,在北京、天津、上海等大城市尚且不能普及,在海滨自然使用更晚。早期,私人家中几乎没有安装电话的情形,少有的几部电话也都是在公共机构处。海滨最早的电话是由京奉铁路局带来,前局长徐见侯曾在东山著有别墅,他在海滨车站与自己家中分设电话,便于联系铁路事务。1924 年,海滨警察局为便利治安,在其驻所、公益会事务所分设电话,与车站等地相互联通,"专供缉捕呼应之用"。直到 1928 年,海滨才第一次出现了可供普通居民与游客使用的公共电话。这一年,天津电话局设立海滨临时长途电话局,只在夏季营业,供避暑者与平津地区进

---

① 管洛声编:《北戴河海滨志略》,1925 年,第 49—50 页。
② 田金昌主编:《天开图画成乐土——朱启钤与北戴河海滨公益会》,中国文史出版社 2018 年版,第 194 页。

行即时通讯。①但总体来说，20世纪二三十年代，电话在北戴河海滨并不是普遍性的通讯方式，其与邮政和电报相比，不仅出现较晚，在使用频率和使用人数上也有较大差距。

现代社会中，与邮政、电报、电话等设施相比，电灯和自来水在一般家庭的生活中使用频率更高。但电灯和自来水的建设是系统工程，除非有发电机、水泵等机器及遍布的管线不可，需要大量资金投入，且需家家户户配合。正是由于这些特点，海滨水电事业在公益会时期的发展不尽如人意，当然当时其他城市中的水电事业亦不发达。

电灯最早出现在东山石岭会成员聚居区。石岭会利用自有汽油发电机，为区域内的路灯和居民住宅内电灯供电，向住户收取每盏电灯每一个夏季一元的费用。②除石岭会区域之外，其他区域住户及机构只能自设汽油发电机为自家电灯供电。1922年，电报局欲装电灯，也只能向交通部申请自行装配电机以发电③。

生活用水方面，原海滨居民多从河中、山中溪流中取水，或收集雨水于窖中，这些水源或取用不便，或卫生堪忧，对人体健康有害。同时，公益会看到"电灯不备，入夜跬步难行"，于是欲对北戴河缺少电灯和自来水的情形加以改变，于1921年成立水电公司，并报交通部和农商部核准，直隶省查核之下，认为无所窒碍，但终究由于种种困难而未能再进一步。④公益会时期，电灯和自来水始终未能实现统一供给，这成为当时基础设施建设方面的缺憾。

五、实业场所等

华人纷纷到海滨避暑与公益会的成立，使北戴河海滨避暑旅游愈见兴盛。

---

① 林伯铸编：《北戴河海滨风景区志略》，1938年，第25页。
② 管洛声编：《北戴河海滨志略》，1925年，第50—51页。
③ 《邮政总局呈交通部北戴河南山邮局请将小电机装于电报局内由邮局担任应摊之费文》，《交通公报》，1922年12月1日，第8页。
④ 《北戴河海滨公益会报告书》，1922年，第5—6页。

游客的增多也促进了海滨旅游商业的发展，这一时期，银行、旅馆、饭店、商店等金融与商业场所纷纷兴起，与公共机构与居民住宅一同成为海滨的重要设施。

1921年，中国银行在北戴河海滨设立临时办事处。几大避暑胜地中，最早设立中国银行办事处的是庐山。1916年夏季，中国银行在庐山设立临时兑换所，大受欢迎，遂于次年续设，并制订章程，成为常例。① 北戴河海滨临时办事处之设即仿照庐山而来，该处初由公益会提供办事场所，后邮电局新建筑完成，即搬到邮电所内。② 至于该银行办事处的营业日常，尚未发现相关资料，但既仿照庐山，则可从庐山临时兑换所的章程中发现一二。两处机构设置均为"临时"，均为夏季营业，"秋凉后即行撤销"，其职员也非常设，而是"在本行员生中酌量抽派不另设专员，以资节省"。业务方面，中国银行庐山临时兑换所可兑换该行银元券及该行发行的平市官钱局铜元券，对于其他银行发行的钞票及外国银行支票，只"酌量贴现收兑"。客户要在银行取用汇款，须持汇信前往办理，这可能也是中国银行北戴河海滨临时办事处设于邮电局之内的一个原因，便于客户取用及银行核验。③ 从以上可见，中国银行通过开展兑换货币业务，与邮局合作开展信汇业务，可为海滨避暑人士提供基本的银行业务，使避暑人士不用来往携带现金。

作为旅游胜地，旅馆饭店是必不可少的设施，它为在海滨无固定居所的短途游客提供了基本的住宿饮食服务，而各私营旅店是海滨旅游住宿之主力。在海滨开设较早的旅店是天津裕中洋饭馆，该饭馆每到夏季即在海滨开办支店，每日房费及饭钱共六元，这家饭馆至少设立于1917年以前。④ 20世纪20年代，海滨较有名的旅店有车站附近的同福饭店、金山嘴以东靠海的金山

---

① 《赣行致总管理处函（六年五月十日专字四十五号）：为设立庐山临时兑换所事》，载中国银行总管理处编印《中国银行业务会计通信录》第30期，1917年，第57页。

② 《北戴河海滨公益会报告书》，1922年，第6页。

③ 《赣行致总管理处函（六年五月十日专字四十五号）：附拟定庐山临时兑换所章程（六年五月十日）》，载中国银行总管理处编印《中国银行业务会计通信录》第30期，1917年，第57—58页。

④ 京奉铁路管理局编：《京奉铁路旅行指南》，1917年，第58页。

饭店，其他如西山的永发饭店（别齐饭店）、东山的亚细亚饭店和东山饭店。这些旅店均面向大海，普遍为西式设计，客房内"床被盥沐之器咸有设备"，饭食则为西餐。这些旅店的每日食宿费在5元到8元之间，对包月、包星期者有相应折扣。①但即便如此，西式饭店的收费仍然颇为高昂，且许多避暑华人也对西式餐饮难以适应，公益会遂有自建旅馆之议。

为满足游客住宿餐饮需求，也为公益会谋取收益以支撑其他基础设施建设，公益会在20世纪20年代初曾计划建设大旅馆。1920年，公益会向农商部申请注册北戴河饭店股份有限公司，并呈报章程，得到农商部允准并发给执照。②但此事落地颇为艰难，首先建筑旅馆需费浩大，公益会所筹50万元基本股款仍不足；其次，公益会尝试进行的电灯与自来水事业均无法实现，这导致旅馆建筑计划起步即夭折。最终，这个大旅馆停留在构造图绘制完成与填土筑堤的程度。③《北戴河海滨志略》载"中法人士曾议合组大旅馆，嗣以中法银行辍业，寝其议"④，似指此事。

除商业旅店外，一些游客还长期或短期租赁海滨私人住宅以作避暑之用。这种租赁方式有其优点，即稳定、自由，但缺点在于须早做计划并签订租赁协议，不似旅店之便捷。⑤

总之，随着海滨避暑旅游日渐兴盛，旅店业得到了发展和繁荣，各种形式的食宿提供者使海滨避暑人士得到便利，反过来对海滨旅游也产生了有益推动。

商铺方面，早在清末时期海滨就有药房、照相馆、商店、书店之设，公益会时期，海滨商业贸易有所扩大。每到夏季，海滨各门面商铺与摊贩货郎共同营业，形成盛景："百货云集，肩挑负贩，踵接于道"。据公益会统计，

---

① 管洛声编：《北戴河海滨志略》，1925年，第38—39页。

② 《批朱启钤等：第三二一号（三月十一日）：北戴河饭店股份有限公司应准注册给照由》，《农商公报》第6卷第9期，1920年，第24页。

③ 田金昌主编：《天开图画成乐土——朱启钤与北戴河海滨公益会》，中国文史出版社2018年版，第125页。

④ 管洛声编：《北戴河海滨志略》，1925年，第39页。

⑤ 同上。

海滨的商铺种类有西洋食品肆、杂货店、米面铺、木厂、布铺、洗衣房、成衣店、革靴铺、药店、书店、钟表铺、照相馆、理发店,以及道旁售卖绸缎、瓷器古玩、鸡鸭鱼肉、蔬果食物者,商业颇为繁盛,而这些从业人员还是海滨居民的重要组成部分。[①]

六、市政基础设施、服务业设施与海滨旅游

北戴河海滨晚清时期以宜人气候吸引西人来此筑屋避暑,自此产生北戴河海滨避暑旅游,但旅游不仅是人与自然人文的结合,更需要配套设施的完善。西人主导避暑地时期,临榆县政府对北戴河海滨缺少实质性的管理和建设,西人虽有团体之结合,却也力量单薄,筹划有限,未能使海滨市政一新、业态丰富。公益会成立之前,北戴河海滨这片官方划定的避暑地,道路不修、卫生不倡,除了自然生成的山景海景,缺少更加丰富多元的游憩景点,游客来到此地,住宿、饮食、游泳、交通均称困难,这些现实问题严重制约了北戴河旅游观光的进一步发展。

这种自我生长的旅游活动使避暑人数增加和基础设施不足成为一对突出的矛盾,而这时,公益会的诞生改变了这种情形。公益会成员认为,要想使海滨避暑旅游更加兴盛,中外避暑人士体验更加美好,就必须从市政基础设施入手,建设现代的、便利的、多样的公共事业,使海滨从根本上焕新,成为名副其实的旅游胜地。于是道路公园得以修筑、公共浴场得以创建、文化教育得以兴举、医疗卫生得以提倡,诸多市政设施的兴建不仅改变了海滨面貌,更推动了旅游体验的改变——交通不再困难,游泳可以自由,游憩方式多样。市政设施的改善又使北戴河海滨在避暑旅游方面更加吸引中外人士,人数的增多又可推动百业兴旺,于是,邮电银行驻入海滨、都市旅店争设分店、商铺摊贩闻风云集。各种营利性行业的出现与繁盛不仅是商业行为下的自然选择,而且是北戴河海滨避暑旅游业继续兴盛的必要保证。人们可以放心地离开都市来到海滨,在这里不仅可以享受独一无二的美景和气候,也可

---

① 管洛声编:《北戴河海滨志略》,1925年,第52—53页。

以不失城市生活的摩登与便利，所以服务业设施趋于完善对避暑人士具有很大的吸引力。

总之，早期避暑旅游的起步是后来诞生公益会的前提，而公益会开展的市政建设是北戴河海滨避暑旅游史的一个重要转折点，旅游服务业的兴盛又进一步带动避暑风气，使海滨旅游业继续发展。如此形成良性循环，北戴河海滨才得以在近代成为北方著名的避暑胜地。

第四节　公益会与海滨各方的关系与互动

北戴河海滨公益会在十余年间做了大量工作，使海滨的基础设施产生了巨变。但除了公益会及其会员，海滨还存在其他几个群体或力量，如政府机关、避暑外人以及当地原住居民，在公益会主持地方自治的进程中，难免要与这几方打交道。那么其他群体对公益会的工作采取何种态度？又如何参与其中？受何种影响？这些问题需要分别讨论，以探查公益会时期海滨自治在环境上面临的复杂性。

一、公益会与官厅：互为倚靠

前文已屡次强调，海滨虽为官方划定的避暑地，却受辖于临榆县，该县政府无力建设与治理复杂的海滨区域，才导致西人自治和公益会自治的产生。西人主导时代，各级政府对海滨事务难以全面掌控，自1918年起，公益会提倡的地方自治让各级政府看到了改善海滨政治环境的契机，于是纷表支持，并提供实际帮助。公益会时代，各级政府和官办机构实际上成为公益会开展自治的盟友与后台。

政府对公益会的支持首先表现在姿态上。1918—1919年，公益会草创时期，从内务部到直隶省再到临榆县，对公益会组织的设立和其工作宗旨均极表支持，认为公益会的义举必能使海滨日渐发达。这种支持态度体现在各级政府对公益会申请成立的回函中,前文均已详述,其中临榆县知事和警察局局长更是在成立大会时亲自到场,发言表示其意。

其次,政府利用行政权力对公益会工作进行辅助。公益会每有主张,可通过当地政府和警察局发布命令、张贴告示,将自治团体的主张转变为行政法规,达到更好的执行效果,禁止海滩行车和保护名胜古迹是这种行事方式的代表性事件。在公益会日常事务上,政府和官办机构也给予帮助,如其事务所房屋系由政府允准使用原德军兵营,修筑道路的汽碾由天津警察厅出借,并由京奉路局免费运到海滨①,海滨图书馆的图书书架也经路局免费运送。

政府及官办机构直接为公益会提供经费支持,保障公益会运行。政府允许公益会作为自治机关取得收取地方捐的权力,公益会每年从车驴附加捐上可有所收入。以1921年为例,该项收入为870.74元,虽不甚多,但也能略为补助。②1920年,公益会经费拮据之时,京奉铁路局决定自次年1月起,每个季度补助公益会1 200元经费,如此一年可得补助4 800元,这笔经费成为此后公益会最稳定的一笔大额收入。而在此之前的一两年间,公家对公益会的补助已达95 000元之多。③公益会在十余年的时间里常多方筹措经费,努力维持市政事业,公家的多方补助是其多年艰难支撑的重要来源。

最后,官办机构积极在海滨建设分支机构,与公益会一起繁荣海滨,服务避暑人士。邮局、电报局、电话局、银行、图书馆等均是官办机构,公益会时代,这些机构或入驻海滨,或进行扩建,或延长营业期,满足了避暑人士的一些基本需求。

总之,北戴河海滨公益会虽是市政事业的直接筹划者和建设者,但政府及官办机构也同样参与其中,为海滨的建设与发展尽心尽力,只靠公益会自身,许多成就必然不能达到。自京奉路局将火车通到北戴河海滨后,政府和

---

① 田金昌主编:《天开图画成乐土——朱启钤与北戴河海滨公益会》,中国文史出版社2018年版,第125页。
② 《北戴河海滨公益会报告书》,1922年,"会计账略"第2页。
③ 田金昌主编:《天开图画成乐土——朱启钤与北戴河海滨公益会》,中国文史出版社2018年版,第124—125页。

官办机构就对公益会的工作给予了极大支持，同时也使用自身政治、经济资源为海滨建设添砖加瓦。因此，海滨公益会与政府和官办机构之间的关系是相辅相成、互相倚靠的，不同之处在于公益会处于前台，而后者更多身处幕后，两者长期的紧密关系是海滨发展繁荣的重要因素。

二、公益会与西人：争权与共享

对北戴河海滨公益会的认识常常存在一种声音——公益会是一个华人上层的集合，他们为了自身享乐而成立团体，继而对海滨进行开发。在这种认识下，公益会成员被视为与西人是一体的，即这些人都是脱离平民阶层的富贵人群，共同占据海滨资源。当时有游客在报章上写道："到这里来避暑的人，除了大部份碧眼儿，包括帝国主义侵略的先锋如传教师，神父，以及牧师之类，还有来榨取半殖民地民众血汗的洋行公司的大老板经理，另外还有寄生在他们之下的中国高等华人，经济买办，和下野的政治买办，如军阀政客，和今日的一部份权贵，这个地带，即是为了他们而存在的。"[①] 潘淑华在其论文《城市、避暑与海滨休旅：晚清至1930年代的北戴河》中得出这样的一个结论："公益会在早期利用培养'国民高尚之精神'及展示'居民自治能力'等论述，以支持开辟海滨为休旅空间的发展计划。但当民族主义在中国日益高涨时，发展及管理北戴河亦被赋予了'争国际地位'的意义。"她认为"民族主义的论述"是公益会后期建构出来的，早期并未体现出"浓厚的民族自强及与帝国主义抗争之意味"。[②] 这些看法和观点均未能对公益会的民族主义情感和实践形成相当之重视，忽视了公益会自始至终与外人争夺主权、保护国土的主张与努力，本书此部分要论述的就是这一点。但同时还须强调的是，公益会成员在与外人争夺主权时，并不是采取纯粹的排外主义，而是采取"主权在我"大原则下的共享主义，坚持中外人士拥有同样的在北戴河避

---

① 罗曼：《人间天堂的北戴河》，《新生周刊》第1卷第28期，1934年，第553页。
② 潘淑华：《城市、避暑与海滨休旅：晚清至1930年代的北戴河》，《"中央研究院"近代史研究所集刊》第95期，2017年，第56页。

暑享乐的权力,唯海滨主权必须由华人掌握。

(一)民族主义:从保护主权到展示自治能力

必须明确的一点是,北戴河海滨公益会从成立起,就具有强烈的民族性和爱国心。公益会成立历史前文已述,略摘几事就足以表明公益会的发起原因之一就是要与外人争夺海滨主权。公益会领导人朱启钤在公益会成立前后屡次表明心迹,"深惧山川风物不可以久存也"[1]和"地方不自治,他人将代治"[2]是他发起成立公益会的重要原因;公益会所拟章程第十七条"本会以外之团体,有办理公益事务与本会宗旨相同者,如认为必妥时,得开联合会议"[3],实际上就专为石岭会等西人团体而设,阻止外人专断海滨事务;直隶警务处处长杨以德亦深知公益会之意,在给公益会回函中表彰该会会员"热心爱国",所做之事"于国土主权关繁极巨"[4]。这些公益会早期文献足以说明,保护海滨主权、限制外人侵占是公益会发起的主要因素之一,而地方自治是实现这一目的的重要途径,他们认为,只有华人主动起而自治,才能避免外人代治。吴鼎昌后期也曾表示"本会于民国七年(1918年)中国加入欧战时成立,并非为个人娱乐起见,完全为争国际地位,不忍坐视地方事业经营之权落诸外人之手"[5]。因此,若以图个人享乐来解释公益会成员的初衷,则大为贬低了公益会的立会目的与宗旨。

在具体事务上,公益会也对外人侵权之事多加针对,尽力伸张华人权

---

[1] 朱启钤:《莲花石公园记刻石》,收入氏著《蠖园文存》,载贵州省文史研究馆编《民国贵州文献大系》(第三辑上册),贵州人民出版社2015年版,第45页。

[2] 田金昌主编:《天开图画成乐土——朱启钤与北戴河海滨公益会》,中国文史出版社2018年版,第119页。

[3] 《北戴河海滨公益会章程》,《北戴河海滨公益会报告书》,1919年,"章程"第3页。

[4] 《直隶警务处长杨君以德复函》,《北戴河海滨公益会报告书》,1919年,"立会文牍"第1页。

[5] 田金昌主编:《天开图画成乐土——朱启钤与北戴河海滨公益会》,中国文史出版社2018年版,第135页。

力。中国对德宣战后，德人离开北戴河海滨，公益会申请将德军兵营作为公益会事务所，说明该营"绝非敌侨财产，以后外人不能借用"①，这个做法避免了外人对此处海滨公产的侵占。在修筑东山和海滩马路时，需要外人拆墙让路，公益会虽无强制执行的权力，但仍然"推诚据理，不惮口舌笔墨，力与争持"②，终使马路得以完成，此举让公益会所办事业直接深入外人聚居区，是对华人力量的一次展示。

以上事件的处理过程较为温和，公益会与海滨外人最直接、最激烈的一次正面交锋是李德立事件。

李德立（E.S.Littlo），英国传教士，清末在庐山牯岭避暑时，就曾侵占当地土地。1895年，李德立看到牯岭"山林之盛，气候之佳，欲尽占庐山而有之"，于是用金钱与当地乡民交易，购买大片土地。当地政府不知详情，以为李德立是国人，遂使地契顺利签订，这些土地"合法地"变为英人之产。后地方政府察知此事明细，欲收回土地，结果遭李德立诉诸九江英国领事，并由英国公使向清政府交涉，清廷软弱之下，最终由地方官与之签订99年租借协议，使李德立所占土地成为名副其实的租界。③李德立的活动范围颇广，他在北戴河海滨也有私人住宅，并在公益会成立后纠合庙湾区域外人成立团体"庙湾会"，成为该会主事者。④

1923年8月，李德立在其北戴河海滨住所召集庙湾会会议，并邀请海滨诸外人团体和公益会代表参加。在这次会议上，李德立意图建立由西人主导的海滨政治机关——公议会，并提出初步设计。该议案虽为商议性质，但从其内容中亦能一窥李德立等人之真实想法。在他的蓝图中，"公议会"是"非民治的、非代表的"，而是"政治的"，这一点说明该会与之前石岭会、公益

---

① 田金昌主编：《天开图画成乐土——朱启钤与北戴河海滨公益会》，中国文史出版社2018年版，第122页。
② 《北戴河海滨公益会报告书》，1919年，"外人拆墙让地"第1页。
③ 《庐山指南》，商务印书馆1937年版，第4页。
④ 管洛声编：《北戴河海滨志略》，1925年，第16页。

会、庙湾会、东山会、灯塔会①等团体有本质上的区别，李德立谋求的，是要公议会取代临榆县在海滨的行政权力，原有行政机关及自治团体石岭会、公益会等都不必存在，海滨所有事务均由公议会负责。李德立希望外人能与避暑华人、本地村民一样，在北戴河海滨"立于同等地位"，即共同在公议会中占有席位。而在席位设置上，李德立提出或"以地面之大小计"，或"以国籍之类别计"，或"以财产计"，产生议会之代表席位，继而在公议会中拥有投票权。细思这三种产生公议会代表的方法，其实均对外人有利，海滨外人本就在财产和房屋土地方面高出一般华人，更何况以国籍计算席位这种专为外人设置的方法。李德立计议，将设立公议会的方案由外人各团体相继向各国公使和中国政府请愿，以期达成目的。

当日会议，公益会曾派代表与会，其敏锐发现了李德立提议设立公议会背后的政治企图，当场即表示反对，会后立即将此事通报了海滨警察局。在报告中，公益会指出李德立聚集会议"用意不经"，"意在挈领各国私人团体，扩张势力，将来联合请愿，举行地方市政，操纵一切权利"，"均属有碍我国主权"。公益会强调，北戴河不是租界，市政、警察及其他地方事务，只能由中国地方官办理，海滨之外人属租住在此，没有资格享有自治权力。公益会希望中国政府能趁此事尚在计议中就予以弹压，决不能让其事进入实际实施阶段，否则"不但足以引起地方人民之反响，尤于我国主权及地方行政皆发生直接关系"。对李德立个人，公益会已有所了解，知晓其曾在庐山干涉地方市政，已有"劣迹"在身，因此对其倡议之事决然反对。②

在海滨公益会的及时警告之下，直隶省迅速反应，将此事咨知内务部民治司，最终，在中国政府的干预之下，李德立的阴谋未能得逞，北戴河海滨地方行政和主权得以保存。

经过此事，朱启钤等公益会成员更加认识到海滨西人并不安于只在此避暑享乐。1924年，即李德立事件发生的次年，朱启钤在该年度的《北戴河海

---

① 东山会、灯塔会皆为公益会之后成立的外人团体。
② 田金昌主编：《天开图画成乐土——朱启钤与北戴河海滨公益会》，中国文史出版社2018年版，第156—159页。

滨报告书》之《弁言》中写道"其所主张各国人民应联合其已有之团体,更谋万国居留地之建设"使他"悚然惧惧",朱启钤再一次表示"我不自为,他人将代我为之也"。①正是始终保持着国家意识和对海滨外人的警惕,公益会才得以在十余年间维持心志,艰难运行,未曾让西人掌握海滨的实际行政权力。

防止外人侵权是公益会民族主义思想的一种体现,展示华人自治能力则是另一种体现。公益会争求华人自治团体主导下的海滨地方自治,除保护主权、建设海滨的目的外,还有就是利用海滨一隅万国人士聚居的机会证明华人也能做好地方自治,以得到中外人士认可,继而形成民族平等、人种平等的认识,从而提高中国国际地位。

朱启钤等公益会成员在心理上具有一种弱小国家背景下的自尊自强心态,经历过列强多年欺压,非常希望通过自身努力得到外国人士的认可,从而得到华人并不输于西人的心理慰藉和平等体验。1898年划定避暑地时说明北戴河海滨供中外人士杂居,其后海滨的发展形成这样一个面貌——西人所在区域较华人所居区域更加美观整肃。朱启钤到来之后,认为这样的"杂居"会让外人低看我民族无自治能力,遂有公益会之设。公益会随后开展公共事业,改善海滨环境,颇有与外人一较高低的想法,因此,公益会非常在意外人对公益会所办事业的看法。

在公益会经年努力之下,不仅华人聚居区面貌大为改观,海滨整体避暑环境亦较西人时代有明显提升,除李德立等少数欲侵犯地方主权者,海滨大部分避暑外人对公益会的工作予以肯定与赞扬,这让公益会会员心理上颇为受用。1920年,公益会在海滨修筑道路已有大成,而外人聚居之东山区域交通已然落后,遂有该片外人居民成立团体"东山会",在区域内收集各户捐款,请求公益会在鸽子窝与东经路之间修筑道路,俾以连接。②此事说明了海滨西人对公益会所办自治事业的初步认可,他们虽有道路需求但无修筑能力,

---

① 《北戴河海滨公益会报告书》其四,朱启钤:《蠖园文存》,载贵州省文史研究馆编《民国贵州文献大系》(第三辑上册),贵州人民出版社2015年版,第43页。

② 管洛声编:《北戴河海滨志略》,1925年,第16页。

转而请求于公益会，正说明公益会在当时的海滨团体中已是最有能力的一个。随后公益会将自治事业越办越丰富，海滨西人与西人媒体也不吝赞美之词，对其予以夸奖。朱启钤在《北戴河海滨报告书》中多次提及外人对公益会的这种态度。在华外人常嚣张跋扈，但在海滨对于公益会所立公共规则，"率皆遵履奉行"；1924 年，西人在海滨办有报纸《邮报》，该报称赞公益会"成绩斐然，在远东罕有其匹"；公益会每与外人发生争执，外文报纸方面，"有揄扬无诋毁"，外国领事虽为其国民抗议，但并不攻击公益会，甚至先述说公益会所办事业成绩优良，再行论述具体争执事件。朱启钤面对这些表扬，更加坚定了进行地方自治的决心："西人来游，咸盛称其风物佳胜为东亚避暑地之冠，我同人讵可以妄自菲薄，略感困难、菊葸其力谋进步之始愿也。"①从朱启钤的话语中可知，西人的赞赏态度让其感到颇为自豪，在这自豪的背后，他收获的是强烈的民族自尊心。

公益会在海滨的成绩不仅确立了公益会在海滨团体中的地位，在国内的外人较多地区中亦大有名声。近代国内避暑胜地有四，曰鸡公山、莫干山、庐山及北戴河。北戴河由于有公益会的操持，华人区域的整体建设规划领先于外人。王揖唐提到，公益会在卫生、道路、建筑、树艺诸事上的兴举，北戴河海滨的外人"亦靡不称便"。而在牯岭和大连等避暑胜地游玩过的游客对他说，这些地方华人聚居地与外人居所相比"芜治悬殊，相形见绌"，只有北戴河海滨"一雪斯耻"。王揖唐不由感叹："人存政举于斯，益信岂真我国人天然自治能力不及外人耶？"公益会在海滨建设图书馆、公园、浴场，鼓励体育运动与康养身体，提倡高尚娱乐，追求现代生活，这些趋向使华人在外人眼中的形象得到提升，一改往日外人对华人士夫的固有观念——"缺乏修养"。②

朱启钤在公益会兴办事业初有成绩后，也自信满满。1921 年，朱启钤出

---

① 《北戴河海滨公益会报告书》其四、其五，朱启钤：《蠖园文存》，贵州省文史研究馆编：《民国贵州文献大系》（第三辑上册），贵州人民出版社 2015 年版，第 43—44 页。

② 王揖唐：《北戴河海滨志略序》，载林伯铸编《北戴河海滨风景区志略》，1938 年，第 1 页。

访欧洲之前，就计划利用此次机会游历各国，尤其是有"世界公园"之名的瑞士，并将"海滨天然之佳胜"与之一较高下。朱启钤到欧洲后，看到该处避暑海岸"一草一木咸使之整齐划一"，缔造完备，规模宏大，朱启钤自觉与海滨有"豪奢寒俭"之差别，生出羡慕之心。但朱启钤并未自认失败，他认为欧美在建设上领先是积年累月之功，只要公益会"急起直追"，亦有并肩之时，且朱启钤认为北戴河海滨也有欧美名胜难以相比之处，如欧美避暑地总是楼阁相连，"失其本来面目"，而海滨的各类房屋周围却"恒有十亩数十亩之隙地，供其治场圃，树扶疏"，这是西国海岸所不足者。[①]朱启钤这次出游，本欲与西国争雄，经过实地对比，他自知海滨公益会仍需继续努力，但同时也从比较中收获了足够的民族自信。

近代以来，中国长期受西方列强侵略，在国家实力的强烈反差之下，许多西方人认为中国的落后是人种问题、民族问题，一些中国人在话语霸权之下，往往也存有这种认识。而公益会成员认为，若公益会能在北戴河海滨做好地方自治事业，使海滨建设达到使避暑游客满意的程度，则可在万国人士面前展示中国人的自治能力不输西人甚至强于西人。由此，不仅有助于改变西人对我民族之歧视之习惯，又能减我华人对自身民族之自卑心态，继而推动中国人及中华民族在万国之林中国际地位的提升。在这个思想理路中，公益会始终秉持民族自信、自尊、自强的心态，最终也收获到了自信、自尊、自强，这种与西人一争高下的勇气和劲头，是公益会民族主义思想与爱国心的另一体现。

（二）大同世界构想

公益会的民族主义之表现与世纪之交义和团在海滨的行为有极大区别，义和团采取的是极端排外措施，对洋人赶尽杀绝，将洋楼付之一炬，而公益会只是主张由华人掌握海滨主权，限制外人侵权，对外人在海滨的避暑游息并不排斥。公益会从未产生过要将外国人赶出海滨而由华人独享的想法，一

---

① 《北戴河海滨公益会报告书》其三，朱启钤：《蠖园文存》，载贵州省文史研究馆编《民国贵州文献大系》（第三辑上册），贵州人民出版社2015年版，第43页。

直坚持中外人士共同使用，最终使北戴河海滨建成为万国避暑的乐园。

朱启钤等人初来海滨时，对外人侵权表示不满，但对已成气候的中外避暑风气表示接受。在申请成立公益会的呈文中，他们这样写道："查北戴河海滨介在昌黎榆关之间，背倚莲峰，面临渤海，天气浪浪，云山苍苍，为北方避暑胜地。往岁西人揽胜，联袂偕来，小筑幽栖，借消长夏。"① 又将海滨风物屡次与"世界公园"瑞士进行比较，说明公益会并不介意北戴河海滨的山川海景、宜人气候被万国人士共享，外人纷至沓来正说明北戴河风物之佳美。

取得自治权力后，公益会追求建设一个无国籍界限的"桃花源"式小天地，朱启钤曾多次表达过这种畅想。1919年，朱启钤在莲花石公园落成时题写的碑记中写道，自己与好友许世英（曾任交通总长）游海滨各处，"欢聚累日，每当皓月当空，葛巾芒屦，与中外士女偕游松影潮声，行歌互答，觉人天相感，物我俱忘，是则孔子所谓'与世大同'、庄子所谓'相忘江湖'者也"②。"大同"是中国古代社会的一种基本思想，意即人类最终的理想世界，在这个大同世界中，人人友爱，安居乐业，没有战争发生，只有和平、宁静、温饱和幸福。1921年，朱启钤在公益会小有所成后又写道："渊明记桃花源曰'此中人语云，不足为外人道'，东坡谓'使武陵太守得至焉，则已化为争夺之场久矣'。同人之于海滨也，皇皇汲汲，谋公众游息啸傲之地，固乐有踵至。问津者履其境，物我都忘，或且用息举世之尘扰。渊明、东坡之论狭隘，不足道矣。"③ 出现一片桃花源，人们都想占为己有，这种独享小天地的做法是狭隘的，不如海滨公益会建设公共事业，便利所有居民、游客。朱启钤的梦想，就是在海滨造一个小型的、开放的"大同世界""桃花源""乌托邦"，这是他作为一个从传统文化中浸润出的知识分子刻入脑海里的未来景象。

1922年的华盛顿会议专门为中国问题签订了《九国公约》，确立了门户

---

① 《呈内务部直隶省长警务处立案文》，《北戴河海滨公益会报告书》，1919年，"立会文牍"第1页。

② 朱启钤：《莲花石公园记刻石》，收入氏著《蠖园文存》，载贵州省文史研究馆编《民国贵州文献大系》（第三辑上册），贵州人民出版社2015年版，第45页。

③ 《北戴河海滨公益会报告书》其二，朱启钤：《蠖园文存》，载贵州省文史研究馆编《民国贵州文献大系》（第三辑上册），贵州人民出版社2015年版，第43页。

开放政策。《九国公约》第一条:"(一)尊重中国之主权与独立,暨领土与行政之完整;(二)给予中国完全无碍之机会,以发展并维持一有力巩固之政府;(三)施用各国之权势,以期切实设立并维持各国在中国全境之商务实业机会均等之原则;(四)不得因中国状况乘机营谋特别权利而减少友邦人民之权利,并不得奖许有害友邦安全之举动。"第三条规定:"为适用在中国之门户开放或各国商务实业机会均等之原则更为有效起见,缔约各国除中国外,协定不得谋取,或赞助其本国人民谋取:(一)任何办法为自己利益起见,欲在中国任何指定区域内,获取有关于商务或经济发展之一般优越权利;(二)任何专利或优越权,可剥夺他国人民在中国从事正当商务实业之权利,或他国人民与中国政府或任何地方官共同从事于任何公共企业之权利,抑或因其范围之扩张,期限之久长,地域之广阔,致有破坏机会均等原则之实行者。"①

"门户开放"是美国主导下的第一次世界大战后对华新秩序,乍看之下似为保护中国主权之举,但实际上这是新型侵略格局的划分,不允许任何一国独占中国利益的表述便于各国在"互相和平"的态势下共同侵略中国。"门户开放"政策对朱启钤触动颇大,他未尝不知道该政策的内里含义,但合约已成,中国无力反抗,只有积极应对。面对"门户开放"可能带来的万国人士杂居现象,朱启钤认为北戴河海滨"将为先河之导"②,会受第一波冲击。因此必须加强华人主导下的地方自治,"俾外人之卜居我邦者,得宾至如归之乐"③,使中外人士在海滨其乐融融,使外人无可指摘。在这种背景下,建设一个"大同世界"般的北戴河海滨就有积极应对"门户开放"新格局的意义。总之,在理想和现实交织之下,在保护中国主权的前提之下,朱启钤等公益会同人长期将建设一个中外人士共享的海滨作为其目标,更显其理性与高尚。

---

① 《九国公约全文》,载孙燕京、张研主编《民国史料丛刊续编》第322《政治·对外关系》,大象出版社2012年版,第153—154页。

② 《北戴河海滨公益会报告书》其五,朱启钤:《蠖园文存》,载贵州省文史研究馆编《民国贵州文献大系》(第三辑上册),贵州人民出版社2015年版,第44页。

③ 王揖唐:《北戴河海滨志略序》,载林伯铸编《北戴河海滨风景区志略》,1938年,第1页。

三、公益会与原住居民：互相需要

与颇受注目的海滨外人和耀眼的公益会会员相比，北戴河海滨的原住居民似乎在北戴河被忽视了。他们的生活有没有因为避暑旅游发生变化？公益会的市政开发又给他们带来了什么？这些问题值得追问。有游客认为本地居民没有从海滨的旅游发展中受益："筑路，海水浴场，以及电灯，等等，那些'公益'与大众没有一丝相关的，附近农村的农民实际仍过着困苦的生活。"[①]事实又是否如此？

北戴河海滨的原住居民分布在附近的十几个村庄，自西向东有陆庄、丁庄、河东寨、王胡庄、草厂庄、刘庄、单庄、赤土山等，每个村庄的人口从几十户到几百户不等，最大的是刘庄，有400余户、3000多人口[②]。其中河东寨、王胡庄、草厂庄、刘庄三个村离海岸线较近，已与避暑人士所建房屋以及公共设施如火车站等连成一片。

在海滨避暑旅游起步之前，这里的村民主要靠务农与打鱼维持生活。当地种植的作物有高粱、大豆、玉米、棉花、芝麻、花生、马铃薯等，种植业基本上靠天吃饭。相比于种地，打鱼才是海滨居民的特色，"自戴河至鸽子窝沿海诸村居民悉以捕鱼为专业"。这片海域上有渔船120余艘，渔船由政府发给凭证后方可有出海打鱼的资格（清时凭证为龙票，民国由渔业局发给旗照）。除了务农与打鱼，蓄养家牲家禽也在海滨常见，猪、牛、羊、驴、鸡、鸭为海滨居民蓄养之主要动物。[③]

避暑游客的大量增加给海滨增添了外来人口，而与之相伴而生的，是许多谋生机会的增加。"这里本地居民……民性极驯良，泰半是捕鱼为业，其次就是在夏季里作苦力为生，以洋车夫赶脚占最多数"[④]。赶驴拉车、做佣人、盖房、看管房屋早在西人避暑时期就已成海滨居民重要的别业，到公益会成立

---

① 罗曼：《人间天堂的北戴河》，《新生周刊》第1卷第28期，1934年，第554页。
② 管洛声编：《北戴河海滨志略》，1925年，第29—30页。
③ 同上书，第54—59页。
④ 文瀚：《北戴河海滨一瞥》，《市政评论》第2卷第6期，1934年，第17页。

之后，随着诸多公共工程的开展，筑路、营务花草、打扫公共场所又成为新增的谋生方式。这些工作以体力活为主，绝大部分在夏季展开，且许多工作是临时性质的，并非年年皆有。以上营生均为海滨居民受中外避暑人士的雇佣产生，另有一些营生为旅游业带来的自发行为，以商业交易为主。北戴河附近居民本就有用蒲草和桑条编织蒲团和筐篓的手艺，避暑人士筑屋建室后，产生了较大的家居用品需求，海滨居民遂将手工制品拿到海滨售卖。① 有游客记述了海滨小贩（其中有许多就是本地居民）挨家挨户卖东西的场景："因为各家都没有森严的院墙，卖水果的，卖鱼蟹的，诸般小贩，都可以一直跑到厨房或是客室门外去，大喊着某先生或某太太，询问买不买东西。……因为海滨没有什么正经的市场，一切日用品多靠这些小贩们逐日输送呢。"② 明显地，由于避暑人士的到来，海滨原住居民大大改变了谋生方式，除传统的农牧渔业之外，又可以从做苦力和卖商品得到一些赚钱的机会，这是他们从旅游业发展中得到的最大益处。

另一方面，公益会建设的市政事业，当地原住居民也能从其中收益。原来海滨村庄之间虽有"十三牌"之地方组织，但受限于资金与技术，海滨公共事业无甚进步。直到公益会成立之后，海滨马路、公园、医院纷纷兴起，而这些事业，不仅面对公益会成员和西人，也对所有海滨居民开放使用。其中，马路和医院对海滨居民生活的改善显而易见。自马路修成系统之后，海滨居民之赶驴拉车者，不用再忍受以前易受雨水车辙破坏之路面，其他走村串庄者也便利许多。莲峰医院的建成一定程度上解决了当地居民就医困难的问题（尽管该院每年只开放数月），居民不用再去寻求西医教士，也不必等待走方郎中，而一跃到能够接受较为完善的现代西医治疗，这种进步是跨越时代的，毕竟当时全中国没有多少村庄能有这样的条件。且公益会和莲峰医院对贫苦者还有优待，地方贫民可通过公益会核实之后，到医院享受免费医疗或医药费用减免，这种"公益"无论如何不应被认为与大众"没有一丝相关"。此外，当地居民虽未有普遍的海浴和游览公园之习惯，但这些设施他们

---

① 管洛声编：《北戴河海滨志略》，1925年，第53页。
② 老向：《北戴河的海滨》，《宇宙风》第24期，1936年，第608页。

均可使用，亦能培养习惯。

可能会被人诟病的是，公益会组织未能将本地居民纳入其中。北戴河海滨公益会性质虽为地方自治团体，但其"地方性"须打折扣。其会员基本上是京津地区的政商名流，他们如候鸟般每年夏季来北戴河避暑，秋季即返回京津，严格来说，他们只能算客居北戴河海滨。北戴河海滨公益会会员中，只有张翼之子张文孚因其父原因在海滨继承了大面积的土地，并在当地有慈善组织积善堂，勉强可算北戴河当地居民。而海滨当地的十多个村庄的村民，未能被纳入公益会的组织中，这种现象与"地方自治"原则相悖，广大当地居民在海滨公共设施的建设上缺少商议和决定的资格。但另一方面，公益会的这种组织构成也有其自身考虑与现实原因。其一，地方自治制度是地方居民基本素质发展到一定程度的产物，而海滨原住居民绝大多数为文盲，长期生活于此，对外界事物所知有限，更未见过公园、图书馆、西式医院等城市中才有的现代公共设施。因此，即便把本地居民纳入公益会组织中，限于眼界和能力，他们对市政设施的建设也不具备商议能力。其二，公益会开展市政建设，需要会员提供捐款以支持，海滨居民均是普通平民，在资产方面与会员们有天差地别，难以对市政建设有实际支持。总而言之，由于海滨原住居民较低的市政认识和经济能力，他们无法在公共事业的兴建中提供智慧和资金，公益会未将他们纳入其中也在情理之中。另外，公益会只是当时海滨诸团体中的一个，虽被官方认可，但未取得全域自治权力，本不具备普遍性与独一性，实是向真正的地方自治过渡中出现的团体，具有局限性也是正常情形。

总之，自海滨出现避暑旅游现象开始，海滨原住居民的生活就与避暑脱不开干系了。尤其到公益会时代，北戴河海滨市政大肆建设，旅游业渐趋发达，避暑人数众多，当地居民也在这股热潮之中寻找他们的位置，借机赚取生活所需、享受因避暑旅游而创造的公益事业，许多原住居民在这一过程中收获到钱财和其他便利。需要注意的是，能有机会从旅游业中受益的大多数是年富力强或有独特技艺者，不可避免地，一部分居民仍然在"避暑"之外的世界，维持着原本的生活。有游客记述道："他们原先不是渔人便是农夫，如今增加上吃洋务了。赶驴、拉车、挑水、看房，都是他们近代新添的职业。

但是大部分能力平庸的仍旧是业农，仍旧抄着锄把子在那里耘草；天旱井枯，海水不能浇地，也只有望洋兴叹。老头子还不肯放下他的长烟袋，妇女们还不放弃着她们的缠小脚。西洋人带去的欧风美雨，于他们是漠不相关。"①"漠不相关"当然有所夸张，但面对"欧风美雨"的猝然冲击，海滨原住居民的生活难免被拉扯出几个时代，呈现出不同的面貌。

第六节　公益会成功开发海滨的内部因素

从结果来看，经过公益会十余年的地方自治，北戴河海滨面貌发生了翻天覆地的变化。一个自发形成的度假胜地变成了精心改造过的北方明珠，各种公共设施一应俱全，人造景观与原自然景观一起，构成了海滨丰富的观赏点。在这些改变的背后，主导者当然是北戴河海滨公益会这个地方自治团体，那么，公益会缘何可以做成这些事情？其获得成功的因素有哪些？其中有一点外部因素是政府以及官办机构在背后的大力支持，具体情形前文已经述及。除此之外，公益会的成功还应从其内部寻找原因，尤其是人的因素，本节将对此进行专门讨论。

一、会长朱启钤

公益会的成立和运行都离不开创始人和会长朱启钤的卓越领导，朱启钤的多个个人特质促成他创办公益会并举办地方市政的行动，分述如下。

（一）强烈的爱国心与危机意识

朱启钤1917年第一次来到北戴河海滨，在海滨的华人名流中，其并非最早者。但在这些人之中，朱启钤没有把海滨只当作夏季消遣之地，而是迅速

---

① 老向：《北戴河的海滨》，《宇宙风》第24期，1936年，第608页。

发现了海滨主权遭外人蚕食的危险，于是在次年夏季就发起成立公益会。因此，公益会的成立很大程度上出于朱启钤强烈的爱国心与危机意识，这一点上，他较其他会员更加突出。

在公益会运行期间，对于外人的侵权尝试，朱启钤也总是迅速反应，积极联系当地警察局、直隶省和内务部，予以举报，将对方的行动及时制止，终使海滨主权未再被蚕食侵占。朱启钤在公益会内部文献中，也屡次强调外人之野心，告诫同人保持警惕。

正是由于公益会领导人朱启钤这一个人特质，才使得公益会得以发起成立，并在运行过程中对外人侵权之事有所抵制，使海滨绝大部分权力仍掌握在华人之手。

（二）特殊的个人身份

朱启钤曾担任北京政府交通总长、内务总长等重要职务，这是他发起公益会并担任领导职务的重要背景。在公益会会员中，未必没有前政府高官，但朱启钤的履历仍然较为突出，因此在海滨一众名流中具备相当的号召力，众人将其推为会长也属正常。

朱启钤的个人身份对公益会所办事业有所助力。公益会成立时，时任交通总长许世英曾是朱启钤的下属与好友，后期京奉路局（北宁路局）在经费和其他方面多给予公益会以帮助。朱启钤作为前内务总长曾主管民政，从内务部到直隶省再到临榆县，这些政府官员大多接受过朱启钤的领导，遂在公益会事务上不设障碍，多加支持。

因此，朱启钤特殊的个人身份既保证了他有资格、有威望对名流云集的公益会进行领导与管束，又确保了公益会在与政府沟通海滨事务时获得"特殊待遇"。

（三）充足的市政建设经验

朱启钤任内务总长和京都市政督办期间，在北京城内进行了大规模的市政建设，修筑马路、整理沟渠、创建公园、开设京师传染病医院等均在北京开市政先河。在这些公共设施建设时，朱启钤总是亲力亲为，从筹划设计到具体实施，无不有他的身影。在北京这座城市由古代皇都转变为现代都市的进程中，朱启钤是举足轻重的人物之一。在市政实践中，朱启钤积累了充分的市政建设知识与经验，也形成了自己的城市建设的现代化思想，数年之后，当作为公益会会长面对北戴河海滨的市政建设认识，其前期经验遂有用武之地，在北戴河海滨的市政建设上，能够清晰地看到许多北京城市建设的影子。

在两地市政的总体规划上，朱启钤都坚持道路交通先行。北京市政始办时，朱启钤认为"振兴市政及开办电车均以利便交通为最注意之点"①，他不惜拆除内城正南门正阳门的瓮城，并利用现代技术修筑宽阔平整的用于出入城墙的新式马路。随后，这种做法在京师得到推广，北京的行人车辆通行条件大大提升。而在北戴河海滨进行地方市政建设时，朱启钤领导的公益会"入手之始以修马路为第一步"②，甚至在公益会组织还未正式在内务部备案的1918年，海滨马路修筑工作就已开始。由此可见，朱启钤主持两地市政建设，虽时间有先后，但始终秉持道路交通优先的思想。

莲花石公园的辟建对北京中央公园有多处借鉴和模仿。"在保存原社稷坛及古柏树的总格局下就坛建园"③是朱启钤改建中山公园的主导思想，而莲花石公园的辟建也是依托当地名胜莲花石进行。在人造景观及设施上，莲花石公园更有多项与中央公园相似，如松涛草堂与来今雨轩、鹿囿与鹿棚、运动场与行健会，对比之下，不能不说有相当关系。

在海滨避暑的政界人士中，拥有丰富的市政建设经验是朱启钤最为独特之处。他在北京之时，领到过规模更大的城市市政建设工程，建立了北京第一个市政机关——京都市政公所。因此，当他领导公益会进行北戴河海滨的市政建设时，面对无论从地域还是人口上都无法与北京相比的海滨，能够驾轻就熟地从过往任事中汲取经验，对海滨市政进行规划和实践。

---

① 《筹修京师正阳门城垣办法》，朱启钤：《蠖园文存》，载贵州省文史研究馆编《民国贵州文献大系》（第三辑上册），贵州人民出版社2015年版，第77页。

② 《北戴河海滨公益会报告书》其一，朱启钤：《蠖园文存》，载贵州省文史研究馆编《民国贵州文献大系》（第三辑上册），贵州人民出版社2015年版，第42页。

③ 中山公园管理处编：《中山公园志》，中国林业出版社2002年版，第80页。

总之，公益会会长朱启钤是该会能够在短期内取得巨大成绩的重要倚仗。无论是海滨避暑的中外人士，还是当地政府及民间人士，以个人来论，在海滨市政建设上均与朱启钤有着明显的差距。有热心者无其地位与能力，有地位者无其热心与经验，有经验者无其热心与地位，而朱启钤一人却集合了这几个要素，成为海滨市政建设当仁不让的领导者。在他的强力呼吁、筹划与领导下，北戴河海滨公益会得以成立并进行了大量市政建设工作，更重要的是，这些工作规划清晰、开展迅速、成效卓著。其中，若无朱启钤这样经验丰富、众人服膺且主动承担的人物，公益会能否成立、工作成效如何恐都难以预见，那么北戴河海滨的市政建设在民国期间发展到何等地步也将归于问号。

图3-7 在海滨避暑的朱启钤[①]

二、会员群体

在朱启钤之后，公益会的会员群体也是海滨市政建设的重要支撑。他们人数众多，分布于政商学各界，在朱启钤的号召下，纷纷起而赞成，并在十余年的时间内，贡献自身的力量长期支持会务。会员群体的主动付出推动公益会艰难完成了多项市政事业，是海滨自治的中坚力量。公益会会员的作用主要体现在捐款、捐物、捐地，提供外部资源和主动承担会务三个方面。

（一）捐款、捐物、捐地

市政事业大多为基础工程，需要大量经费，而公益会是自治团体，万事多靠自筹，于是公益会的数十名会员在会期间为海滨市政建设捐献了大量钱款、物品和地皮，供公益会使用。

[①] 《朱启钤氏居戴提倡平民装束》，《北洋画报》第8卷第359期，1929年，第2页。

公益会甫一成立，会员们就踊跃捐款，为耗费资金颇多的马路修筑贡献了基础经费。第一批的捐款明细俱载于1919年度的《北戴河海滨公益会报告书》中，自会长朱启钤以下，下至200元，上至2 000元，会员多慷慨解囊，共捐款达一万余元。其明细为"朱启钤一千元、周学熙一千元、李希明一千元、张弧五百元、雍涛一千元、载抡五百元、同公堂一千元、积善堂一千元（即张文孚）、苏守愚五百元、段芝贵一千元、梁士诒一千元、汪有龄一千五百元、周自齐五百元、施肇曾一千元、任凤苞一千元、吴鼎昌一千元、王郅隆两千元、赵从蕃二百元"。①

会员捐款对公益会初期的各项营建极为重要，在整个公益会时期也具有重要作用。据统计，朱启钤任会长阶段，公益会共吸纳会员捐款44 805.40元（其中包括物品折款），占公益会总收入的六分之一。

除捐款外，捐助物品和地皮也对公益会的自治事业帮助尤大。捐物主要体现在观音寺的用具以及海滨图书馆的书籍上，捐地则更加重要。公益会虽是地方自治团体，但只能通过联系政府得到一些公共用地和房屋的使用权，如德军营地、马路占用之地面、海滩土地等，其他更大面积的私人土地无法直接占用，只能用过购买或捐赠的方式。在公益会经费紧张的情形下，捐赠地皮是当时公益会获得土地的主要方式。在捐赠土地方面，最慷慨者要数张文孚，身为张翼之子，他继承了张翼在1898年左右在海滨购买的大量土地，包括农田、海滩、山地和其他各类土地，是海滨最大的地主。张文孚本人久做慈善，在公益会之前，就在海滨掌管慈善组织积善堂，利用自身能力补助当地文化教育等公共事业。公益会有保护名胜及修建公园之计划后，张文孚就大方地捐出莲花石所在山地转为公用，在其他土地的使用上张文孚也有求必应，大大解决了公益会的土地需求。除张文孚外，朱启钤后来也将自己所购土地捐出，供当地学校使用。②

---

① 《北戴河公益会报告书》，1919年，"纪事·出内"第1—2页。
② 杨炳田:《北戴河公益会会员捐款情况》，载北京市政协文史资料研究委员会、中共河北省秦皇岛市委统战部编《蠖公纪事——朱启钤先生生平纪实》，中国文史出版社1991年版，第115—118页。

能够捐出这么多的钱财物品和地皮，公益心与雄厚的经济实力缺一不可，而这种现象不可多得。公益会能够集合这么多的上流会员，是基于北戴河的避暑环境和便利的交通条件，换作中国任何一块普通的县域农村，不可能组合出这种实力的自治团体。因此，从会员身份属性来看，北戴河海滨公益会是全国地方自治团体中的一个特例，具有不可复制的特殊性。

（二）提供外部资源

公益会会员大都在京津有其他重要职务，或为政府高官，或为银行董事，或为企业主，他们利用这些身份从外部为公益会拉来了许多资源，推动了市政建设顺利实施。

银行方面，中国银行、金城银行、盐业银行对公益会帮助尤大。会员周自齐、王克敏、吴鼎昌都曾任中国银行总裁，中国银行能在海滨积极开设临时事务所未必没有人事因素的影响。另外，中国银行还借款给公益会用来购买国库券，从而使公益会从中收入利息，这笔利息每年达 2 496 元，是公益会重要的稳定收入[①]。王郅隆、吴鼎昌是金城银行高管，吴鼎昌、岳乾斋、王郅卿都是盐业银行经理，通过这些关系，公益会从这两家银行借款以作周转[②]。供职于银行业的诸位会员在经费方面给公益会提供了许多帮助，且对于公益会借款亦允许拖欠，使公益会不至于早早陷入经费危机。

周学熙和李希明是著名的启新洋灰公司的创始人，海滨大兴土木之时对洋灰（水泥）有较大需求，启新洋灰公司承担了材料供给的任务，时有捐献，仅 1919 年就捐出洋灰 944 袋（合 1 604.8 元）[③]。

此外，施肇曾在莲峰医院和海滨图书馆两项设施上贡献颇多。会员群体的各类高级职务为海滨公益会争取到了许多外部资源，外部资源的进入是公益会市政事业的独特优势。

---

① 《北戴河海滨公益会报告书》，1922 年，第 7 页。

② 《北戴河海滨公益会报告书》，1919 年，"纪事·出内"第 1 页；《北戴河海滨公益会报告书》，1922 年，"会计账略"第 6 页。

③ 《北戴河海滨公益会报告书》，1919 年，"纪事·出内"第 1 页。

（三）积极承担会务

除主动捐献财务与地皮外，会员们作为团体成员，也积极承担会务，为公益会的具体事务奔走。

会员吴颂平在担任公益会干事期间，为修筑马路之事卓有贡献。修至东山区域时，需要外人拆墙让地，公益会无行政权力，只能尽力沟通，吴颂平"奔走其事，哓音瘏口，不以为劳"[①]，才一步步达到目的。

干事管洛声对公益会事务极为热心。1925年，管洛声主持编写了北戴河海滨历史上第一部地方志《北戴河海滨志略》，书中交代了海滨的历史、风物和公益会的作为，是后世了解近代海滨的重要原始资料。此外，管洛声还在天津等地的报纸媒体上撰文介绍海滨避暑旅游，在旅游推介方面用力颇多。

会员施肇曾不仅为医院事务奔走筹划，还曾在朱启钤出访海外阶段代理主持会务[②]。

公益会会员均有其他事务在身，每年也仅在海滨居住数月，但会员们每年8月均要集会一次，总结会务，商议下一年事务。在公益会中，他们不领薪资，没有报酬，反而投入许多，会员群体的无私奉献也是公益会在数年之中取得巨大成就的内部因素之一。

本节所述为公益会取得耀眼成绩的两个内部因素，常言道"事在人为"，正是公益会会长朱启钤及会员群体的团结奉献和杰出工作，才使公益会稳步推进各项事业。再加之央地政府及其他官办机构从旁协助与保护，公益会的外部环境也未受到多少掣肘，与石岭会、灯塔会等外人团体对比，这些内外优势是公益会在市政建设和维护主权方面取得成功的决定性因素。

---

① 《北戴河海滨公益会报告书》其一，朱启钤：《蠖园文存》，载贵州省文史研究馆编《民国贵州文献大系》（第三辑上册），贵州人民出版社2015年版，第42页。

② 《北戴河海滨公益会报告书》其三，朱启钤：《蠖园文存》，载贵州省文史研究馆编《民国贵州文献大系》（第三辑上册），贵州人民出版社2015年版，第43页。

本章小结

北戴河海滨公益会是北戴河第一个华人地方自治团体，该会的成立代表着北戴河海滨的避暑旅游乃至北戴河海滨的历史进入到一个新的阶段。

北戴河海滨公益会的诞生来源于民国初年北戴河的多种新变化。京奉铁路海滨支线在1917年的通车至关重要，大交通的直接改善为海滨拉来了数倍于之前的避暑游客，形成了海滨新发展的人口基础。避暑风气的传播又使京津地区的华人游客掀起了避暑小热潮，于是游客的大量增加和北戴河海滨基础设施的落后以及地方管理的缺失形成了主要矛盾。这时，朱启钤等有识之士及时反应，认为应该通过华人团体来主导海滨市政建设，一方面便利海滨游客娱乐及生活，另一方面也可挤压外人势力，保护国土主权。

海滨公益会对海滨的革新意义首先体现在它的组织形式和行事规则上。近代西方及日本的地方自治制度使清末民初的政府上层和知识分子有所触动，许多人认为这条道路是发展地方、播扬民主的可行之路，于是诸般试验和实践屡见不鲜。朱启钤等人看到省县政府对海滨地方管理力度不足导致此处行政机关缺失，且有朱启钤之前在北京的市政建设实践打底，于是产生了以地方团体代行地方自治的想法。按照地方自治的理念，公益会组织产生，以定期选举的方式推选会长等职员，以定期和不定期开会的方式讨论与决定会务，以捐款捐物的方式聚集市政建设资源，使公益会颇具民主性和规范性。

1918年公益会自行成立，其在海滨的市政建设自此年起步，随后的十余年间，公益会在海滨建设了多种多样的市政设施和娱乐场所。由改善地方交通入手，公益会修筑了华人聚居区西山的多条马路，也将马路延伸至沙滩和外人聚居的东山；莲花石公园的修建使海滨除海滩外增加了一个重要的游乐场所，重新布置与设计使本属自然山林的莲花石区域的娱乐性与多样性大大提升；兴建苗圃与绿化造林提升了海滨的树种多样性，美化了住宅区景观，也使行道树等公共绿植来源得到保证；海滨公共浴场的辟建使普通中国游客可以使用便捷的海水浴设施，不用再看外人脸色；公益会对当地学校的支持和莲峰医院的开建，大大提升了当地的教育水平和医疗水平，尤其是莲峰医院，解决了当地原住居民和避暑游客看病难的大问题；公益会对观音寺的修缮，对延续当地文化，促进集体节庆娱乐有重要意义。总之，公益会的市政建设使北戴河海滨向着城市化和现代化的旅游胜地进发，便捷的基础设施不仅使海滨面貌为之一变，也增加了海滨避暑的娱乐项目和娱乐场所。

更重要的是，通过组建团体，建设市政，公益会遏制了海滨外人的侵权企图，展现了华人的自治能力，其行为有强烈的民族主义意识作为引导。制定海滨公共规则、保护名胜古迹等措施，使海滨外人也部分服从于公益会的管理，杜绝了原来外人在海滨我行我素、无所制约的情形。同时，公益会以更宽广的胸怀，接纳各国、各地游客，希望将北戴河海滨建成华北乃至东亚地区的模范避暑地，并呈现一片祥和的大同景象。

公益会在海滨实行地方自治的十余年间，得到了多种力量的支持与扶助。最主要的是公益会会员群体在地方建设上卓有经验，具备强大的领导力、执行力和爱国心，踊跃捐款捐物并承担会务，使各项事业顺利推进。央省县各级政府虽无力亲自下场直接承担北戴河的地方治理与建设，但对公益会的工作以保护扶持的态度给予大力支持，从政策法令到经费物资，均对公益会形成有效助推。公益会在短期内的巨大成功即源自这些内外因素的共同合力。

总之，自公益会成立后，北戴河海滨这个避暑胜地迎来了其历史上的全新时代。自由旅游、外人横行的状态成为过去，基础设施不足、旅游项目缺少的弱点也得到大大补强。这一阶段，海滨虽无行政建制，但实际上已依托公益会形成了一个以华人自治团体为核心的区域性社会，为之后此地的行政变革和下一步发展奠定了基础。而且借助公益会的市政建设成果，海滨避暑旅游也愈发兴盛，使北戴河成为华北大地上的一颗明珠。

第四章

游客、避暑与媒介——北戴河海滨的避暑生活与避暑文化

第三章从市政建设角度出发，论述了民国时期海滨建设最重要的领导机构——北戴河海滨公益会的基本活动，但北戴河海滨作为避暑胜地，还牵涉到一个必不可少的群体——游客。避暑游客如何出入海滨，在海滨如何开展避暑活动，其对海滨、公益会、外人、原住居民的观感如何？在本章，笔者尝试从游客的旅游心理和旅游体验入手，考察20世纪二三十年代海滨的避暑生活和避暑文化。笔者相信，从游客的旅游活动入手，可以对当时北戴河海滨的避暑旅游业有更加直接和清晰的认识。此外，北戴河海滨的避暑旅游传播也是值得注意的议题，民国时期的白话文旅游写作已经非常普遍，而大城市中数量众多的纸媒为此提供了发表渠道，摄影技术的发展也使"画报"这一新式媒介大受欢迎，相关机构和个人出品的旅游指南、明信片也对北戴河海滨避暑旅游产生了宣传作用。游记、画报、指南等载体不仅记载了游客在北戴河海滨避暑旅游的细节，也能提供研究当时旅游传播与宣传的基本资料。

自1918年公益会成立起至1936年北戴河海滨落入日伪控制，这中间约20年是北戴河海滨旅游设施的集中兴建阶段。日伪投降后，仅仅数年之后北戴河海滨即被解放，海滨也步入了全新的历史阶段。因此，20世纪二三十年代实是中国行使主权下海滨避暑旅游的巅峰阶段，本章研究的时间范围则为20世纪二三十年代。

第一节　北戴河旅游热潮与民众的北戴河想象

自海滨铁路支线建成之后，都市平民也能在休息日乘坐火车到海滨短暂一游，随着公益会对海滨市政的开发建设，海滨游客较之前迅速增加，名声也愈加响亮，许多人以到北戴河避暑为时髦。本节重点讨论公益会时期北戴河海滨在全国避暑旅游胜地中的地位和民众对此的接受与认知，以及他们如何在脑海中构建出一个虚拟的北戴河海滨。

一、北戴河海滨的旅游地位

在西人的带动下，夏季避暑旅游在中国大地上遍地开花，民国时期形成了几十个大大小小的著名避暑地。随着避暑风气的发展，人们常总结国内的几大避暑胜地，其中，北戴河总是占有重要位置。

1918 年，遏云在东方杂志上发表《全国避暑胜地记》，列举了当时一些知名的避暑地。文中述及的北方避暑胜地有西山、汤山（均在北京郊外）、北戴河、鸡公山、牯牛岭、莫干山、西湖、普陀山八处①，前四处在北方，后四处在南方。这八处胜地大都以山闻名，靠海者仅北戴河与普陀山，但普陀山亦以山景显，要论海滨景色，北戴河更胜一筹。

近代著名的编辑、文学家徐珂热衷于编辑地方指南，曾编辑《实用北京指南》《鸡公山指南》《北戴河指南》等地方旅游指南书籍。在《鸡公山指南》中，徐珂这样写道："鸡公山亦避暑区域之一，西人之言避暑者，于庐山、莫干山、北戴河外，辄及之。……盖庐山之胜，久闻于域中矣；莫干山以政府人民之相与经营而亦大著；北戴河则密迩京津，足以奔走当世之仕宦商贾。"②

---

①　遏云：《全国避暑胜地记》，《东方杂志》第 19 卷第 5 期，1918 年，第 170—172 页。

②　徐珂编：《鸡公山指南》，商务印书馆 1921 年版，《鸡公山指南序》第 1 页。

徐珂指出，庐山、莫干山、鸡公山均是山林之地，只有北戴河属海滨："我国海岸线之长，虽逊于英日，而欲求海滨避暑之地，易易尔，今乃惟以北戴河闻"。①

1926年，上海一杂志《儿童世界》刊出一文《我国的避暑地方》，此文为儿童知识普及性质，文中介绍莫干山、庐山、鸡公山、北京西山、北戴河五处国内避暑地方。②同年，《国闻周报》刊登的《国内南北避暑胜地》四图分别为庐山佛手岩、汤山远眺、北戴河海滨和鸡公山。③

1933年，李葆溶在《旅行杂志》上发表《中国五大避暑区》，分别为莫干山、青岛、庐山、普陀、北戴河。④中国旅行社1935年出版的《北戴河海滨导游》中如此介绍："北戴河海滨背山临海，为我国北部避暑胜地，闻于全球，与庐山、普陀、西湖、莫干诸名胜，南北相颉颃。"⑤

由以上可见，民国时期，各种纸媒列举的全国性避暑胜地大略有西山和汤山、北戴河海滨、青岛、鸡公山、西湖、莫干山、庐山、普陀山等，此外还有峨眉山、马迹山、翠华山等区域性避暑地。避暑地虽多，但人们常说的"四大避暑地"更为知名，一般来说，四大避暑地指的是庐山、莫干山、鸡公山和北戴河，即徐珂《鸡公山指南》书中所提。这一说法一直流传至今，《中国自助游2018年最新升级》一书中介绍庐山时，也将此四地列为四大避暑地⑥。

这四大避暑地能够并称于世，有其共同的特点。徐珂在《北戴河指南》中说明了所列四大避暑地均与西人有关，"庐山之胜，虽自昔有闻矣，然非西人之经营牯岭，则今之人方驰心于纷华侈靡之域而不暇，亦何由知有庐山

---

① 徐珂编：《北戴河指南》，商务印书馆1921年版，《北戴河指南序》第1页。
② 洁西：《我国的避暑地方》，《儿童世界》第18卷第1期，1926年，第8—12页。
③ 《国内南北避暑胜地》，《国闻周报》第3卷第27期，1926年，无页码。
④ 李葆溶：《中国五大避暑区》，《旅行杂志》第7卷第7期，1933年，第109—113页。
⑤ 北宁铁路管理局编：《北戴河海滨导游》，中国旅行社，1935年，第1页。
⑥ 《中国自助游》编委会编：《中国自助游2018年最新升级》，中国轻工业出版社2018年版，第422页。

耶？莫干、鸡公二山，乃皆西人探险而得，吾国人始从而表彰之，北戴河亦尤是也。"① 此四处近代之名远胜于之前，均是西人避暑带来的后续效应，这一认知在《莫干山志》中也有更详细的阐述。周庆云在《莫干山志》的序言中写道："庐山非荒渺之地，乃屈一教士之横议，遂以牯岭为九十九年租借地。北戴河为春秋时孤竹国遗址，因筑路工师之建屋于西联峰，乃于辟秦皇岛为商港时，并北戴河亦遂为外人居留地。若鸡公山为鄂豫教会中人避暑时，有所建筑，占地九百二十三亩，卒为两省大吏交涉，估价收回，差强人意，此光绪三十四年（1908年）事也。而我省莫干山，宣统三年（1911年）巡抚增韫曾令交涉司王丰镐赴沪与各国领事作一度之商议，甫就绪而易世矣。甲子踵前议而江浙战事以起，然武康、归安两县已购置一千九百余亩，此后不能再有发展，且入山游历必须领有护照，照约履行。"② 这四地在近代具备相似的发展历程，其基础设施兴建较早较完善，四地齐名遂成常态，该书中总结道："域内避暑之区有四，皆光绪中叶为欧美人游览所获，凡有卜筑，其兴也勃然。"③

  在四大避暑地中，北戴河又具有其独特性。庐山、鸡公山、莫干山能作为避暑地，都是由于其地海拔高，山林风景秀丽，夏季气温较低。但北戴河的避暑资源却大多来自海洋，海风带来低温与凉爽，海水可供游泳，海滩可供躺玩，这里的避暑方式与其他三地截然不同。因此，四大避暑地实际上分为山林避暑与海滨避暑两种不同的避暑方式。徐珂认为海滨避暑较山林避暑有其优势，"海滨之地多爽垲，空气恒洁，于夏尤宜，海山苍苍，天风浪浪，吞吐大荒，濯足扶桑，游于其间者，足以豁襟袍而祛烦忧。视山林之奥区，或足以致瘴疠者，若尤胜之"④。对于这种说法，当然不能视为山林避暑不可取，其重点在于海滨避暑有其不同于山林避暑的独特魅力。于是许多游客因为这两者之间的差别，而自有其选择，当他们看到时论所称"四大避暑地"

---

① 徐珂编：《北戴河指南》，商务印书馆1921年版，《北戴河指南序》第1—2页。
② 周庆云：《莫干山志》，大东书局1936年版，《自序》第1页。
③ 同上书，卷十三《杂识》第6页。
④ 徐珂编：《北戴河指南》，商务印书馆1921年版，《北戴河指南序》第1页。

第四章 游客、避暑与媒介——北戴河海滨的避暑生活与避暑文化

中只有北戴河一处海滨避暑地时,北戴河就极易成为海滨避暑的首选之地。

当时的避暑胜地中,山林避暑居多数,海滨避暑有名者如北戴河、青岛、大连、烟台、威海等多位于北方。自然地,游客会将这几处海滨避暑地进行对比,在一些游客写下的游记中,北戴河海滨在华北海滨避暑地居于领先。有人评价说,北戴河海滨是北方首屈一指的海滨避暑地:"我国北方平原,夏恒亢燥,故避暑胜地,多在海滨,如青岛、烟台、威海卫、大连、莫不宜于消夏,而以北戴河海滨为尤著,即南中人士,爱海滨之清旷,每岁结侣挈眷而往者,数亦不尠。其地在山海关附近,秦皇岛之西十五里,北宁铁路北戴河车站南十五里,东西南三面环海,北则冈陵蜿蜒。是以海风送爽,夏凉冬温,即在炎暑,平均气度,最高不过华氏八十度,早晚尤凉,可御夹衣,实理想中最佳之避暑地也"①。在当时,许多人认为北戴河胜于青岛、大连等地:"在华北、如青岛、威海卫、大连、烟台、北戴河、西山等这些地方便都为应着避暑的需要而产生了。特别是北戴河,因为它在享受的便利上较别的地方更优越,它已成为华北富人们唯一消夏所在"②。由于避暑名声在外,北戴河成为许多人游玩北方的必去之处,有游客记述:"本年七月九号放一日,连起八号的星期假凑成假期两天,给了我一个短期旅行出外游玩的很好机会,自想在北方虽已居住了很久,却从未到过北戴河,所以就趁这两天假期的空闲,便决定到这里去玩上一趟,时迹虽短,过后细想还算值得,因为我们去北戴河那两天正赶上津市气温最高的期间,总算是得到避暑的实际。"③

无论是在北方区域,还是在全国海滨避暑地中,北戴河海滨是最佳旅游地几乎成为游客们的常识,其旅游地位愈加巩固。这种认知由多种因素共同造成,一是北戴河距离北京、天津等华北大城市较近,而铁路可互相连接,交通便利;二是海滨的基础建设和旅游设施居于前列,这不得不归功于公益会;三是海滨避暑地相对山林避暑来说本就数量较少,游客只能在北戴河、青岛、大连等少数旅游胜地中挑选。

---

① 吴碧筠:《北戴河游程》,《旅行杂志》第4卷第7期,1930年,第67页。
② 罗曼:《人间天堂的北戴河》,《新生周刊》第1卷第28期,1934年,第553页。
③ 周振勇:《北戴河海滨记游》,《天津商报画刊》第12卷第1期,1934年,第2版。

二、民众的北戴河旅游想象

以北京人士为例,要想外出避暑,郊外的西山和汤山是最佳选择,但要想体验海滨,则必须要去北戴河。民国时期人口流动程度远远不如今天,处于内陆地区的人们绝大部分从未去过海边,因此,他们对名声在外的北戴河有种特别的好奇。"我们到了夏天,就想去北戴河海滨避暑,可是对于北戴河海滨地方情形怎样,是莫名其妙"①。

未去过北戴河的人,对北戴河的情形了解不多,言语间只期盼去北戴河看海。所以,大海是北戴河对初次游览者和未来游览者的核心吸引力,也是区别于其他非海滨避暑地的最大特色。不少游客在初次去往北戴河时写下的游记中,表达了他们在路途中急于见到大海的期盼。"火车直向东北去。一想不久我们要到我一年来所盼望的地方,使我心头微微地隐痛。闻闻,空气已经轻轻地载了盐味。在那些绿柳树后,青山的那面,过了山嘴就有海在向北戴河海滨掷着珠子。'快到了!'我向的(着)旅伴文卿说"②。"到了车站左近洋楼耸立,树木参天,是一处好所在,可是看不到海。我很急地问阿芳刁(Alfdn Tydu)说:'离海还有多远呢?'……我们内地里的山老,生来没有看过海的,固然很急切地看看海是什么样子"③。

对北戴河稍有了解者,则知道北戴河的洋人较多、建筑西化和生活新潮,这些与美丽的大海一样,共同成为北戴河在外界的标签,刻入人们的想象之中。"提到北戴河,我们一定要联想到两件事,其一是洋化,其二是时髦。我不幸是一个出过大洋也不曾洗掉泥土气的人,又不幸是一个最笨于趋时,最不会摩登的人。故我的到北戴河去——不仅是去,而且是去时心跃跃,回时心恋恋的——当然另有一个道理"。这个"道理"就是北戴河海滨吸引他的两个事物——"却不料在这样一个没出息的人身上,游泳的神反而找到了一个忠爱的门徒。……除去游水之外,北戴河于我还有一个大引诱,那便是那无

---

① 文瀚:《北戴河海滨一瞥》,《市政评论》第 2 卷第 6 期,1934 年,第 17 页。
② 刘荣恩:《北戴河海滨》,《人生与文学》第 1 卷第 3 期,1935 年,第 278 页。
③ 李效泌:《北戴河到山海关》,《清华周刊》第 261 期,1922 年,第 39 页。

边无际的海"①。

"洋化"与"时髦"的标签很大程度上由海滨外人制造，海滨过多的外国人也让一些中国民众对北戴河有一种"异域"的感受。一位游客在去海滨的路上时，一方面既向往着大海，另一方面也对海滨的外国人存在恐惧心理，担心自己会因国人身份而被洋人排挤。"到海滨之后，再乘人力车到东山的东山饭店。此时我一路上担着两件心事：其一，是怕那里没有中国游人；其二，是怕到了那里看不见海。第一个恐惧的原因，是因为现在中国的几个避暑地方，差不多都是由外国人开辟出来的，所以他们在那里便以主人自居了。他们见了中国人，似乎便说，'这是我们的地方呵，你们居然也学着我们，到这里来避暑吗？'这容许是我的神经过敏，但这个感觉既然存在，你又有什么方法能把他驱走呢？但是，假使那里多几个中国人，你心里至少可以觉得自然一点。……第二个恐惧的原因，则凡是有过爱人的人，都能了解的。假如你有一个心爱的朋友，已经有六年余不见了，而现在忽将与她重见，那你将有怎样的一个感觉呢？你的第一个念头，岂不是恐惧她将不在那个指定的地点等你吗？我已经有六年余不曾见海了。……我此次到北戴河来的唯一目的，便是看海。"②看海之余，对海滨外人的恐惧是这位游客的真实心理，尽管她到了海滨之后，现实环境未必仍让他保持这样的感觉，但在未到之时，一个满是外国人的、中国人难以自处的北戴河海滨的确让她感到心理上的压力，这种感觉恐怕也存在于很多只听说未去过海滨的人们的思想中。

尽管如此，北戴河的人与社会环境对外界的民众并非那么重要，毕竟大海才是北戴河的中心，久在炎热内陆的人们对大海有一种沉迷的爱意，这一点压过了一切，使避暑游客一波接一波地往北戴河去。"北戴河，正像一个妩媚的少女，有婀娜的丰姿，迷人的秋波，早就把我的灵魂儿摄去了。何以如此痴情？我自己也不知道。只是每当盛夏时节，总想上那儿去，似乎那儿就是柔温乡，或是安乐窝。多年梦想，今日方偿，实是此生幸事。"③"一到夏天，

---

① 秋水：《北戴河有什么》，《独立评论》第17期，1932年，第19—20页。

② 莎菲：《北戴河一周游记》，《晨报副刊》1926年9月1日，第2页。

③ 高雁云：《北戴河散记——献给同伴们》，《燕大周刊》第6卷第1期，1935年，第36页。

受了炎热气氛的包围，就不免会联想到北戴河了，它是个多们（么）值得被人流恋的所在，清澄的海水，葱郁的树木，洁净的平沙，习习的凉风，和那远眺的帆影，近瞩的莲峰，在在都足以开拓心胸，涤荡尘俗，中西人士称它为'避暑胜地'，实在当之无愧。"[①] 北戴河的自然环境在他们看来，仿佛提供了一个可以逃避世间烦恼的世外去处，似乎去到这里，在海风的吹涤之下，身体上携带的城市热浪和不快，都随风而去了。许多游客正是抱着对北戴河这样的期待，在心里塑造出了一个具备这般样貌和作用的北戴河。

综上所述，一个不同于内陆炎热城市的、海洋的、凉爽的、"异域"的、无忧无虑的北戴河海滨形象在一些未去过此地的民众脑海中建立起来。这一想象当然是根据已知信息筛选后的产物，从中也可以看出游客对北戴河避暑旅游最看重的东西——大海与清凉，这种对大海的普遍热情说明民国时期海滨避暑作为一种避暑方式已被大众接纳与向往，这也正是北戴河作为避暑胜地的核心竞争力。

第二节　身份与群体——游客眼中的海滨避暑社会

本书第三章第五节曾提到，公益会对北戴河海滨有一种理想化的期待，让海滨成为中外人士共同游玩享乐的大同世界，使游客在这一方天地中感受不到身份之差别，只享受最纯粹的避暑生活和最美丽的山海美景。

朱启钤等人希冀的是人们在海滨游乐时的身份平等，这种期望在一定程度上得到了他们想要的反馈。在一些游客的游记中，北戴河成了真正的乌托邦，如同自然环境一般，他们在社会层面上也收获了心旷神怡的感觉。一位名为雁影的作者写道："谈到那边人们的生活吧，他们是无牵无挂，不知道有人世的苦恼的。在那儿，人都表现一副快乐的脸孔，坦露着壮健的皮肤，纯任自然，忘记了任何人间的拘束。那儿没有国界的限制，没有男女的鸿沟，

---

① 莱士：《北戴河之夏》，《实报半月刊》第 2 卷第 18 期，1937 年，第 31 页。

没有阶级的歧异，人人都天真了，人人都在伟大的自然力陶镕之下，一切也都没有问题了。"①另一位游客也有相似的观感："这里有一件事，是最使人向往的，就是一履此地，贫富的阶级全泯，无论他是政客、是富豪，到了这里，都得改换面目，俨若平民，因为在这区域以内，是不许汽车行驶的，所恃以代步的惟有小毛驴和人力车。所以在这蹄声得得中，戴竹笠，策蹇驴，形似老农的，不少是叱咤风云，左右社会的人物，而那白衫绿裙，黄裙粉裤，粉团似的人儿，也常被驴儿驼着，荡漾在这清爽的空气里，点缀这北戴河之夏。"②"仙境在哪里，我没有到过。但是这北戴河的海滨，有山有水，有鸟有花，有音乐，有笑声，没有强盗，没有乞丐，鲜衣美食的男女老幼，翩翩地来往着，这不能不说是世外桃源。……在这伟大的海水之下，没有尔我，忘却仇恨，大家都是自然的一部分。人类表现的最纯洁，最精彩，最活泼而快乐的动作，只有在这海浴场里去寻了"③。初看这几段描写，的确能看到大同世界该有的样子，但细查之下，这三位作者笔下的平等，是外在形象上的平等。外在形象上，无论是什么身份，到了海滨都得遵守同样的公共规则，在一些公共场合（马路和海滩），表现出大略相似的模样——使用同样的交通工具、穿着相似的泳衣。但用这种外在的"平等"来证明北戴河海滨"贫富的阶级全泯"似乎并不充分，毕竟表面的平等观感在同一规则下最容易实现，但要形成真正的大同世界，真正需要的是内在平等，即不同群体之间虽然身份不同，但能够互相尊重，具备同样的社会权利，形成人格上的平等。如果说在当时的北戴河海滨，同样骑着驴的外国外交官和中国大学生之间，真就"没有阶级的歧异"吗？这需要从游客的内在感受中去寻求答案。

在当时国人的普遍认知中，避暑旅游本不是大众的正常生活状态，而是富人的专属活动，在这种认知中，即隐含着阶层意识。"到了夏天，热作成了有钱人们避暑的借口。特别是今年，热的程度极高，为了要消除他这种不快

---

① 雁影：《无边风物的北戴河》，《晨光周刊》第5卷第36期，1936年，第17—18页。

② 菜士：《北戴河之夏》，《实报半月刊》第2卷第18期，1937年，第32页。

③ 老向：《北戴河的海滨》，《宇宙风》第24期，1936年，第609页。

的感觉,便想出种种消夏的方法:在他们日常生活中的冷气器、冰淇淋、电风扇还嫌不够,为了更舒服和快乐,他们便离开了都市去找一个清凉的地方来消磨这一个夏季。在华北,如青岛、威海卫、大连、烟台、北戴河、西山等这些地方便都为应着避暑的需要而产生了。"① 在这位游客的描写下,花样繁多的避暑方式是有钱人为着更舒服的生活体验而创造的享乐方式。毋庸讳言,避暑这项活动在近代及以前的确有着明显的阶层标签,占中国人口绝大多数的劳苦大众在炎热的夏季基本没有避暑条件,相比于富人的"冷气器、冰淇淋、电风扇",穷人连一点冰块也难以得到,路边茶水摊的一碗解渴的茶水对他们来说也是奢求,很多人炎炎夏日里也许就凭一把扇子制造些许凉意。穷人们迫于生活的压力和干瘪的钱包,更不可能登上火车和飞机,到遥远的山中与海边避暑,但这些新兴且昂贵的避暑方式在富人眼中也许只是他们日常生活中的正常选择。

所以,避暑旅游这种生活方式本身就暗含群体区分,它因较远的行旅距离而产生较大的花费,这一点在当时为绝大部分国人所不能承受。因此,到北戴河旅游本身就是一种"富有"的表现。像海滨这种时髦的避暑胜地,能固定在此建屋并定期避暑的多是当时中国国土上的外国官员、商人、传教士和中国政府高官、大商人等富贵人群。这些人不存在生活的压力,具有充足的金钱在海滨营造住所,也有充足的空闲让他们可以数月居住于此享受生活,不用辛苦地在城市或乡间谋生。这些人,即便没有在此买地建屋,也有足够的资金在北戴河租屋作短期旅游。所以,这些富人出现在海滨的概率远远大于普通人,在许多游客的笔下,北戴河海滨的避暑群体即以以上人群为主。

但除了以上人群之外,一般市民亦尝试进入到避暑旅游的新潮生活中,他们是海滨避暑社会的另一重要群体。与此同时,原住在这里的数千村民也不容忽视。不同国家、不同群体的游客与居民共同构成了海滨的社会基础,他们之间在北戴河难免产生交汇,界限感和等级感是否存在?感触有多深?本节计划从游客游记出发,区分游客眼中海滨的社会群体,并分析游客对自我群体和他者群体的认知与评价,反映海滨不同群体之间的差异。

---

① 罗曼:《人间天堂的北戴河》,《新生周刊》第 1 卷第 28 期,1934 年,第 553 页。

一、游客对海滨外国人的观感

来到海滨的游客首先对这里庞大的外国人数量印象深刻,到海滨仿佛到了欧美国家,不同面孔与语言的差异让人无法忽略。"出车站,周围是一样能看见俄国人、法国人、英国人、美国人、亲嘴的、抱的、狗吠、洋车夫争抢,警察的棍儿。"①"那地方,除了地方的名义还属中国和在地方上供给一切劳力的还是中国人之外,一步跨了进去,鬼才相信他自己依然还是在本国的一处海滨呢!"②"据《北戴河周报》主笔云,今年来海滨消夏之人数,约四五千人,每逢星期六星期日两日旅客往来京津与北戴河之间者,约一二百人,海滨东西山一带住屋,计有六百余家,西人占十分之八九,我国人则多住西山一带。"③到处的外国人让一些中国游客感到局促不安,这种外在的人群环境带给他们在自己国土上异常的压力,国籍的界限在天然上就如此明显。"到了东山饭店以后,果然见有好几位中国人,侵入外国地界的不快感觉,总算是消灭了。"④虽说将北戴河海滨建成万国避暑地是一种美好的愿望,但是在中国的土地上见到这样的景象,游客因中国人的身份产生的自尊和国家意识,还是难免对外人遍地的状况有些感叹。"可惜这样天成的胜地,消夏的良所,如美玉蕴于山,中国人有此天赐,而不克享受,被外人发觉,而始见闻于世。诚世有伯乐,然后有千里马,千里马常有,而伯乐不常有。就如庐山,有了外国人,而庐山才为避暑良所。如斯看来,我国人对于接近天然,爱好自然,太相隔遥遥了。"⑤

国家之间的界限若只有面孔和语言的差异倒还罢了,中国游客更加难以忍受的是一些外国人士对中国人深入骨髓的傲慢与歧视。一位游客在游记

---

① 刘荣恩:《北戴河海滨》,《人生与文学》第1卷第3期,1935年,第278页。
② 王余杞:《北戴河散记——"漫游散记"之四》,《时代》第6卷第6期,1934年,第14页。
③ 毅园:《北戴河海滨旅行记》,《旅行杂志》第1卷第2期,1927年,第19页。
④ 莎菲:《北戴河一周游记》,《晨报副刊》1926年9月1日,第2页。
⑤ 李效泌:《北戴河到山海关》,《清华周刊》第261期,1922年,第39页。

中记下了她朋友遇见的一个事情,兹录原文如下:"在他们中间很少有中国人,尤其是女子。他们看见我在那里游泳,都发出惊讶的注意。他们对于中国人的态度,也是传统的'上海脑筋'。我现在且述一个故事来证明这种态度怎样地普遍于这类外国人之中。我有一个朋友,在一天的下午,曾同着她的丈夫到西山顶上去游玩。那里下山的路是不甚好走的。他们正走着,忽然看见了两个法国孩子,男的约有十岁,女的大约是七八岁。那女孩看见山崖峭陡,直骇得发抖,央求那男孩子扶助,但他硬不肯,一溜烟独自跑下山去了。我的朋友看不过,她让正扶着她的丈夫去扶携那个女孩子。下山之后,女孩子十分感激,便与他们谈天,问他们是哪一国的人,她让她猜,她说'英国吧?''不是,你不看见我的黄皮肤黑头发吗?'那女孩有点惊讶了,说'日本吗?''亦不是,我们是中国人。'说也不信,那女孩一听之下,立刻骇得唇白眼直,脸上的肌肉瑟瑟地抖着,拼命地叫她的哥哥。那男孩并未定远,他也骇着了,立刻走来携着女孩子的手,显出在患难中相依为命的一种心绪。我的朋友看了,又气,又觉得他们可怜。"① 两个未经世事的外国小孩,就已对普通中国人的存在这样明显的恐惧与歧视,必然是经过父母及其他人的教育与熏陶才产生的。通过这个故事可以看出,当时中国人的地位、素质和形象,在这些西洋人眼中,远远低于他们,也低于同为亚洲黄种人的日本人。国籍的等级和界限深植于这样人的脑海之中,并非经过海滨风光的洗涤就能褪去,从这个角度来看,要想达到不同国家游客之间人格的平等,还要翻过一座几乎不可逾越的高墙。

一些游客喜欢观察不同国家人群生活方式的不同,以总结蕴含其中的中外人士的思想文化差异。"东部是以东山为大本营的。住在那里的人,大抵是教会派,知识也不太新,也不太旧,也不太高,也不太低。他们生活的中心点是家庭,常常是太太们带着孩子在那里住过全夏,而先生们不过偶然去住住而已。他们中间十分之九是外国人,尤以美国人为最多,其中约占十分之一的中国人,也以协和医院及教会派的为多。他们大概是年年来的,彼此都很认识,但对于外来的人,也能十分友善。……中部以石岭为中心点。住在

---

① 秋水:《北戴河有什么》,《独立评论》第 17 期,1932 年,第 22 页。

那里的人，大抵是商人，近年来尤多在中国经商暴发的德俄商人。他们生活的中心点不是家庭，乃是社交，虽然也有例外，也有带着孩子的太太们，但这不能代表中部的精神。代表中部精神的，是血红的嘴唇，流动的秋波，以及富商们的便便大腹。他们大刀阔斧地'做爱'，苍蝇粘蜜似的亲密，似乎要在几个星期之内，去补足自亚当以来的性生活的不足与枯燥。但你若仔细观察一下，你便可以觉得，在这样情感狂放，肉感浓厚的空气之下，还藏着一个满不在乎的意味。似乎大家所乞求的，不过是一个'今朝有酒今朝醉'的享乐而已。"① 该名游客将住在海滨的外国人明显地分为两类，对保持着恬静生活的教会人士有一定的好感，而对过着奢靡酒肉生活的外国商人报以一丝厌恶的态度。"便便大腹""苍蝇粘蜜"等词汇明显带有贬义，用这些词语来形容居住在石岭的外国商人的生活，必然会让人对其所描述的身材和亲密方式难有好感。在这种厌恶背后，隐藏着中西文化的巨大差异，中国传统文化讲究与人相处时保持内敛、温和，与外国人的"情感狂放"完全相反。

有的中国游客则能从外国人的日常生活中发现其长处，以此反思中国人的不足。"今日在海边见外国小孩甚多，两三岁大的，亦能跟着他们的哥哥姊姊，扑通扑通地在浅水里跳跃游泳。这真使我见了羡慕。在夏季中到北戴河来住家的外国人，有许多是专为着他们的子女来的，这尤可以使我们憬悟到怎样才是爱护子女的正道。我们中国的父母，除了少数的贤良者算是例外，他们对待儿女的态度，只有两个，一是厌憎，一是溺爱。厌憎的结果，是使那可怜的稚弱的心，毁破和流血。结果即使不致儿童的夭折，也将使他们变成忧郁的病态成人，因为他们享乐人生的天性，已经早给毁损了。溺爱的结果，是使儿童感不到身体上及精神上的发育，是使他们的肠胃永远充满着腐化的食物，是使他们成为骄狂的病态人物。结果他们即使不致夭折，也必成为社会上的害虫，使他们的朋友家族，都不能得到恬静快乐的生活。外国父母对待他们的儿女容许亦有可议的地方，但这样的厌憎与溺爱，是很少见到的。他们的爱护子女，犹如农夫的爱护稻谷。他们所要求的，第一是身体的强健。他们不怕麻烦，不厌累赘，一定要在夏天同他们的子女到海边或是山

---

① 秋水：《北戴河有什么》，《独立评论》第17期，1932年，第21—22页。

上去，便是一个最好的例证。他们深信，智识和情感的适宜发育，是都以强健的身体为根基的。是的，我今天在海滨见到了许多外国父亲同着他们的儿女游泳，心中真是充满了欣羡与感慨。我愿我们中国的父母们对于他们自己的儿女，能多负一点责任。"①

在海滨中外人士共处的环境之中，跨越国籍的文化融合并非没有发生，如上面提到的外国人对小孩游泳与锻炼身体的态度就影响到了一部分中国人。"住居西部的中国人既多，女子当然也有不少。但我所见下水游泳，或是骑马骤驰的，却仍以幼年女子为多。"② 说明新一代的中国少年之父母，已能受到现代文化的影响和同化，使他们的子女进入一种开放环境下进行自由的游嬉与锻炼。但年龄再大点的青年乃至中年，受中国传统文化的浸润仍然过深，在北戴河海滨这种并非国人日常聚居的万国旅游地，他们的身上仍然带着明显的东方儒家文化面貌。"二三十岁的女子，大抵是很斯文地坐看，撑着伞看看而已。至多也不过慢慢地脱下了袜子，提着那时髦美丽的长衫，小心谨慎地，在沙滩上轻移莲步而已。三十岁至四十岁间的女子，则在我住居六天之内，就压根儿没见到一个。但做爱的年轻男女却不是没有，不过他们的做爱，与西人真不相同。中部西人的做爱，是大刀阔斧一气呵成的，而我所见西部的中国'摩登'，却是乘着月暗潮狂的时候，遮遮掩掩羞羞涩涩，在沙滩上走走说说而已。并且两个人单独出外的很少，大概是五六成群，待到了海边再分成对对的为多。"③ 这些画面与当初吕碧城来到海滨坐在岸边石头上不敢下水的情形颇为相似，他们其中有些人未必不艳羡外国人大方、开放、自由的生活方式，但囿于自身教育的局限，惧怕周遭人们的目光，遂采取较为符合自身身份的行事，这正是当时"中国青年在社交上的自由与管束"④，也极鲜明地体现出民国青年在中西文化之间的试探与徘徊。

---

① 莎菲:《北戴河一周游记》,《晨报副刊》1926年9月1日，第3—4页。

② 秋水:《北戴河有什么》,《独立评论》第17期，1932年，第22—23页。

③ 同上书，第23页。

④ 同上书，第23页。

二、游客对华人上流避暑人士的观感

公益会会员及其周围人士,代表着海滨的另一重要群体,即华人中的上流人物。一般中国游客对这些人也印象深刻,由于自身理念的不同,对其评价和观感也产生出多种面相。

游客对公益会及西山附近的居民第一印象就是"富贵"。"以后开展到民国,方才成为中国一般有钱人们的消夏胜地,大批的遗老遗少和地主豪绅,都挤向这里置房买地。"①"海滨车站在西山,比较密集的房子也在西山。洋行、妓馆,西山是应有尽有,颇有一些城市气。这里的房价较贵,生活程度也较高。"②

由于自身国家认同和对西人"鸠占鹊巢"的厌恶,大部分中国游客对公益会建设市政、争取权力表示支持和赞赏。"我国朝野名人亦纷往消夏,乃有公益会之组织,于是鸠巨款,筑马路,辟公园,设医院,监管临时保安警察,俨然市政机关。"③近代著名教育家蒋维乔记述"民国七年(1918年)朱启钤乃号召避暑人士,创办地方自治公益会。经画市政,保存主权。凡修路、造桥、设医院、兴教育等事,次第举办,成效昭著,以迄于今,中外人士皆称道。"④毅园记述公益会"自创立以来捐款二十五万元,筑路四十余里,由西山通至东山。设医院,辟公园,筹办一切关于公益之事业,惨淡经营,成绩极佳,为中外人士所称许"。⑤公益会的工作为海滨避暑旅游制造了诸多便利,为其赢得了一般游客的好感。

在公益会的奋起直追下,其所在的西山区域较外人聚居的东山区域更加整洁、发达,这一点为人所共见。著名作家郁达夫在华北旅行时来到北戴河

---

① 罗曼:《人间天堂的北戴河》,《新生周刊》第1卷第28期,1934年,第553页。
② 老向:《北戴河的海滨》,《宇宙风》第24期,1936年,第608页。
③ 吴碧筠:《北戴河游程》,《旅行杂志》第4卷第7期,1930年,第67页。
④ 蒋维乔:《北戴河海滨纪游》,《旅行杂志》第10卷第9期,1936年,第25页。
⑤ 毅园:《北戴河海滨旅行记》,《旅行杂志》第1卷第2期,1927年,第19页。

海滨，发现外国人所在的"东山区域，住宅太多，卫生状况也因而不好"①，词学家赵尊岳发现教会人士的私宅"无西山区之华整"②。吴碧筠也认为西山区域在海滨最为发达："中曰西山区，自车站以西，东联峰山一带属之，以公益会办理得法，目下最称发达，我国名流及中外大商人之别墅，咸在其中"③。

西山胜过东山，在游客眼中，这不仅是公益会的成绩显著，更代表着中国人的自治能力在北戴河海滨这片土地上胜过外国人，游客从中得到了"与有荣焉"的民族自豪感。赵尊岳写道："独此北戴河，虽由西人经始于前，而莫为之后，虽美勿彰。民八而还，即完全为国人自立之机关所管理，而其成绩乃至财力人力，无一不驾西人管理之时代而上之"。他认为北戴河如今的名声和盛景，均由中国人所立之公益会缔造，因此"来游此土者，鉴于国人自力之表现，则凡耳所闻之涛声，目所见之松影，盖无一而不足以激发其爱国之情绪"④。

尽管在贫富差距和社会地位上，一般普通游客与公益会及西山住户有较大的差距，但出于同胞的身份，游客在西山区域游玩时较东山区域更加自如，体验更好。那位极为厌恶海滨外国商人的秋水，一迈进西部区域，心情为之一变。"西部以联峰山为中心点。住在那里的，除了外交界中人之外，有的是中国的富翁，与休养林泉的贵人。公益会即是他们办的。我们虽然自度不配做那区域的居民，但一想到那些红唇肥臂，或是秃头油嘴，自命为天之骄子的白种人，我们便不由得要感谢这些年高望重，有势有钱的公益先生们，感谢他们为我民族保存了一点自尊心。我们在公益会的浴场游泳时，心里觉得自由，觉得比在中部浴场游泳时快乐得多了。并且那里还有水上巡警，他们追随着你，使你没有沉没的恐惧。"⑤虽然这位游客自觉与西山居民有身份上的

---

① 郁达夫：《青岛、济南、北平、北戴河的巡游》，《旅行杂志》第9卷第1期，1935年，第10页。

② 高梧轩：《西莲峰下送残春》，《旅行杂志》第10卷第7期，1936年，第13页。

③ 吴碧筠：《北戴河游程》，《旅行杂志》第4卷第7期，1930年，第67页。

④ 高梧轩：《西莲峰下送残春》，《旅行杂志》第10卷第7期，1936年，第6页。

⑤ 秋水：《北戴河有什么》，《独立评论》第17期，1932年，第22页。

差距，但在西山却能感受到"自由"与"快乐"，而在东山时，因对外国人的厌恶以致游玩不甚畅快，两相对比，"民族自尊心"使他与西山公益会人士在感情上更加接近，而与外国人格格不入。

由以上可见，游客对公益会和西山区域流露出的好感建立在民族情感之上，因此自觉地站在"中国人"的同一阵营中。还有少部分游客，将自己置于社会一般阶层的地位中，而将外国人、公益会人士都视为脱离群众的权贵阶层。基于这种自认的角色，他们对公益会人士也没有什么好感，而将其斥为骄奢淫逸的自私群体，连带着公益会所办市政事业也被批评为专为享乐之用。这种看法集中体现在罗曼的《人间天堂的北戴河》一文，此文的基调并非夸赞北戴河是"人间天堂"，"人间天堂"四字在此文中实是反话，作者认为北戴河贫富差距太大，人员鱼龙混杂，面貌极为不堪。文章的结尾处写道："跟着现社会不可少的娼妓，卖大烟，以及昔日白俄贵族的男女，在海滨讨生活的极多，如乞丐、骗子、舞女、游妓、应有尽有，好个人间的天堂啊！"①作者对北戴河社会情形的不满溢于言表，他也专门写了数段文字表达对公益会占有社会资源以满足自身群体享乐的意见。"正因为今日的社会所属有者是少数人之群，一切事业也莫不为适应他们而存在。即如，北戴河为便利和供给他们的需要，特别建筑了一条海滨支线，每年从五月到十月，作为通车的时期，每天有四次通车，并且特别开辟了一辆旅行车，这些都是为了有钱人们的便利的，票价极贵，根本就是一种对大众的限制。而在中国交通不发达时候，竟为少数人们的游乐筑了路，这证明了什么都是为了维护少数的需要为原则的。……围着车站附近多商店和旅馆，电报局、邮局、银行分设的办事处，以及大百货公司的支店，照相馆，等等，因为这里是专为了某一部特殊人士而存在的，一切的经商事业和咖啡馆舞场等，无不是只限于这些特殊人士的需要而发展。所谓'公益会'，也不过只是专为这一特殊集团的'公益'而已。"②在罗曼的笔下，北戴河的几乎一切公共事业、商业设施都专为这

---

① 罗曼：《人间天堂的北戴河》，《新生周刊》第1卷第28期，1934年，第555页。
② 同上书，第553—554页。

一小部分权贵人士而产生和服务。除去公益会的自身意向，这些质疑实际上涉及商业机构的商业行为和公共事业的公共性。

首先，就罗曼所说的"经商事业"而言，大百货公司的支店、照相馆、咖啡馆、舞场、旅馆的设立与发展都是基于商业思维，以营利为目的，而与"公益"是无关的。他们在北戴河海滨避暑旅游业发展起来之后，才随着消费人群的迁移而进入海滨，在海滨设立营业场所是因为捕捉到了金钱和利润，并非全无缘由。而有能力在这些场所消费的，大都是当时的富人阶层，遂这些商业设施本来就与富人是相对应的、互为依存的。他们的消费群体本就不是劳苦大众，这一点无论在北戴河还是京津都市均是如此。所以，这些场所"只限于这些特殊人士的需要而发展"是极为正常的商业现象，不由公益会等小部分人决定，罗曼的批评实在是过于苛责了。

其次，海滨支线、电报局、邮局、银行办事处这些设施，属于国有产业，但其特殊的是，既有公共事业的性质，也有商业机构的性质。这些事业虽为官方所有，但在近代财政艰难的现实之下，它们与公园、道路之类的普惠性公共事业不同，往往需要自负盈亏，甚至需要追求利润以进行下一步的建设。海滨支线的诞生即产生于避暑游客的需要，管理方也正是看中了避暑富人的消费能力，才力主建设该铁路，铁路管理局希望通过售卖车票回收建设费用，这是一种常规的商业思路。若铁路也以公益的方式，让所有人以极低的价格都能乘坐火车，那长此以往，交通部与铁路局恐难堪重负，失去继续扩展铁路的能力。诚然，当时铁路仍极不发达，建设一条专供旅游的线路稍显奢侈，但只要不是"赔本赚吆喝"，这种方式未尝对中国铁路建设全局不是有益的。

至于公益会建设的真正"公益"的事业，道路、公园、医院、观音寺、公共浴场等，并不对使用者的个人身份进行限制，大部分免费或只需较少花费，所有游客、居民均可便利地使用。

这里必须要注意的是，公益会建设的海滨游嬉场所，一部分具有使用门槛，这个门槛无关乎人物身份，而是要掌握一些"高级"技能，但掌握技能与否却对个人身份有所要求。如浴场，游泳作为锻炼、娱乐与求生技能，本身在内陆地区就少有人掌握，更何况海水游泳与内陆河湖游泳又大为不同，所以在当时其实能够熟练掌握海水游泳技术的人本就较少。同时海水游泳的参与者需要穿着暴露一部分体肤的泳衣，这对持保守身体和性别观念的大多数国人实在是个难以跨越的鸿沟。所以，在技能和心理双重要求之下，只有那些既有机会频繁接触海水游泳和思想新潮的人物才能够较为自如地参与到海滨的海水浴活动中来，而能结合这两项的，必然具备一定水平的新文化和较强的经济基础，于是海水浴场就这样区分出了身份与群体。时髦的外国人和追求西式生活的年轻男女在游泳技能和穿着理念上自然能够适应海水浴这项娱乐方式，但即便是从海水中讨生活的当地渔民，恐怕也难以接受自己穿上泳衣在大庭广众之下嬉戏玩耍。所以游客看到的浴场多富人现象背后的原因也纷繁复杂，但在近代国家和北戴河避暑旅游的发展进程中，会有越来越多的各个群体的人参与到海水浴这项游乐方式中，这应该也是公益会建设公共浴场的初心。

在另外的游憩项目上也存在如海水浴一般的情况，如公益会在莲花石公园建设的运动场。该运动场设置有一些现代运动器材和设施，最著名的是网球场，当时北方一些社交名人如东北军青年军官、朱启钤等大佬的子女，都喜欢在夏季到这片运动场一较高下。以网球为代表的一些现代体育运动，自诞生之日起就有了分外鲜明的上流社会运动标签，传到中国之后也不例外，最早仍是在外国人及中国上流社会圈子里流行。由于场地的缺乏，以及学习费用的高昂（场地及器材费用），一般人士难以掌握甚至接触到这项运动，因此网球自然与"贵族"相互绑定。于是，在海滨这个小社会中，虽有这片开放免费的场地，却只能服务于少数上流人物，这的确是当时的客观现实。

从浴场和运动场反映出的深层次问题，则是公益会在建设海滨游乐项目时，大多以自身群体在城市中的生活为模板，而对一般民众的兴趣、能力欠缺考虑，致使一部分海滨公共事业难以公共化。一位游客就看出，北戴河海滨这片偏僻的渔村，在避暑旅游的带动下吸引到了一部分新居民，他们的生活其实与在城市中别无二致。"然而人虽到了知道避暑，道行还是低，根基还是浅，还免不了许多俗务纠缠，人事烦恼。妇女们照例会串着家去说东长西短；厨子仆妇，照例跟主人闹别扭；主人家买二斤李子，照例争竞了分量还得说酸；到了星期日，男男女女，照例得去恳求上帝宥恕他们的罪过。总之，他们把城市的炉灶,整套的搬到海滨上来了,吃得还是人间烟火。"① 这段文字描述的是海滨新居民的日常家庭生活,实际上反映出他们虽来到海滨,但不脱城市的生活习气,当然也包括娱乐习惯。在城市中,他们早已习惯宽阔平整的马路、开放美丽的公园、便利的运动场和图书馆、人头攒动的社交场所,既享受了这样的便利,便脱离不了这样的生活。于是,公益会人士在建设海滨之时,就以其群体习惯的城市生活为思想来源开展工作,并希望将这些"高尚娱乐"推广到社会其他人群中去。但在彼时的社会环境中,这种改变无疑是需要时间的,浴场、运动场、图书馆等事业因其较高的使用门槛,在短时间内无法被下层甚至中层民众所利用,遂变成上流社会的独享,这也引来一些游客观察者的批评。公益会人士长期生活在趋近现代化的城市中,较少关切普罗大众的生活习俗,或许他们已经认为普罗大众的许多生活娱乐习惯是"非高尚的",遂以一种引领者、教育者的姿态将他们的生活娱乐方式推介给后者。但他们忽略了阶层之间的鸿沟以及不同人群之间生活娱乐同质化需要的时间,未能针对性地给中下层民众建设适宜他们游乐的场所和设施,因而造成海滨的这种"少数人享乐"的景象。

不论公益会的动机如何,其在海滨建设的市政事业和娱乐设施还是明显地与上流阶层的生活更为接近,中下层民众尽管从中得到了便利,难免还是有距离感和疏离感,以致个别人士形成对公益会的些许不满,但这种不满并不是当时游客的主流意见。

三、各群体游客及当地居民的海滨生活之区分

所谓社会中层,即当时介于上流社会和底层穷苦大众的中间群体。这些人具备一定的资产,也有一定的知识水平,如当时城市中的教师、公司职员以及一部分大学生等,由于他们熟悉城市生活,眼界开阔,对时髦的海滨避暑旅行愿意体验和尝试,遂造成这一部分人在北戴河海滨的出现。他们大都属于短期避暑者,由于资产的限制,无力在北戴河海滨建筑或长租房屋,也

---

① 老向:《北戴河的海滨》,《宇宙风》第 24 期,1936 年,第 609 页。

由于生存的压力不能有足够的时间住在海滨彻底躲过热气，只能作短期的旅行，利用周末或其他时间（如学校有暑假）往海滨一游，使花销控制在自己能够承受的范围之内。因此他们的海滨旅游活动与东山、西山的固定住户有着明显的不同。

由于没有固定住所，他们从所在地出发前，就需要对海滨住宿做出规划。前文已多次提到，海滨的饭店因其条件较好，食宿价格并不低，另外当地还有一些私人住宅也出租给游客。有钱人可以租住整栋别墅，而一般的游客可能只求一个单间。《燕京大学校刊》上多次出现北戴河的出租广告，其目标群体直指大学教师和学生。如一则广告内容为"戴乐仁夫人有平房一所，距海岸仅三分钟路，内有厨房可自备伙食，如欲包饭亦可"[1]，这样的房屋较适合普通学生，他们经济情形稍差，很多人消费不起海滨各大饭店高昂的住宿，一个简单的居处即可满足他们的需求。经济稍好的师生，则可考虑长租条件较好的房屋，如下面这则"房租五十元，膳费公道，房屋宽敞舒适，距集会地点甚近"[2]。但许多人仍然对高昂的旅游费用难以忍受，"这里没有小客栈，旅馆最低的限度，每日每间大约也要大洋八番，小饭馆的菜饭价单骇人听闻，洋菜馆更不必说了，……物价比天津总要加上十分之三四"[3]。由于难以承受这样高昂的物价，又想体验北戴河的避暑生活，有些游客甚至带着帐篷露宿野外，以尽量减少开支。"谁也知道，北戴河的贵族味儿是很深的，至少洋气是十足的。我们不是富商巨贾，也不是朝野要人，更不是驻外使节，自不配上那去。不过我们也有我们的道理，我们是露营去的，这固为省掉那笔大的怕人的房金，要紧的是换换我们日常生活的方式，而露宿风餐。同时我们的筋骨肌肤，也可有充分发展的机会。"[4] 这位来自燕京大学的高雁云，将自己与海滨的外国人和上流阶层划分得特别清楚，他（她）固然可以从自己的选择中

---

[1] 《北戴河住房出租》，《燕京大学校刊》第27期，1929年，第2版。
[2] 《北戴河房屋出租》，《燕京大学校刊》第33期，1929年，第2版。
[3] 文瀚：《北戴河海滨一瞥》，《市政评论》第2卷第6期，1934年，第17—18页。
[4] 高雁云：《北戴河散记——献给同伴们》，《燕大周刊》第6卷第1期，1935年，第36页。

体会到锻炼"筋骨肌肤"的益处,但其中未免也有不得已而为之的无奈。

与这些社会中间阶层游客形成鲜明对比,上流社会的"贵人"在北戴河海滨基本不会存在这些烦恼。上流社会的圈子里许多人互相熟识,纵然自己未在北戴河置地建屋,也能投宿朋友亲戚,在海滨享受自如的避暑生活。张恨水的名篇小说《啼笑因缘》中有这样一段描写:"陶太太道:'你爱游清雅的地方,下一个礼拜日,我们一块儿到北戴河洗海水澡去,好吗?到那里还不用住旅馆,我们认得陈总长,(他)有一所别墅在那里,便当得多了。'何丽娜道:'有这样的好地方,我也去一个。'"[1] 由此可见当时权贵阶层在海滨的做派,与一般的旅行者截然不同,更高层的身份和更富裕的身家在任何地方都可以拥有更好的条件与更便捷的服务,游客之间也因此拉开了差距,由于社会圈层的不同,产生了不同的旅游体验。

与本节已述各类群体同时存在于海滨的,还有数量不少的普通民众,他们中有从外地赶来的小商小贩、本地的渔民和农民、来此讨生活的其他穷苦人。对这些人来说,北戴河海滨旅游也与他们息息相关,但他们大多数并不是避暑旅游的体验者,而只是借这股热潮以谋生,严格来说,他们只是旅游业的参与者。上一章已述及当地居民在北戴河避暑旅游兴起后的生活变动,此处再继续细述。

这些人没有足够的金钱、充足的兴趣、纷繁的技能参与到各种复杂的海滨游乐项目中,对他们来说,生活的重担早已压得无所躲避,海滨旅游业的兴起使他们看到了赚钱的机会而非游憩的美好。许多外地和本地民众成为夏季避暑高峰期的旅游服务者,包括驴夫、车夫、商贩、苦力等,游客的游记也每每会写到他们,我们也可利用这些信息拼凑出他们的面貌。

这里的小商贩常带着东西出入避暑人士的住宅中售卖商品,"方便是方便极了,不过这个去了那个又来,走马灯似的来往不断,多少未免有点儿烦絮。但是这些小贩们,没有受过洋教育,不懂得怎样算是对外国人失礼。如果你得罪了他们,他们便约会齐了,一个也不上你的门,教你感受莫大的困难。因为海滨没有什么正经的市场,一切日用品多靠这些小贩们逐日输送呢。别

---

[1] 张恨水:《啼笑因缘》(中册),三友书社1930年版,第162—163页。

看洋人们对于深通洋务的伟人们，事事求全责备；而对于这些硬邦邦的乡里人，倒不能不迁就几分。会说洋文的华人见了外人，拼命的说洋话；而外人见了这些小贩，却不能不咭咭巴巴的说中语。小贩们走得口渴了，到那家的厨房去，也不难寻到一杯开水，而且并不需要什么笑容。在海滨的小贩或是车夫，共同的特性是爱说话。一则他们多半都有很久的历史，对那些避暑人士们都熟识，攀谈的资料自然多些；二则海滨上的生意，每年只有这一夏季，其余便是荒山空房，有话也无从说起；把一年的话匀在一季说完，自然就显得多了。可倒好，你坐他一次车，或是骑他一趟驴，他便恨不得把祖宗三代的事情都告诉你。也许他们以为避暑的人们，总会有闲情听闲话呢。"①刨去这段话中文学味极浓的一些内容，可以提炼出这样几个信息：海滨的商贩们往往主动出击，到避暑人士的住宅中去推销商品；由于海滨的特殊情况，避暑人士对他们的依赖极重；海滨的旅游季只有夏季，在海滨谋生的人们，为了多赚取一点钱，必须充分利用好夏季的每一天中的每一点时间。另一位游客也表达了同样的意思："他们（指车夫）全年的生活也全赖夏季里避暑的顾客前来为之维持，冬天绝对没有谋生的机会。"由此可知，避暑人士与当地民众是相互依赖的关系，但后者对前者的依赖程度更深，毕竟避不避暑、买不买东西、骑驴坐车与否，对以北戴河为休养之地的避暑人士的影响不大，但对以此谋生的本地人却是至关重要。他们期盼着北戴河海滨的避暑旅游年复一年更加旺盛，这样他们才能谋取更好的生活。但若碰到政局变动等大事，海滨避暑则立马变得萧条，于是"他们一个个叫苦连天，不得不另谋其他的生路"。②

另一方面，旅游业对部分本地贫民的生活甚至直接造成了负面的影响。自清末北戴河避暑兴起以来，当地居民习惯将自己的土地卖与避暑人士用于建房，但早期避暑人士较少，土地交易量也不大，外国人常以极为便宜的价钱就能购买到大片土地。随着旅游业的兴盛，北戴河的土地价格也是水涨船高，但已经贱卖掉土地的居民已无法从中获得升值利润。且随着海滨夏季人

---

① 老向：《北戴河的海滨》，《宇宙风》第24期，1936年，第608—609页。

② 文瀚：《北戴河海滨一瞥》，《市政评论》第2卷第6期，1934年，第17页。

口的大量增加,海滨物价也愈发膨胀,住在别墅的避暑人士可能对此不会有太大的反应,但同住在海滨的各村居民已被高物价所裹挟,若收入没有大的增加,其生活水平则不升反降。罗曼描述了这些让人感到不太乐观的现象:"这里的农民将避暑人的来时到走净,叫'上下山'。一切物品都十分昂贵。本来一切营业多外来,尤多洋货,这排斥了本地的农民生意,农村各种副产物卖得出去几都不够本,而捐税繁重,运费路费又重重剥削,农民生活无不受其直接影响。这里的地皮为房产家和地主收买,原来几块钱一块的如今卖二千多两。"①

　　借旅游旺盛以谋生和受旅游波及而致贫是北戴河普通贫民的两种状态,当然,无论受到何种影响,他们都是北戴河海滨这个小社会中的最底层。他们生活的起与伏与其他阶层密切相关,但反之则不然,避暑人士的日常并不会因他们而受到根本性的影响。他们虽然可以得到北戴河的市政事业建设带来的益处,但其中的旅游享乐核心部分——海水浴、松涛草堂饮酒听风、打网球等实在与他们无关,在基本生活水平得到质的提升之前,他们无力参与这些消耗时间的娱乐活动,无论其"高尚"还是"低俗"。

图 4-1　牵驴拉车的苦力②

---

① 罗曼:《人间天堂的北戴河》,《新生周刊》第 1 卷第 28 期,1934 年,第 555 页。
② 周振勇摄:《代步物》,《天津商报画刊》第 12 卷第 1 期,1934 年,无版数。

四、北戴河海滨社会的群体分野

从以上可见，海滨社会具有明显的群体界限。作为避暑胜地的北戴河海滨是一片新生社会，公益会欲借这里的一方天地建成一个大同乐园。但海滨并不能独立于基本的社会情况而独立存在，在这里避暑和生活的人鱼龙混杂，按照国籍有英国人、法国人、德国人、俄国人、美国人、日本人、中国人等，按照群体有传教士、商人、政客、学校师生、小摊贩、当地农民和渔民等。在这么多群体聚集的北戴河海滨，并不是人人平等、祥和无忧。

以最基本的居住地为例，东山、西山、村庄各有其特定的聚居人群，其建筑样式、片区面貌也有着极大的差别。有能力在海滨建造别墅的，基本上属于富人阶层，固定的住所保证其可以每年夏季来到这里避暑，或将自己的家眷子女长期置于海滨生活。要按时间线来论，海滨各村庄的居民是这里的原住居民，在避暑人士未发现海滨之前，这些村民在这里过着原本的海滨田园生活。1893年后，外国人成为这里的第二大群体，他们大多选择了海滨东部区域的石岭、赤土山、金山嘴一带作为聚居区，建筑了数量众多的西式住宅、教堂，形成了海滨外人社会圈子，并自行治理，具有一定的封闭性，与当地村庄迥然两分。自海滨避暑风气在华人中传播开之后，以公益会人士为代表的中国上流社会家庭聚居在西山一带，并与外国人针锋相对，以地方自治模式开展市政建设，建成了海滨的另一片新社区。西山的住宅样式与东山有相似之处，以改良版的西式建筑为主，但因集聚较晚，区域面貌较东山更新，道路更宽阔平整，在观感上要胜于东山。而周边村庄的民居仍多保持中国农村传统风貌，与别墅区的整洁优良形成了鲜明对比。从居住地即可看出，海滨的几大聚居区各有特定的居住人群（虽时有交叉，但基本面是固定的），其区域建筑和面貌也呈现出该部分人群的社会特征，居住区域是区分海滨群体的重要依凭。换句话说，海滨虽经数十年发展，却并未实现明显的人群交融和居住混合，这在一定程度上也能看出海滨各群体之间的隐形界限。

从生活方式和避暑消费上，各群体之间的差异更加明显。海滨各国外人之间的交流相对来说较中外人士之间的交流更多，因相似的西方背景、宗教信仰、远东经历、饮食习惯以及可以通行的语言（英语），其国籍界限远远弱于中国与诸西国之间。在海滨的外国人可以共同组织家庭活动、宗教活动及娱乐活动，也共同组织公共团体，共同建立并遵从公共规则。在海滨，外国人的社交活动中国人较少参与，或仅有一些中国仆人和部分熟悉外语的中国人加入。他们的生活与中国人相比更加开放，无论是性别观、恋爱观还是社交观，都淋漓尽致地展示出西方文化的特点。但在避暑时节，不同的外国人也有生活上的大不同。一般来说，在海滨维持高消费、娱乐更多的是外国人中的富人群体，如外交官和商人，而许多传教士的生活则更加平民化。中国人里面，在城市中受西方文化影响较深的上流社会中的年青一代，在生活方式上与外国人已有所接近，打网球、海水浴、喝咖啡、喝洋酒、吃西餐等，居住在西山的"少爷小姐"们是重要参与者。而像朱启钤等这样的老者，往往较为持重，对于以上娱乐活动，虽表示支持但自己却不过多参与，由此亦可见当时不同时代的中国人在中西文化碰撞下的自我选择。来到海滨的一般游客，无法成为这里的常住居民，他们往往出于赶时髦和猎奇的冲动，到海滨一睹美景，享受清凉。因此，他们借这样不可多得的机会，尽力体验一切新奇，对他们来说遗憾的是，这些活动只能是寻常枯燥生活的插曲，而无法成为像东西山居民一样的日常。更明显地，这些游客在海滨的消费要弱许多，富人随便出入的西餐馆和高档旅店，他们只能望而却步，或浅尝辄止，在旅行中寻求更好的性价比是他们的必要功课。与东西山住户和村民们相比，这些短期游客更像是北戴河的过客，今日来明日去，是一个具有很强流动性的群体。最后要说的是北戴河的当地居民，在避暑旅游方面，他们实在不是旅行者。一方面，这些村民世代居住在这里，早已和周边的气候与环境融为一体，他者的避暑旅游对他们来说只是每日的日升日落；另一方面，避暑地的开辟和建设有着现代化的方向，而这些村民远远落后于此，在村民还需要为解决温饱努力时，身体健康及精神文化需求几乎不值一提，浴场、饭店、运动场对他们来说过于遥远，在海滨他们仍需要努力生存而非惬意生活。由此可见，在小小的海滨，由国籍和身份区分出了多个群体，由此产生了不同的生活方式和面貌，海滨的小社会实蕴含着复杂的分野。

　　不同群体之间如何互相看待，更能反映出其间的分隔与差异。众所周知，西洋人在近代中国社会中，由于母国强大而致拥有特权，长期扮演"人上人"

的角色,由此导致许多西洋人在中国土地上经常趾高气扬,俯视众生。从中国游客游记中对外国人的描述以及外国人在海滨的作为可以看到,海滨的许多外人对东亚人——尤其是中国人存在一种难以消除的傲慢与蔑视。在他们眼中,落后、愚昧、危险成为中国人的固定标签,在海滨这一隅之地,外人独占未果,遂不得不接受与中国人共处的局面,但在这个环境中,许多人仍坚持圈地自萌,聚群而居,独自设立浴场,尽量与中国人保持距离。这些做法常常让中国游客到海滨之后有一种误入异域的不适感,也易被外国人高高在上的姿态所刺激,更加强化了中国人的民族意识及对外国人的厌恶感。在游客眼中,公益会成员等华人上层在海滨扮演着两种截然不同的角色。一种声音夸赞公益会为争夺主权、建设市政作出了卓越贡献,一长国人志气;另一种声音认为公益会的"大人物"只不过是与西人同流合污的少数人,为了其自身娱乐而改造海滨。两种截然相反意见的背后,实际上是评判者的自身认知与处境的不同,前者将自己置于受外人压迫已久的中国人的角色里,而后者将自己置于生活不易的普通大众中。两种意见展现出的认同与鄙视,亦体现出国人在不同话语下对另一阶层产生的亲近与疏离,社会之复杂性表露无遗。海滨原住居民处于这个区域社会的最底层,他们干着最辛苦的体力劳动,却缺少话语权与基本的发声渠道。出于同情,一部分游客成为他们的代言人,在游记中写下他们的不易生活。但原住居民对后来者的观感如何?对避暑旅游的看法如何?可惜没有关于当事人最为直接的史料资以说明。

海滨这个小社会,可能会在炎热的夏季聚集上万人,不同国家、不同群体之间充斥着厌恶、歧视、赞赏、同情、羡慕等各种情绪。个别游客描绘的北戴河是没有国家区分、没有身份差距的人间天堂景象,更像是一种表象下的虚幻,或是人类美好理想的投射。不可否认的是,北戴河社会因避暑旅游产生了一些文化融合,如华人对西方避暑生活娱乐的模仿、当地村民对城市化和现代化的初步享受、上流社会对乡野生活的迷恋等。但其中更多表现出的是上层社会的向下体验,因为这并没有高不可及的门槛,一位政商要人,大可以穿着布衣凉帽,穿梭于海边渔村,融入村民之中;但一位普通的苦力,如何能够得到机会,身着华服,安坐于西式饭店和大别墅之中?从根源上来看,北戴河的社会生态与北京、上海及其他地方又有哪些本质上的区别呢?

碰撞、融合、分裂，这个由避暑胜地之中的中外各界人士组成的小社会，实是近代中国大社会的一个缩影。

第三节　游客的避暑娱乐场景、活动与心境

上一节重点讲了北戴河的人，这一节应该讲讲北戴河的景与物，毕竟来到北戴河的人都是奔着这里的气候和风景。本节以游客记述下的北戴河海滨避暑娱乐场景为中心，归纳游客在海滨的主要避暑活动，以及其在不同活动、不同场景下的心理活动，展示当时北戴河海滨游客的真实避暑感受。

一、凉爽气候——北戴河的初印象

北戴河的游客主要来自北京、天津、上海等地，这些大城市每到夏季则陷入酷热，让人难以忍受。林语堂曾在小说《京华烟云》中对北京的夏季有这样的描述："这时候，天色已经大明，天井里已经有了声息，罗大放下窗上的纸幕，自语地说，今天又该是一个酷热的天气。夏季的晚上在北京总是风凉的，而在炎热的白昼，间间屋子都系平房，居民都在窗上放下纱纸，使屋内像地窖那样不受热气的威逼。"①

既到北戴河避暑，那么这里夏季独特的凉爽气候则是游客的主要追求，受尽了内陆城市热浪的人们急于在北戴河感受传说中的清凉。而这样的诉求的确能在北戴河得到满足，凉爽的海风、山风和宜人的温度令游客们印象深刻，一扫酷暑带来的郁结。

清凉首先来自观感而非体感。大城市中高楼林立、房屋密集，这样的空间结构本身就阻碍了人的视线，造成一种视觉上的热感。但海滨处于僻地，房屋星散、较少高楼，视野极为开阔，且林木点缀其中，地势平坦无余，这

---

① 林语堂著，陀郑、杰元应译：《京华烟云》（上），春秋社1940年版，第14页。

样的自然和人造环境使游客首先感受到了视觉上的开阔与清凉感。一位游客刚刚抵达火车站,就被这样的景象征服:"坐火车一到海滨站,看山上下一片丛林,许多别致的小西式房屋夹杂在里边,就觉得一种清凉气象。"①

体感上的凉爽在入夜后感受更为直接,随海波上岸的海风,扫过整片海滩,又从每一户住宅的门窗吹入,无论待在室内还是室外,游客均能惬意地享受到凉风带来的舒适。文瀚对北戴河的景色和气候夸赞不已:"北戴河海滨风景究竟怎样好,那我说不出来,不过到处都是青山绿翠,红楼茅屋参杂其间,海潮一阵阵向岸上袭来,浪花飞溅,的确充满着诗情画意。可贵的就是气候非常凉爽,夜里盖着薄棉被睡觉还觉着凉。"②凉爽的海风保证了夜间安稳的睡眠,"海风送在岸上,虽在暑天,身心沁然,将入梦矣。"③

于是,北戴河的自然气候和空间形象产生的凉爽宜人的体感与观感均与游客常住的城市热岛形成鲜明对比,在这样的环境之下,游客立即会得到身体上的快感,这就是北戴河避暑的首要实用之处。"无论谁,当列车把他送到海滨站时,立即会起着一种新的感觉,周遭吹着凉快的风,山野间长着绿油油的草,还有不少秀丽的建筑物,点缀其中。"④任何人面对这样的场景,很难对北戴河不产生良好的初印象。

二、大海与游泳——海滨的核心避暑活动

大海无疑是海滨最吸引人的地方,不仅是其景色,也在于大海提供的丰富的避暑娱乐活动——海水浴、沙滩日光浴、采集海洋物种等,围绕着海洋展开的各式各样的避暑活动,是北戴河海滨旅游的核心部分。

---

① 罗曼:《人间天堂的北戴河》,《新生周刊》第1卷第28期,1934年,第554页。
② 文瀚:《北戴河海滨一瞥》,《市政评论》第2卷第6期,1934年,第18页。
③ 李效泌:《北戴河到山海关》,《清华周刊》第261期,1922年,第40页。
④ 高雁云:《北戴河散记——献给同伴们》,《燕大周刊》第6卷第1期,1935年,第38页。

（一）海景——一遂人愿

北方游客多居于内陆，对海洋有天然的好奇心和向往之感。在别处见过海景的游客，则对北戴河的海景已有心理预期，如郁达夫所说："刚在青岛看海看厌了的我们，这一回对北戴河自然不能像从前似的用上级形容词来赞美了。"① 但大部分到北戴河的游客，事实上多是第一次看海，其对北戴河的海全然未知，感触也更深一些。

初次见到大海的游客对海景的描绘特别细腻，可见其印象的深刻。清华大学的李效泌用极为优美的笔触写下了他所看到的海景："有时向远望去，一望无际，真实海天一色。波浪一起一伏，碧澄的海里，呈现白的波纹，浪花飞溅，破了海的沉静。它们顺波浪之起伏，或上或下诚是如鱼之得其所在了，附近的崖石，高出海际，波涛澎湃，浪花高溅，此景吾曾在奥国使馆之图书展览会见过几幅青岛之海景，与此俨然相仿佛，今日虽非身在青岛，然得一睹此景，亦聊慰渴望矣。有好多天的夜里，独步海滨，万籁俱寂，独海涛怒吼之身，继续地不断。时明月在空，在墨色的海里，有一段的光亮，随着波浪，一高一低，有如大地之上，一条河是（似）的。天际有淡云数片，有时把月亮裹在他里边，使海边忽现其晦暗。走地倦了，坐在石上，消此良夜，赏此美景。"②

清晨的大海又与夜晚截然不同，有另外的景致。"在这海滨度着生活，最有趣味的就是当清晨的朝曦，笼罩着大地，东方仍呈着鱼肚色的一刹那，背上竹笼拿着一个小铁铲，到海边崖礁最密处，采集海产动植物，一方面更可以看那殷红的太阳从渺茫大海里涌上天空，那时大地上的变幻，何止万千。"③

北戴河的海景不独是茫茫大海，更是一个立体的空间，包含礁石、阳光、

---

① 郁达夫：《青岛、济南、北平、北戴河的巡游》，《旅行杂志》第9卷第1期，1935年，第10页。

② 李效泌：《北戴河到山海关》，《清华周刊》第261期，1922年，第40页。

③ 文瀚：《北戴河海滨一瞥》，《市政评论》第2卷第6期，1934年，第18页。

月光、天空、云彩、涛声、渔船等有声无声的、有形无形的景色，汇聚于天地之间，且变化纷繁。这些景色的随意组合对游客来说都是一种新奇的体验，与内陆城市、乡村的景色有根本性的不同，完全表现出了滨海区域的魅力，令求之而来的游客一饱眼福和耳福，遂其心愿。

（二）海泳——施展天性

依靠大海，北戴河形成了多种与海洋有关的避暑娱乐项目，其中海泳（海水浴）是最具名声、最有乐趣的项目。海泳这项活动，从外人的引入，到公益会对公共浴场的辟建，在避暑游客中极具号召力和普及度。可以说，到北戴河旅游，不在海水中畅泳一番，几乎可以说徒走一遭。

北戴河海滨各浴场完善的基础设施是实现这一人数庞大的娱乐活动的重要基础，游客对这里的服务条件表示非常满意。"本来北戴河的海滩是条形，东西距离十分遥远，南北却十分窄狭，地势是侧斜略高，沿海滨的沙滩，是一直长好几里，成为天然海水浴场，顺海滩散步，看壮美海景，听海涛澎湃，这是为这里享受的人们认为快感的。沙滩上浅海中是有许多男女浴人，穿着各色的浴衣，或斜卧在沙滩，或在海中游泳，因为这里适合于'下海'游泳，一切设备是供过于求，人们都在水中享乐，忘掉一切世外的苦难。"①

观海或许可以说是人类与大海的远距离交流，但海泳却是人类与海水的肌肤之亲。游客认为，海泳最能表现人与自然的亲近，另一方面也是对世俗生活的脱离。在北戴河的浴场里游泳，穿着布料较少的泳衣，露出较多的皮肤，可使自己的身体与海水亲密接触，得到舒展和畅快。同时，露出肌肤这种如今看来较为平常的事情，在近代中国却有着极强的象征意义，即将人从旧道德与旧伦理的枷锁中脱离出来，自己的身体由自己做主，释放作为人类的天性。在浴场里，身着泳衣的中外男女往往混在一起，并不避嫌，这种场景在海滨极为自然，但在他处恐不可想象。浴场——这个公共场所，就这样提供了一个更加开放、包容的新环境，让人们短暂远离压抑的生活，从而追寻本真的自我。"然而在海水浴场，却又是一番人间天上的所在。男女老幼，

---

① 罗曼：《人间天堂的北戴河》，《新生周刊》第1卷第28期，1934年，第554页。

虽然还多着着一件浴衣，总是近于自然了。大家仙人般的游戏在水中，疲倦了，躺在天然的沙发上，恣情的享受日光。在这伟大的海水之下，没有尔我，忘却仇恨，大家都是自然的一部分。人类表现得最纯洁、最精彩、最活泼而快乐的动作，只有在这海浴场里去寻了。"① "这儿海浴，以九时以后，下午一时以前最热闹。从我们的营地——观音寺后——到海边，还得走二十分钟。我们赤着脚，有时戴上蘑菇式的帽，披着浴巾，顺着山坡的斜度走下去，经过寺前的长桥，溪水奏出愉悦的声调，树影扶疏，还不绝传来'知了'的蝉声。从小径转出霞飞馆，可以嗅到咖啡和香槟的气味。往下，一道橙黄色的细沙路，直达海滩。……我们在第二公共浴场的阶前坐下，休息一会。……有的来不及歇一歇，就投进她的怀里去，浮沉俯仰，随兴之所至。水的深处，不是轻浮的污泥，却是坚实的沙层。可以站起来，欣赏别人游泳的姿势，……玩得累了，就跑回到岸上来，最好躺在沙滩上，给阳光吻着整身，也是浴的一种。"②

图 4-2　海滨浴者③

---

① 老向：《北戴河的海滨》，《宇宙风》第 24 期，1936 年，第 609 页。
② 高雁云：《北戴河散记——献给同伴们》，《燕大周刊》第 6 卷第 1 期，1935 年，第 38—39 页。
③ 周振勇摄：《海滨浴者》，《天津商报画刊》第 12 卷第 1 期，1934 年，无版数。

这种自由开放的环境也造就了海滨的另一景色——泳衣美女,高雁云写道:"如果日光浴也够了,不妨沿着沙滩走,保管有不少健美的大腿,映进你的眼帘"①。浴场的泳衣女性常常为人所注目,一是由于女性本身身材较有曲线,身着泳衣则更显曼妙,二是中国女性长期包裹身体,无论男女对泳衣女性难免多些新奇的注目。随着海浴文化与康养身体风气的传播,也使得人们对女性身体的审美产生变化,健康的、运动的、力量的身体成为海滨游客的审美取向,而这一方面,西方女性又较中国女性更胜一筹。"东山西山都有浴场,东山浴场,蜿蜒曲折,浪沫如花。西山浴场,水平沙软,如铺茵草。公益会在西山设有第一第二浴场,并建有游客更衣室,备有浴衣,供游客临时租用。海滨二三公共浴场,中国女宾较多,但健康活泼,都不及西方妇人之美,且多截发,远望不免有扑朔迷离之感。女子浴后,在沙滩上互相擦干头发,或握沙自娱,或袒胸露背,作晒盐鱼式的日浴。间有佳侣偕游,浴后即为拍上镜头,资为笑乐。但如未曾相识,昧然窃摄处子的倩影,必遭辱骂,这倒不算是有趣的事呢。"②

浴场就是这样一个场所,可以短暂遮蔽每个人的身份,而使人类回归本身,与大自然融为一体。它提供了一个极为开放自由的人群氛围,没有人会因穿着"奇怪"或者行为"乖张"而遭受侧目,只有纯粹的娱乐与享受。基于这样的特点,若将海滨景点进行排序,浴场当之无愧可为第一。

(三)沙滩——自由的公共场所

连绵十余公里的沙滩,其实与浴场有所重叠,但是若将沙滩作为一个独立区域,游客除了海水浴与日光浴之外,还有其他别具特点的娱乐活动。

海滩的面积够大,地方也属公共所有,少受约束的环境使海滩成为极受欢迎的社交场所。无论会不会游泳,游客白天总是要到海滩一游,这里设置了供游客休憩的咖啡茶饮点位,三五好友可以游泳之余,在沙滩上坐卧聊天。

---

① 高雁云:《北戴河散记——献给同伴们》,《燕大周刊》第6卷第1期,1935年,第39页。

② 雁影:《无边风物的北戴河》,《晨光周刊》第5卷第36期,1936年,第18页。

一到夜间，光线昏暗，海风凉爽，海滩上的活动变得较为私密。或有情侣手牵手漫步于沙滩之上；或与朋友燃起篝火，一享野餐美食；或携家人静坐于此，感受凉爽快感。"要是在夜色沉沉以后，坐在海滨石上，静聆潮声，静观那变化无边的泡沫，都可以发生天上人间之感。或聚集朋友三五，老小僮仆，在沙滩上烧起野火来，大嚼晚餐，东望秦皇岛的灯火耀煌，也可使人得到莫名的愉快。"①

沙滩的娱乐活动多是慢节奏的，内陆游客对大海的好奇也包括对海洋生物的喜好，捡拾与收集贝壳是当时海滨游客消耗时间的一件趣事。"避暑人士的娱乐，打球、演戏、散步、洗澡之外，拾蚌壳应该也是有趣的事。每逢朔望，潮水大落的清晨，到海岸去可以捡选许多大大小小、奇形怪状的蚌壳，同时还可以乘机一窥海的秘密。"② "如果还有兴致的话，何妨屈身下拾贝壳，这是大海带给我们的礼物，花样虽不多，惟其如此，才觉得珍奇。"③ 游客匆匆来往海滨一趟，对大海的欣赏与接近稍纵即逝，而捡拾贝壳为归去的游客提供了一种留念方式。

北戴河海滨的沙滩从早间到夜晚，布满了游人，沙滩娱乐活动的多样性和自由度是其受到欢迎的最重要因素。东山、西山的住宅均有所属，游客处于其间，难以彻底放松，但完全开放的海滩给了这些游客一展天性的机会，无论是漫步、坐卧、聚餐还是其他活动，都不用过于在意他人目光，自由是这片公共场所的特性。

三、"得意忘形"——北戴河的山林与公园

北戴河的名胜，总其大者，无非海与山，海为渤海，山为联峰山。在近代外人进入北戴河之前，联峰山就已经是相当知名的景点，文人墨客多到此

---

① 雁影：《无边风物的北戴河》，《晨光周刊》第5卷第36期，1936年，第17页。
② 老向：《北戴河的海滨》，《宇宙风》第24期，1936年，第610页。
③ 高雁云：《北戴河散记——献给同伴们》，《燕大周刊》第6卷第1期，1935年，第39页。

地吟诗作文以留念。而辟为避暑地后,经避暑人士在山峰周围建造别墅,公益会在莲花石区域辟建公园,联峰山又有新的景色变化和游乐场所,这里成为北戴河除海滩浴场外第二处游人集聚的必玩之处。

联峰山上林木遍地,植被丰富,怪石奇峰立于山间,造就了多样的山林景观。充斥于山中的石木花鸟将游人包裹,自然景观给人以舒展身心的益处。"我们不到海滨来,就爬到西联峰顶去,这儿有这儿的好处。沿着山径走,有不少野草探出头来,向我们招呼,或吻我们的足,有时衣履给弄湿了,不要紧,'衣沾不足惜,但使愿无违'也就够了。……在顶上坐下来,放目远瞩,上顶青天,下临深谷,'山气日夕佳,好鸟相与还'。"①

联峰山是北戴河海滨为数不多的几个高点,人在山中,上可观天、下可探谷、远可望海。登高远望之时,自有心旷神怡之感。"西山山势较高,林木葱茂,日间清凉如水,爽气袭人,晚间则暮霭烟波,晚霞夕照,在在都可以使人沉醉。东山地势稍为平坦,但也岗峦起伏,到处园林,疏疏落落的几处人家,点缀着沙明水净的海滩。听那唧唧的秋蝉,看那轻盈的飞燕,欣赏□牛背牧童的吹箫,也使人有得意忘形之乐。"②"而且如果月明之夜,登海滨名胜联峰山,山本不高峻,林石幽秀,松杉夹道,野花很多,登高就可以看见银色雪亮的海景,白天可以看到大海横前,渺无涯际,而且洪涛巨浪,浴日吞天,远处山脉是蜿蜒起伏,掩映在烟波的缥缈中。"③

联峰山周围的人文景观也为山景增色,寺庙、公园等场所与联峰山融为一体,增添了些许闲适的气氛。"说到海边的名胜,则东西联峰山色碧翠,高耸凌云,古柏苍松,颇富古意。由峰顶远望。烟波浩渺,万虑全消。观音寺和如来寺的夜半钟声,也能使人悠然神往。……其余鹿囿、莲花石公园,都在霞飞馆附近,也是游人□集的所在。"④公园的松涛草堂更是海滨重要的公共

---

① 高雁云:《北戴河散记——献给同伴们》,《燕大周刊》第6卷第1期,1935年,第40页。

② 雁影:《无边风物的北戴河》,《晨光周刊》第5卷第36期,1936年,第17页。

③ 罗曼:《人间天堂的北戴河》,《新生周刊》第1卷第28期,1934年,第554页。

④ 雁影:《无边风物的北戴河》,《晨光周刊》第5卷第36期,1936年,第18页。

活动中心，这里可以观景、饮食、宴会、舞蹈，聚集中外人士，在山中畅快度日。"海滨公园有霞飞馆，肴馔精美，为法人所开设。下午四时以后，游人多集聚于此，饱食快谈，以消磨他们美丽的黄昏。夜阑人静后，更有许多中西士女，在那里高奏雅乐，酣歌醉舞。要是喜欢清静的人们，或携其情侣散步海滨，共赏那倒映波心的朦胧的月影。间有高人哲士，则又不甘心为形役，一张藤椅，一本小书，也可以在树林下消磨永日，静坐终朝。等到月上东山以后，则招集二三知己，闲话人间，上下古今，议论无所不可。天空海阔，尽可挥洒自如。这无干无碍的情形，也可以说是自得其乐的了。"①

联峰山与海滩相比，有共同之处，如清凉袭人，也有其独具特色之处，如可登高望远，感受更有层次的海滨美景。最重要的仍然是联峰山的自然性，山石草木诸般自然之物围绕身边，游客难免会有忘却世俗、释放胸怀之感，由此可见环境与人的心情之间的联动。

四、逃离都市——游客的乡野想象与体验

海滩浴场和山林公园几乎包含了北戴河海滨的绝大部分娱乐休闲项目和场所，尽管其中有较为现代的马路、公园、别墅等设施，但北戴河的基本面貌和生活方式仍然是自然的、乡村的、开阔的、慢节奏的。因为这种乡野的特质，与城市形成了强烈反差，异于城市的乡野体验是许多城市游客在北戴河的旅游追求与实际感受。

中国人口向来众多，城市的人口密度又远远超过乡村，尽管从古代到近代，中国的城市化率并不高，但数量不多的一些大城市仍然颇为拥挤。中国古代城市往往以城墙圈围，内里商业、民居、作坊、治理机构混杂，进入近代后，伴随着社会转型，工厂、学堂又接连而起，电车、人力车、汽车在城市马路上追逐，由此而引发的卫生脏乱、人口拥挤、噪声刺耳、生活节奏加快使城市变得越来越不宜居。由于这些城市化带来的问题，一些居民产生了对城市生活的不适感，相应地，安静的氛围、较少的人口、接近自然的环境

---

① 雁影：《无边风物的北戴河》，《晨光周刊》第5卷第36期，1936年，第18页。

成为人们的理想居住环境，与城市对比，乡村的确具备这些条件。但中国近代的乡村还有另一种面相，即破败贫穷、基础设施糟糕，在城市住惯了的市民期望的宜居环境绝不是这种乡村。于是，北戴河提供了一种"逃离城市"的解决方案，这里既有优美的自然环境，又有完善的基础设施，兼具城市与乡村的优点。

在中外避暑人士的建设下，北戴河海滨的面貌介于城市与乡村之间。"说是城市吧，却没有城市那么繁华、喧嚣；说是乡村吧，却没有乡村那么古朴、恬静。北戴河是另有一种风度。"①

游客认为北戴河与城市的最大不同点在于区域内的交通。由于公益会设置的规则，海滨马路上禁止行驶汽车，于是原有的交通方式——骑驴继续保持其本就很可观的使用比例。禁止行驶汽车并非马路不具备汽车通行条件，而是公益会认为，汽车速度太快，易对散步的游人造成危险，卷起的烟尘亦让人难以忍受，且有碍美观。在他们的眼中，汽车这种现代交通工具与北戴河恬静的生活氛围不太搭调，相比而言，驴子既是动物，代表着与大自然的亲近，又保持着较慢的速度，与海滨度假的气氛相洽。所以，骑驴既是一种实用的交通方式，又是公益会在营造市政时刻意保留的一项特色旅游项目，用来营造北戴河的乡村恬适氛围。在这条规则的实施反馈上，从城市里来的游客秉持统一意见，即对海滨没有汽车表示赞赏。

同为海滨避暑胜地，青岛较北戴河更加城市化，前者的汽车行驶不受禁止，于是北戴河显得更加特立独行。"这儿没有代表近代文明的汽车，可不受飞尘的苦味和号角的喧嚣，大可安安然地走你的路。"②"山中道路纵横，交通便利，但只有骡马可以代步，汽车是不许通行的。因此使人不感到都市的尘嚣，这也是北戴河和青岛的不同之点。高等旅馆有花园饭店和海滨饭店，都设备优良，招待周到。"③没有汽车带来的尘土与噪声，却有着便利的服务设

---

① 高雁云：《北戴河散记——献给同伴们》，《燕大周刊》第 6 卷第 1 期，1935 年，第 38 页。

② 同上。

③ 雁影：《无边风物的北戴河》，《晨光周刊》第 5 卷第 36 期，1936 年，第 18 页。

施,这一点实在令游客受用。

有的游客将城市化和近代科技引发的快速交融与烦恼的俗世相关联,而将老子所说"鸡犬之声相闻,民至老死不相往来"之地视为梦境。在这种想法中,不仅汽车让人讨厌,甚至北戴河的其他基础设施如邮局、报纸都是扰人的事物。"没有汽车,免得路上烟尘滚滚;没有无线电收音机,免得多听鬼嚎;没有军警梭(逡)巡,免得无缘无故地被他们监视或盘查。如果再能裁撤邮局,禁绝报纸,在那里享受几个月的仙梦以后,再转尘世,一定会有再生的乐趣。"① 于是,北戴河寄托着一部分游客逃避现实烦恼的希冀,与人来车往、躁动不安的城市相比,北戴河代表着另一种相对"封闭"的、慢节奏的生活方式,这让一部分难以融入城市快节奏的人产生了由衷的向往。但这种想法多是城市市民困顿下的抱怨,表达之时易将情感夸大,若真将诸如警察、邮局、报纸等近代产物一一剔除,那北戴河与困苦的乡村又有何二致?又如何能做得"仙梦"?

许多游客都有着逃离城市、追求乡村的向往,但又无法脱离城市的工作机会、便利设施、各种资产,于是造成他们只能作短期的旅游,以获得短时的场景和身份转换。骑驴、玩水、爬山、野餐,这些活动有些是景区的刻意营造(如公益会对汽车的限制和对浴场的开发),有些是游客的主动参与,双方都有目的性地使北戴河保持着一种恬适闲散的自然环境和生活环境。从本质上来说,北戴河的开发方——公益会和外国人也是外来游客,他们与一般游客有着同样的心理需求,即追求乡村生活体验。到北戴河旅游,换了个环境,游客的身份在其脑海中也发生了自觉不自觉的转换,从城市到乡村,从市民到村民,游客短时间内摆脱了城市的烦恼生活,暂时置身于其理想的乡村美景之中,将自己想象成乡民,以满足精神上接近大自然的需求以及对身体的放松。

因这种对城市化的逆反,在短时的乡村旅游体验中,北戴河的种种乡村事物在游客的眼中,并不显示出其落后与效率低下,反而成为极有趣味的佳事。骑驴游玩作为北戴河名声在外的特色娱乐项目,最受游客的青睐。"北戴

---

① 老向:《北戴河的海滨》,《宇宙风》第 24 期,1936 年,第 609 页。

河的骡子,实在是一种比黄包车汽车轿子更有诗意的乘物。我们到了车站,故意想难难没有骑过骡儿的映霞,大家就不坐车而骑骡;但等到了张家大楼,她的骑骡术已经谙熟了,以后直到离开北戴河为止,她就老爱在骡背上跨着,不肯下来。"① "在夕阳西下的时候,可以看到许多碧眼卷发的小孩骑在驴背上,在丛林里呼啸奔驰。可以看到三五年轻的男女们坐在沙滩上讨论怎样才是游泳优美的姿势,或在草地上打打网球,或在教堂里看看电影。韶光易逝,他们是忘记了时间的记录呵。"② 可以看出,与清末时期相比,骑驴的内涵已经发生了明显的演变。在早期,北戴河内外交通不便,驴作为乘物有它存在的必要价值,而海滨支线和海滨马路的相继修筑使北戴河的交通已大大改善,驴已不是交通必需品。但骑驴仍在海滨大受欢迎,因这项活动已成为游客体验乡村生活的主要方式之一。自由操控、与动物亲密接触的"诗意"而非其载人功能转变为游客的主要目的,这也是公益会禁止汽车和游客热衷于此的主要原因。

图4-3 骑驴的游客③

---

① 郁达夫:《青岛、济南、北平、北戴河的巡游》,《旅行杂志》第9卷第1期,1935年,第10页。

② 雁影:《无边风物的北戴河》,《晨光周刊》第5卷第36期,1936年,第18页。

③ 钧摄:《今夏北戴河海滨东山上之骑驴客》,《北洋画报》第26卷第1285期,1935年,第2页。

与骑驴相似，北戴河的许多活动都具有乡村特色，在城市中难以觅到，是游客眼中的稀缺事物，因而得到追捧。"水中和岸上都玩得可以了，也微有饿意，便相约归去。在水井边把身上的咸气，冲洗个干净，又开始做午饭，挑水的挑水，拿柴的拿柴，杀鸡的杀鸡，刨鱼的刨鱼，洗米的洗米，烧火的烧火，炒菜的炒菜，弄饭的弄饭，各有职司，都是忙人。不到几天，也就造成许多'专家'。在这期间，谁吩咐谁做，谁也乐得干，没有怨言，只是一片诚意，我们的生活之所以美满，就建筑在这通力合作的基础上。"① 具体事物上的"原始"与乡村感只是一种表象，游客更加重视的，是这些活动给予其内心的满足，如获得的"诚意"和"美满"。

本节摘出游客在北戴河的几个重点旅游活动进行论述，以分析这些活动折射出的游客心理。北戴河之所以能够成为旅游胜地，便利的交通条件和市政设施固然重要，但北戴河独特的自然条件才是重中之重，也是吸引游客的核心资源。这也回答了为什么在游客的笔下，记述较多、印象深刻的多是海泳、爬山、骑驴这样依托自然资源的旅游活动。北戴河的市政建设及人造景观，实际上均围绕着原有的自然景观而设立，是辅助性角色而非主打项目。以运动场、图书馆等设施为例，更偏向日常而非旅游，短期游客少有时间和兴趣去使用这些在城市中已数量更多且更加优质的设施。而山海和动植物等自然资源，是城市中不可求的稀缺资源，也是脱离自然的城市居民最为看重、最为向往的东西。夏季城市热气蒸腾，北戴河的凉爽气候可以弥补；城市中社会性太强，人与人的交流难免拘束，但在北戴河可以上山入海，一展天性，不用介意他人目光；城市人车拥挤、卫生糟糕、生活节奏快，北戴河却花草遍地、空气清新、自由散漫。北戴河的自然属性和乡野气质与工业化、城市化的近代城市形成了鲜明对比，于是，避暑的身体需求和满足乡野想象的心理需求共同造就了北戴河热闹的旅游业。游客在北戴河的凉风、海水、山景、驴及贝壳种种风物中短暂化身为当地乡民，收获到了与自然的亲近、对身体的放松、对心灵的展舒、与同伴的快乐，体验生活的多样，欣赏不同的风景，这也体现出旅游活动的本质。

---

① 高雁云:《北戴河散记——献给同伴们》，《燕大周刊》第 6 卷第 1 期，1935 年，第 39 页。

第四节　图与文：多样化的海滨旅游宣传与推介

北戴河的避暑名声在近代大涨，不仅是靠着其丰富的旅游资源和过人的基础建设，丰富多样的媒介传播也极大地推动了其旅游业发展。北戴河作为避暑区域"初出茅庐"之时，只是靠着外国游客的口口相传以及当时部分报刊的少量信息得以传播，其介绍的丰富度和吸引的人数都比较弱。但随着近代媒介如报纸、书籍、杂志、明信片等的快速发展，北戴河的避暑旅游宣传也前进了一大步，北戴河当地（如公益会）、旅游行业的参与者（如铁路管理局）、第三方（报刊及游客）均成为北戴河避暑旅游的推介者。而这些多样化的推介对外界的潜在游客和一般民众来说，是了解北戴河的主要信息来源。如何利用媒介来讲述宣传北戴河，是这些推介主体需要思考的问题，也是本节要探索的主要议题。而这些不同媒介对北戴河的推介分别有何特色，不同时期的旅游推介有何不同，本节也将进行逐一探讨。

一、纷繁的旅行指南

"指南"一词原意为指向南方，后来引申为指导等义，后又有名词义——为人们提供指导性资料或情况的东西，在生活中广泛运用，如旅行指南、操作指南、自驾指南等。清末时期，"指南"一词就普遍出现在书册名称中，如1893年九江印书局所出的《官话指南》[①]、1905年广智书局所出的《中国铁路指南》[②]、1908年文明书局所出的《医学指南》[③]、1910年南洋劝业会事务所自出的《南洋劝业会观会指南》[④]等，这些《指南》涉及教学、交通和展会活动，使"指南"作为一种具有引导性的文本载体流行开来。入民国后，各种《指

---

① 九江书会：《官话指南》，九江印书局1893年版。
② 胡栋朝：《中国铁路指南》，广智书局1905年版。
③ 丁福保：《医学指南》，文明书局1908年版。
④ 南洋劝业会事务所编纂科编：《南洋劝业会观会指南》，南洋劝业会事务所，1910年。

南》更是纷起，其中旅行类指南又在其中占较大比重。在旅行类指南中，既有具体到一城、一地、一线路之指南，也有范围较大者，前者如《济南指南》①《西湖游览指南》②《京汉旅行指南》③，后者如《中国旅行指南》④《全国铁路旅行指南》⑤。这些旅行指南内容丰富、信息翔实，将当地风土人情及衣食住行诸情形一网打尽，且常配有图画说明，读起来清晰明了，极便于民众阅读了解。

就北戴河而言，最早专门撰写出版的"指南"应是1921年商务印书馆所出由徐珂编辑的《北戴河指南》；其后，北宁铁路管理局曾编写《北戴河海滨导游》一书，亦是指南性质；北戴河海滨自治区公署以官方名义也在1936年刊出《北戴河海滨指南》。以上三本指南类书籍应是民国时期内容较丰富、影响较大的专门性北戴河旅行指南。但除了以上这些指南专刊，还有一些篇幅不大但亦有旅行指南性质的简介、游记、纪略等，分散于各种载体之上。以下将分别述之。

（一）专门性旅行指南专书

1.《北戴河指南》

徐珂所编的《北戴河指南》一书前文已多次引用，此处对其体例和内容再略做说明。

徐珂虽为一私人编纂者，但其对地方志、掌故、旅行均有极大兴趣，且从事多年编辑工作，因此其所编各种指南颇具专业性。时商务印书馆亦热衷于出版各种指南，二者进行合作，仅徐珂在商务印书馆出版的旅行指南类图书就有《实用北京指南》《庐山指南》《北戴河指南》《西湖游览指南》《莫干山指南》等。可以发现，徐珂对避暑胜地情有独钟，为四大避暑地之三专门

---

① 叶春墀：《济南指南》，1919年。
② 商务印书馆编译所编纂：《西湖游览指南》，商务印书馆1913年版。
③ 京汉铁路车务处编辑：《京汉旅行指南》，京汉铁路局，1913年。
④ 上海商务印书馆编：《中国旅行指南》，商务印书馆1913年版。
⑤ 广益书局编：《全国铁路旅行指南》，广益书局1921年版。

编纂了旅行指南,亦说明当时避暑需求之旺盛。

徐珂编纂《北戴河指南》志在打破北戴河无旅行指南的历史,他在该书《凡例》中写道:"东西各国于都会名胜必有专书记载一切,以为游客之导。北戴河指南之作,本此旨也。"[①] 该书第一部分先述北戴河历史,古代部分多采古籍,近代部分兼采中西著作,略述1893年至书成之时的历史。第二部分为"游客须知",以北戴河的衣食住行信息为主,事无巨细地向游客介绍了北戴河的基本服务设施、项目及其价格,让欲往一游者有所准备,这些详细的信息既是《北戴河指南》的主要内容,也成为今日研究北戴河之重要资料。第三部分为"北戴河之名胜",略述北戴河诸景点,有公园、联峰山、金山嘴、莲花石、说话石、鸽子窝等,以固有自然景观为主,与过往《临榆县志》之介绍相似。第四部分为北戴河之物产,介绍了当地的树木花草及飞鸟鱼虫。除此四部分外,《北戴河指南》照录了《北戴河邮局章程》和《石岭会办理概略》两份重要文件。本书的特色还在于插入了多幅北戴河风物的实景照片,使游客能通过更加真实的影像建立对北戴河的初印象,这也是指南类出版物吸收近代科技的表现。之后,关于北戴河的各类指南基本都有大量照片用以辅助说明。

《北戴河指南》的写作体例,与传统志书颇为相似,如历史、名胜和物产部分,但"游客须知"对当下的详细介绍展示出其作为旅行指南的独特之处。可以说,游客只要手持此书,在当时由京津出发,即可按照书中信息,便利地到北戴河住宿、吃饭、出行、游玩,大大减少了对异地的陌生感。该书作为北戴河地区旅行指南类书籍的始作俑者,对之后诸《指南》的编纂也有着参照和引领作用。

2.《北戴河海滨导游》

继《北戴河指南》之后,十余年之间,再未出现过一部专门介绍北戴河的旅行指南,直到1935年,才由北宁铁路局编纂发行了一部《北戴河海滨导游》,弥补了这一缺失。因指南类资料最重要的特点就是实时性,所以须时常修订才可记录准确信息,确保不对游客造成误导。到北戴河旅行的绝大多

---

① 徐珂:《北戴河指南凡例》,载徐珂编《北戴河指南》,商务印书馆1921年版。

数游客都需要乘坐北宁铁路局的火车，铁路局方面向来对旅客宣传较为重视，他们编纂途径旅游地的指南自然具备积极性。而在这部书的编纂上，北宁铁路局与中国旅行社进行合作，这是专业旅行机构与交通机构的强强联合，也体现出远途旅行的愈发火热。

与《北戴河指南》不同的是，《北戴河海滨导游》对照片的利用更加出色。该书将大量实景照片放在书首，不仅数量特别多，而且覆盖面广，涉及绝大多数自然风景和人造设施。尤其是海滨的诸多基础设施均有附图，如浴场、邮电局、马路、莲花石公园等，这一点与以自然风景插图为主的《北戴河指南》大有区别，其提供的信息更加全面充实，对游客的针对性也更强。

具体编纂体例方面，《北戴河海滨导游》分为上下两编。上编的内容与《北戴河指南》之"游客须知"相似，介绍海滨的具体旅游信息；下编则与地方志类似，介绍海滨的沿革、区域、名胜和法规。

上编部分收录信息之宽泛详细，比《北戴河指南》有过之而无不及。该部分介绍了北戴河海滨的食宿及娱乐场所、游览里程及代步价目、北宁铁路便利旅客之临时设施、公用事项、机关学校及商店等，对各项设施的名称、位置、花费均直接标明，一览无余。与《北戴河指南》相比，该书成书时间已在20世纪30年代，北戴河的各项设施建设与20世纪20年代初相比已大有进步，故《导游》介绍内容更加详细。再者，由于编书体例的进步，《导游》的分类更加明了实用，这也得益于时代的进步和旅游业的发展。

最需要提及的是本书还设计了旅行线路向游客推荐，这是一大特点。若只将各类信息罗列，游客仍需自行选择参观路线，如对海滨地理不熟，恐会造成障碍。上编部分起始位置，编者就贴心地列出市内游览和市外游览两条线路，并规划了日期及旅程。以最主要的市内游览行程为例，该路线共需三日，首日游览中部区域，包括中海滩、西海滩、公益会、莲花石公园、鹿囿、霞飞馆、中莲峰、上莲峰、说话石、蝼公桥、福饮泉；次日游览西部区域，包括对语石、莲实、海眼、骆驼石、如来寺；第三日游览东部区域，经刘庄、灵修会到金山嘴、南天门，又向东北方向走鹰角路到鸽子窝。这三条线路基本将海滨的主要名胜和游玩场所网罗殆尽，且串联得相当合理，对初次到海滨的游客是极佳的参考和指引。更加细致的是，《导游》还提醒游客根据游玩事项要携带必要的物资，如泳衣、蚊帐、布鞋、厚衣服、换洗内衣，并提醒观景、游泳的最佳时间。①

从以上两点表现出的，是指南编纂者对游客的更加重视。随着远程旅行在近代的发展，编纂者（尤其是像铁路局和中国旅行社这样的旅行服务提供者）为了提升游客的旅行体验，继续推动旅游和游客消费，转而站在游客的立场上，思考游客需要哪些讯息和建议，于是造就了优化后的旅行指南。游客得到更加详细的图文信息，就可以在出发前备好行李、做好规划，非常顺畅地开始自己的行程。铁路局和旅行社通过提供信息和建议吸引了游客消费，而游客通过指南获取了必要的信息，二者通过指南建立起联系，可以造成双赢的结果，这是近代远程旅游业进步的表现。

3.《北戴河海滨指南》

1936年，由当时北戴河海滨的行政管理机构北戴河海滨自治区公署发行的《北戴河海滨指南》问世，该《指南》与前面两种相比，差别极大。首先该书篇幅较少，将封面计算在内仅有20页，只能称之为小册子；篇幅少的结果当然是信息不全，只标注了海滨名胜及重要设施的位置，并无详细介绍，且没有历史沿革等内容；特殊的是，该《指南》所有内容均以中英文双语分别呈现，将推广对象扩展到为数不少的外国游客，也许这就是其内容较简的原因，只突出重点信息可以大量减少翻译工作量。

《北戴河海滨指南》更像是游客便携的旅游地图，作为指引位置之用，而前两者更像是北戴河百科全书，使游客可以深入阅读，以从中了解到关于北戴河的几乎所有信息。

（二）地方志

北戴河区域原属直隶省临榆县管辖，其名胜及诗文多在《临榆县志》中有所记载。20世纪20年代，公益会鉴于北戴河海滨借避暑旅游渐趋兴盛，但无专门的志书，于是由该会干事管洛声编写了北戴河海滨的第一部地方志——《北戴河海滨志略》。

---

① 北宁铁路管理局编：《北戴河海滨导游》，中国旅行社，1935年，第2—4页。

该书以传统志书体例编纂，分为沿革、气候、市政、交通、实业、名胜古迹、胜事汇记、游览纪程等部分。因北戴河海滨在近代以前并无多少史事可以记述，实际上这部志书多记述了 1893 年后的历史和现状。市政、交通、实业、名胜古迹等部分颇具旅行指南之面貌，但又缺少一些更为详细的消费信息。该书对旅行推介最有效果的应属胜事汇记和游览纪程两部分，为游客提供了在北戴河"玩什么"与"怎么玩"的重要参考。胜事汇记部分将海滨的十种重要娱乐活动进行了介绍，有海水游泳、网球竞赛、仕女骑驴、夜阑舞蹈、沙渚猎禽、扁舟垂钓、莲峰灯火、东隅初日、雨后观瀑、松林延月。而游览纪程则是公益会向游客推荐的周边旅游线路，包括秦皇岛、山海关、临榆县的各处名胜之交通地理情形及各种注意事项。

若无旅行指南在手，一本《北戴河海滨志略》也能充用，其提供的信息足以让一般游客对海滨及周边有充分了解，并依其规划线路、安排衣食住行。

在《北戴河海滨志略》之后，20 世纪 30 年代，由海滨行政主管机关北戴河海滨风景区管理局编纂的《北戴河海滨风景区志略》问世，是为海滨第二部志书。该志书大部分内容继承自管洛声所编前书，只将十余年间的一些变化和最新信息加入其中，因此，其谋篇布局与前书基本一致。关键的是，该书将原面向游客的胜事汇记和游览纪程两部分删除，使其书基本上成为一部标准的地方志。因此，该书的旅行指南作用亦大大降低，对游客的指导意义亦远不如前书，只能作为一部了解北戴河风土人情的普通地方志。

（三）短篇指南

除以上单独发行的专书指南和地方志外，还有一些散见于其他载体中的短篇旅行指南性质的介绍、文章等，亦具有旅游推介和引导作用。

1. 铁路旅行指南中的北戴河海滨

铁路在近代中国从无到有，逐渐演变成连接各大中城市的主要交通方式。铁路经行之处，往往会有名都胜景，于是铁路管理机构方面为票务生意考虑，常编纂发行以铁路线为中心的旅行指南，为游客介绍沿路各地基本旅行信息。这类铁路旅行指南在民国时期已十分常见，我们往往可以在铁路旅行线路指南中，发现北戴河海滨的存在。

第四章 游客、避暑与媒介——北戴河海滨的避暑生活与避暑文化

北戴河海滨作为京奉（北宁）铁路线上的旅行地，在其未有专门的旅行指南之前，早已在《京奉铁路旅行指南》中得到介绍。1917年的《京奉铁路旅行指南》（下文称《指南》）中列有北戴河站和北戴河海滨站，但是将海滨的应有内容大部分列到了"北戴河站"中，如货币、行旅等，易形成误导。而对北戴河海滨站只有一句简介："北戴河海滨为中西人避暑之地，本支线系民国六年筑成，自北戴河站至海滨站计长四十三里，由北京、天津、奉天等站往海滨之游览票只售头等二等。"此时，公益会还未成立，各项市政设施和娱乐场所还处于较为原始的状态，故该《指南》关于北戴河海滨的信息也较少。① 其后，《京奉铁路旅行指南》修订再版过多次，关于北戴河海滨的内容也随着时间推移相应地有所变化。

1924年版的《京奉铁路旅行指南指南》与1917年版相比，涉及北戴河海滨的信息更加详细。该《指南》较为清楚地将北戴河站和北戴河海滨站的内容作了区分，列举了几处北戴河海滨的古迹名胜，有如来寺、仙人洞、老虎石、莲花石公园、说话石，每个景点配以简要文字说明。随后列出物产、输入品、货币、交通、公署局所、学校、会馆、旅馆、银行、饭馆等基本信息，只简单注出位置，单提供了人力车和驴的使用价格。尽管仍然较为简略，但相比前版，信息已然更加多样和准确。② 比较这两部《京奉铁路旅行指南》可知，经过公益会数年之间的建设，海滨的基础设施与旅游事业较20世纪最初10年间更加兴盛，为《指南》提供了更多可书写的信息；《京奉铁路旅行指南》的编纂也随着时代发展不断进步，在同步增添信息的同时，使《指南》内容朝着更加精确、更加合理的方向改进，对游客的负责任态度亦贯穿其中。

同样，北戴河海滨在其他一些相关铁路旅行指南中也占有一席之地。1922年由交通部铁道联运事务处发行的《中华国有铁路旅行指南》中的"北宁线"部分，对北戴河站和北戴河海滨站均有单独说明。其中在介绍北戴河海滨站时用语"三面环海，风景绝佳，气候在炎暑时，最高不过华氏表八十度，为华北第一避暑区域"。在"名胜古迹"部分，依次介绍东山、西山、西

---

① 京奉铁路管理局编：《京奉铁路旅行指南》，1917年，第57—58页。
② 京奉铁路管理局编：《京奉铁路旅行指南》，1924年，第145—149页。

联峰山、海浴场,并有交通、机关、银行、旅馆、娱乐场所和物产之简介,部分附有营业时间和价格信息,但并不完整。在文中,编者还插入四幅北戴河的实景照片,有老虎石浴场、南天门等处。①

铁路作为近代远程交通的主要方式,承担了大部分远程旅行的游客出行,游客也在铁路客源中占有重要位置。为了吸引游客,增加票务收入,铁路管理机关对编写以铁路线为中心的旅行指南抱有热情,详细的铁路旅行指南使游客可以了解到沿途各站所在区域的名胜古迹和游玩事项。与北戴河的专门旅行指南相比,铁路旅行指南可以更加便利地在各车站和火车上进行售卖,对过往旅客针对性地推销,而这部分群体也是北戴河的潜在游客。由此,这些旅行指南的受众更多,影响面更大,对北戴河的避暑旅游是一种重要的推介。

2. 其他指南类文章

除了以上专门的旅行指南涉及北戴河海滨外,还有一些机构或私人编写的指南性质的文章,亦对北戴河的旅游信息有简要的总结与推介。

在公益会发布的第一期《北戴河海滨公益会报告书》中,附有一篇《游览纪略》,与《北戴河海滨志略》中的《游览纪程》部分内容相似,这是一篇针对游客的旅行注意事项。该《纪略》交代了海滨的内外部交通详情(人力车、肩舆、驴的价格及火车发车信息和价格),以及住宿、衣物、海水浴等具体信息。但该《纪略》并未涉及海滨诸名胜,也未推荐游览线路,相对而言内容较为单薄。在文末,出现一句"山川风物之美,游海滨者嗜好容有不同,而尘氛尽涤,物我都忘,一草一木,别具精神,则履其地者,咸有此观念,诸君疑吾言乎?何啸俦命侣联袂偕来",堪称对游客的招揽书。②

游记是游客写下的旅游文学作品,以北戴河海滨为例,近代以前多有诗文传世,民国以后则白话文游记频出。有的游记较为文学化,充斥着细腻的

---

① 交通部铁道联运事务处编:《中华国有铁路旅行指南》,1922年,"北宁线"第45—48页。

② 《北戴河海滨公益会报告书》,1919年,"游览纪略"第1—2页。

个人感情，如徐志摩的名篇散文《北戴河海滨的幻想》[①]；有的游记则较为平实，如实记录自己的所见所闻，如蒋维乔的《北戴河海滨纪游》[②]；有的游记则像是一种平白的记录，将各种信息一一罗列。最后这类游记颇像旅行指南的形式，如吴碧筠的《北戴河游程》[③]、毅园的《北戴河海滨旅行记》[④]、浦传铨的《记北戴河海滨》[⑤]。这类文章有一个共同的特点，即并未按照自己的日程编排游记结构，而是按照海滨名胜、地点或设施种类分别述其细节，以吴文为例，甚至附有各类消费价格。由此观之，这些游记登在各种报刊之上，颇可发挥其近似于"旅行指南"之推广北戴河旅行的作用，让阅读者从中迅速了解到海滨的好玩好看之处及旅行细节。

与以上游记文章相比，一位笔名为"醉"的作者写作的《北戴河游览指南》则更加专业。这篇《指南》设计了一个短期的三天游程（以居住在东山区域为例），第一天游览东路，第二天游览中路，第三天游览西路，这与《北戴河海滨导游》设计的线路基本一致，只是时间略有区别。其设计的七天海滨附近区域的游览路线与《导游》一书也较为相似，此外，该文还提醒游客需携带的物品以及海水浴应注意的时间等。综观全文，该《指南》颇似今日常见以日程串联之"旅游攻略"，与前述游记之具体景点信息互补短长，共同构成海滨旅行的完整信息。[⑥]

综上所述，旅行指南是民国时期一种专门性旅游推介和服务资料，多方面宣传了北戴河的避暑旅游。与古代之地理志书相比，旅行指南除了标注必要的地理信息之外，还针对游客加入了必要的衣食住行信息和旅游线路推荐，为游客提供了其亟需的各种讯息。从形式上来说，关于北戴河旅行指南性质的资料有专书、地方志、短篇游记和指南等，其编写者中有官方机构和私人，

[①] 徐志摩：《北戴河海滨的幻想》，《晨报副刊：文学旬刊》第39期，1924年，第1—2版。

[②] 蒋维乔：《北戴河海滨纪游》，《旅行杂志》第10卷第9期，1936年，第25—31页。

[③] 吴碧筠：《北戴河游程》，《旅行杂志》第4卷第7期，1930年，第67—70页。

[④] 毅园：《北戴河海滨旅行记》，《旅行杂志》第1卷第2期，1927年，第16—20页。

[⑤] 浦传铨：《记北戴河海滨》，《中行生活》第18期，1933年，第371—376页。

[⑥] 醉：《北戴河游览指南》，《健康家庭》，春游专号卷，1937年，无页码。

篇幅有长短之分，但大致内容基本如上所述，且常插入实景图片和手绘地图以附带说明。专业旅行指南的出现与多样化呈现出近代旅游业的宣传推介与服务进入新的境地，以游客体验和消费为中心的旅游业包含了交通、饮食、住宿、游玩等各个方面，游客成为整个旅游业的核心，也让旅游服务提供者更加重视对游客本身的旅游服务。

二、报刊宣传与推介

与专门性旅游指南相比，报刊作为近代最为重要的社会媒介之一，可在旅游业的宣传与推介方面提供更加多样化、碎片化、即时性的内容。且由于其种类繁多、通达性广，更多的民众可以通过这个渠道了解旅游、认识旅游，继而参与旅游。北戴河海滨作为近代华北最为著名的海滨避暑度假胜地，其游客主力即来自京津地区，因此北戴河在京津地区的报刊上颇有存在感。那么，报刊媒体如何报道和宣传北戴河？下文以当时的商业画报和专业旅游刊物《旅行杂志》为中心，来探讨这一问题。

（一）图文合一——商业画报上的北戴河海滨

摄影技术在近代中国的传播使真实的影像图片得到广泛应用，报刊、书籍上开始插入照片——较手绘图画更加真实可信的图像，以向读者做更加清晰准确的表达。摄影图片应用于旅行亦早已有之，本书第二章插入的两幅图片的作者德国公使冯默即热爱摄影，世纪之交到中国上任后，携带照相机于所见之风景名胜均留有作品，其中也包括北戴河。照片在表达信息方面的独特点使其在推介风景与娱乐活动时具备优势，一些载体开始在用文字解说风景名胜之时配上插图，如1917年版的《京奉铁路旅行指南》中配有一幅较为模糊的黑白照片——《北戴河海景》，该图拍摄了北戴河海滨岸边停靠的渔船，上书英文"Fishing Camp Peitaiho"[①]。之后，随着北戴河避暑旅游的愈发兴盛和摄影图片在媒体上的使用愈加广泛，一些京津地区的商业画报——主打图

---

① 京奉铁路管理局编：《京奉铁路旅行指南》，1917年，第56—57页之间插图页。

像并以文字作辅的刊物，开始有意识地针对北戴河进行宣传推介。在20世纪二三十年代，这些画报上出现了以海滨避暑旅游或北戴河海滨为主题的专刊、专版，较突出者有《天津商报画刊》的《北戴河消夏专刊》、《北晨画报》的《北戴河卧游专页》、《北洋画报》的《海滨专页》等，为读者提供了丰富的海滨图文盛宴。这些画报在图文结合与图像选用方面较一般的指南配图、游记配图等形式更加突出，具有其特殊的展示形式与传播效果。

1. 以图为主、以文为辅、人景皆有

《北洋画报》在1931年推出了四期《海滨专页》，内容不止于北戴河海滨，亦包括青岛等海滨避暑胜地，但以北戴河海滨为主。每期《海滨专页》配有七至八幅照片，占据了整个版面约三分之二的面积，其中又以人物娱乐照片为多，风景照片亦占一小部分。《北洋画报》为夺人眼球，增进阅读，在人物照片部分又喜爱选用社会名人，表现其娱乐生活及人物风貌。名人生活常受社会大众关注，有一定的讨论度，且代表着时髦与摩登，易受大众模仿与跟从。《北洋画报》选取了诸如《张副司令海滨浴后择摄》《张副司令长公子翻身入海之姿势》《观音寺门前道装之朱桂莘先生》[①]《北戴河海滨小睡之名闺张美生女士》[②]等名人仕女之游玩照片，体现其阳光健康之形象，表达其避暑之愉快惬意，以向读者展示避暑旅游之美好娱乐。

《天津商报画刊》1934年推出的《北戴河消夏专刊》共有两个版面，在同一期刊物上。该《专刊》与《海滨专页》一样，每个版面约有七八张照片，亦占有三分之二面积。与《北洋画报》不同的是，《天津商报画刊》在照片选用上人物与风景照各占一半，其中的人物照亦以海滨普通游客为主，只有一张是海滨自治区公署要员的合影。其登载的风景照较有特色，有《南天门怒涛》《燕子窝》《海滨卷浪》等，充分体现出海滨海景奇石之美感，另《南天门》《望夫归》《金山嘴观鱼》等照片将渺小人物置于宏大美景之中，颇具艺术气息，显示出拍摄者不俗的摄影技术与奇思妙想。[③]

---

① 《海滨专页（二十年第一次）》，《北洋画报》第13卷第638期，1931年，第3版。
② 《海滨专页（二十年第二次）》，《北洋画报》第14卷第653期，1931年，第2版。
③ 周振勇编：《北戴河消夏专刊》，《天津商报画刊》第12卷第1期，1934年，共2页无版码。

图 4-4 《海滨专页》[①]

《北晨画报》在 1934 年同样推出了《北戴河卧游专页》，只有一个版面的内容。该《专页》可谓名副其实的画报，共七幅照片，几乎将整个版面全部占据，只留有窄缝以用文字备注照片。该《专页》的照片以当事人在海滨游

[①] 《海滨专页（二十年第三次）》，《北洋画报》第 14 卷第 657 期，1931 年，第 3 版。

玩照和纯风景照为主，几乎都是海滩附近的海景和石景，整个版面颇为统一，较有美感。但这些照片之人物均属静态摆拍，与《北洋画报》之人物照相比，则缺少一丝动感与热烈。①

以上这些画报，除占版颇多的照片外，亦有文字内容穿插于其中，以海滨游记和介绍性内容为主，其中亦有管洛声、吴碧筠这样的名作者。但总体看来，这些文字内容在整个报刊版面中居于次要地位，图像较文字具有天然的表现优势，大幅照片的冲击力与表现力往往能第一时间抓住读者的眼球，尤其是人物的娱乐照，更能吸引读者细细观赏，使其有相当的沉浸感。因此，笔者将此这些画报的特点总结为以图为主、以文为辅、人景皆有。画报这种以图像为主的避暑旅游宣传与推介方式不同于传统以文字为主的方式，是摄影技术进步、报刊多样化发展和避暑旅游旺盛下的共同产物。

2. 对旅游女性大加宣传

观察各画报北戴河专刊的人物照片，华人避暑女性占很大比重，是这些画报的一大特点。回想清末时期吕碧城女士初访海滨，还被当时的海滨外人啧啧称奇，时隔二十年，华人女性到北戴河避暑已经是十分常见之事，且受到宣扬，这个变化是中国社会近代迅速转变的一个缩影。

华人女性参与北戴河避暑旅游尤其是海水浴活动，早在外人主导时代就已零星出现。自公益会开辟公共浴场，引领大量华人加入海滨避暑的行列中后，华人女性海泳、日光浴更是在海滨屡见不鲜。虽有许多游客将沙滩上的华人女性与欧美女性进行对比，认为华人女性在身体健美方面不如外人，但这正说明了一种社会普遍意识在滋长，即健康之美逐渐成为评判身材的一种标准，穿着"暴露"的泳衣不再被传统道德框束，反而代表着释放人类天性得到鼓励。

这些对女性身体审美和道德评判的转变是现代西方社会意识和科学认识在中国广泛传播后的具体影响，也切实地反映在报刊对女性的形象描绘上。各种画报对北戴河海滩上的各类女性情有独钟，选取了诸多表现华人女性嬉戏休憩的照片。北洋画报的《海滨专页》上，前三期华人女性照片有《去年

---

① 《北戴河卧游专页》，《北晨画报》第2卷第8期，1934年，第4版。

北戴河海滨张副司令夫人、李女士、抡夫人》《去年北戴河海滨之名闺》①《今年最时髦之海滨睡衣》《北戴河海滨小睡之名闺张美生女士》②《北戴河海滨沙滩浴日之幼女》③，第四期几为女性专版，有张美生、张美如等大家闺秀的独照，亦有群像如《北戴河海滨时髦女性之背景》④。可以看出，《北洋画报》在选用北戴河女性照片时，多采用当时社会上之名媛贵妇，展现其服装之时髦、身姿之绰约、身体之健美、嬉戏之愉悦。《天津商报画刊》上的北戴河海滨女性形象与《北洋画报》颇为相似，泳衣、短发、面含笑容，且男女混杂，共同嬉戏于海滩之上⑤。而《北晨画报》上的海滨女性形象则更为平实，并未采取沙滩泳衣照，但亦可看出其干练新潮之意味。

观察画报上的海滨女性特征，可发现以下几个特点。第一，几乎全部是青年女性；第二，均为短发；第三；场景以沙滩海域为主，穿着均显清凉。海水浴这项活动在华人群体中向来受到清末民初成长起来的新一代青年所欢迎，中老年女性如朱启钤夫人这一代人，虽热衷避暑，却受个人思想和身份的局限，甚少参与到海水浴中，多在别墅中度日。而短发则是民国时期大中学校女学生的标准发型，代表着卫生、美观与时尚，亦发展为当时青年女性的时髦打扮。于是，在新式教育中成长起来的新一代女性，受教育程度高，思想开放，对新潮娱乐方式的接受度较高，遂成为海滨华人避暑女性中的主力。这些新式女性，不惮他人目光，以追求自我娱乐和展现身体之美为中心，在海滨与外国女性同样，身着泳衣，与男性同游同玩，是海滨的一道靓丽风景。

各画报对这些女性形象的展示亦有引导此股风气之意。这些照片中的女性，无不在避暑中展示出愉悦的笑容和惬意的姿态，这无疑是一种正面的宣传。阅报人看到这些照片，自然能够感知到这些媒体希望通过照片来表达一

---

① 《海滨专页（二十年第一次）》，《北洋画报》第13卷第638期，1931年，第3版。
② 《海滨专页（二十年第二次）》，《北洋画报》第14卷第653期，1931年，第2版。
③ 《海滨专页（二十年第三次）》，《北洋画报》第14卷第657期，1931年，第3版。
④ 《海滨专页（二十年第四次）》，《北洋画报》第14卷第669期，1931年，第3版。
⑤ 周振勇编：《北戴河消夏专刊》，《天津商报画刊》第12卷第1期，1934年，共2页无版码。

种期望：避暑女性能够在旅行活动中开放思想，追求自由的休旅和身体健康，成为富有新知的现代女性。

与外国女性不同的是，近代中国贫富差距大和社会变革迅速导致只有极少部分的上层女性才可享受实际的海滨休旅，而这少数女性却代表着中国女性的前进方向。通过画报上的照片宣传，更多的普通中国女性从中可以看到作为时尚的女性避暑活动，亦可逐步对此接受与向往，在心中埋下一颗种子，成为将来女性变革之一点微光。

（二）中国旅行社、《旅行杂志》与北戴河海滨旅游

除了商业画报，专业的旅行杂志亦是民国时期宣传北戴河避暑旅行的重要渠道。

近代休闲旅行成为社会热门活动推动了旅游行业的大踏步发展，专业旅行社的出现和在旅游活动中扮演重要角色即为一个重要表征。中国旅行社是近代中国影响颇大的一个全国性旅行社，开办于1923年，其开办背景为"溯自欧洲大战以还，欧美各国，旅行事业，突飞猛进，而外人在华之旅行机关，亦日臻发达，国人之出游者，舟车料量，亦渐假于外人"，于是，中国旅行社同人"缘发弘愿，成立斯社，秉服务社会之旨，经营行旅之事"。中国旅行社的业务范围广泛，包括经售客票、计划行程、代办护照、旅行支票、运送行李、办理货运、各地旅馆、旅行书报等。在旅行书报业务中，中国旅行社"每月发行旅行杂志一册，以阐扬中国名胜，发展交通事业为主旨。……此外并编印各地导游，旅行手册，旅行便览等，以供游客之参考"。[①] 在这些旅行书报中，关涉北戴河者则有该社与北宁铁路局合编的《北戴河海滨导游》一书，以及《旅行杂志》中为数不少的关于北戴河的文章。前者已在前文介绍，而《旅行杂志》则是民国时期全国最为重要的一本专业旅行杂志，在宣传和推动国内旅游事业方面发挥了重要作用。

《旅行杂志》以"阐扬中国名胜"为宗旨，其以多种方式对国内各名胜予以宣传介绍，北戴河作为北方著名的休旅胜地，自然也在其中。《旅行杂志》

---

① 《中国旅行社概况》，《中国旅行社行旅指南》第6期，1937年，第58页。

对北戴河的推介以照片组图和旅行游记两种方式为主，两者并不像画报的那种以图为主的呈现形式，其区分较为鲜明。基本上图是图、文是文，刊载组图时只备注图片标题，刊载游记里偶尔插入照片或手绘，但图幅较小，起辅助作用。就选取的照片内容而言，《旅行杂志》上的几组北戴河组图与旅行指南、各画报和杂志上的图片基本相似，即以风景照和女性人物照为核心，表现北戴河海滨的天然美景和避暑人物的自由天性。①

《旅行杂志》上刊载的旅行游记是该杂志宣传各名胜景点的主要文字，这些游记多出自名家手笔，篇幅较长、内容较丰、水平较高，展示了《旅行杂志》的办刊水平。著名的有毅园的《北戴河海滨旅行记》②、吴碧筠的《北戴河游程》③、郁达夫的《青岛、济南、北平、北戴河的巡游》④、蒋维乔的《北戴河海滨纪游》⑤、高梧轩（赵尊岳）的《西莲峰下送残春》⑥等，此外，还有集中介绍避暑胜地的文章如李葆溶的《中国五大避暑区》⑦《消夏通讯》⑧等。这些文章的内容或博采信息以为旅行指南，或如实记录旅行日程，抒发内心情感，但基本对北戴河海滨以夸赞态度为主。激发民众的旅行热情是《旅行杂志》的主要目标之一，提供旅行服务也是中国旅行社的主要业务，因此，该杂志采用的几乎全是正面性的旅行游记和通讯，像罗曼的《人间天堂的北戴河》那种批评性的游记基本不会出现在《旅行杂志》上，这种刊文倾向也在一定程度上扩散了北戴河海滨良好的旅行声誉。

---

① 赵道生：《北戴河风景》，《旅行杂志》第6卷第7期，1932年，第73页；侯祥麟：《北戴河》，《旅行杂志》第8卷第8期，1934年；姚定九：《北戴河》，《旅行杂志》第11卷第8期，1937年。后二均为杂志插图，无页码。

② 毅园：《北戴河海滨旅行记》，《旅行杂志》第1卷第2期，1927年，第16—20页。

③ 吴碧筠：《北戴河游程》，《旅行杂志》第4卷第7期，1930年，第67—70页。

④ 郁达夫：《青岛、济南、北平、北戴河的巡游》，《旅行杂志》第9卷第1期，1935年，第8—10页。

⑤ 蒋维乔：《北戴河海滨纪游》，《旅行杂志》第10卷第9期，1936年，第25—31页。

⑥ 高梧轩：《西莲峰下送残春》，《旅行杂志》第10卷第7期，1936年，第3—15页。

⑦ 李葆溶：《中国五大避暑区》，《旅行杂志》第7卷第7号，1933年，第109—113页。

⑧ 《消夏通讯》，《旅行杂志》第5卷第9期，1931年，第147—156页。

除积极的正面宣传外，中国旅行社还在北戴河海滨设立固定分支机构，以专门办理北戴河海滨旅行业务。关于中国旅行社在北戴河的信息较少，1937年的一期《海光》杂志上有一则通讯"津社北戴河海滨办事处于六月二十一日开幕"①，说明了中国旅行社在北戴河海滨的机构是其天津分社的分支，且似乎与其他在北戴河的机构一样，均是夏季短期营业，以配合旅游旺季。《消夏通讯》中亦提到中国旅行社，吴碧筠所购火车票即通过中国旅行社办理，该社在北戴河车站的专员为其提供了服务，"不烦指使"，作者及其同伴虽行李众多，但并没有感到辛劳②。以中国旅行社的业务范围来看，该社在北戴河的办事处除代办车票外，应还有代办食宿、安排行程等业务，对不熟悉北戴河海滨及想要体验轻松旅程的游客来说，中国旅行社的确可以提供实际的帮助。

三、明信片、招贴画等图像载体

明信片这项邮政用品亦是近代传入的西洋产物，它在通传讯息的同时，还附带有图像、邮戳等内容，具有纪念和宣传意义，游客将其作为纪念品，发行机构将其作为宣传品和售卖物。因以上特征的存在，明信片非常适合各风景名胜将其作为特色商品展出和售卖，游客也可购买当地明信片以保存记忆、寄送亲友，明信片于是成为地域性极强的特色文化产品。自北戴河成为避暑旅游胜地并建立地方邮局后，明信片也在北戴河风行起来，徐珂在《北戴河指南》中记载当时北戴河当地售卖万国邮会双明信片，每枚一角二分③。后来北戴河的明信片更加多样化，而北戴河海滨公益会作为海滨的半官方机构，亦成为印制和发行明信片的主力，公益会既将其作为宣传海滨风光与娱乐的重要途径，又将其作为公益会自营业务的一种，以获取进项。《天开图画成乐土——朱启钤与海滨公益会》一书收录了多幅公益会印制的明信片正面

---

① 《北戴河海滨办事处开幕》，《海光（上海1929）》第8卷第7期，1937年，第71页。
② 《消夏通讯》，《旅行杂志》第5卷第9期，1931年，第150页。
③ 徐珂编：《北戴河指南》，商务印书馆1921年版，第24页。

图像，照片内容有苗圃卖花室、莲花石公园、霞飞馆、蠖公桥、飞虹桥、鹿囿、观音寺、公益会事务所、第二桥下、西联峰山、海滨日出、联峰山东望、鹰角、波光云影、金沙嘴、海滨落日、海滨车站附近、骆驼石、六合庄野望、灯塔下石门等，几乎将海滨的美景和重要建筑"一网打尽"。特别值得一提的是，这些明信片上的照片不仅非常清晰，还罕见地采用了彩色照片，更能突出海滨之美景，尤其是海滨周边绿野与海边霞光，在鲜艳色彩的表现下极为美丽，与黑白影像完全不可同日而语。① 这些优美的明信片可通过邮局寄送到国内各个城市乃至欧美各个国家，且明信片的价格和邮资并不昂贵，这一途径是对北戴河海滨美景和避暑旅游的极好宣传。著名作家李健吾写作的话剧《撒谎世家》中有一段关于北戴河明信片的对话，张太太对罗照煦说："人家要是看了你寄给我的那些明信片，一定会那么想的。你从北戴河寄来的那张顶好，我顶爱。我们俩无缘无故吵了一场嘴，你就给我寄了那张东西来。"② 可见民国时期，北戴河明信片在城市市民群体中已然成为馈赠佳品，极受欢迎。

图 4-5　公益会所制明信片 ③

---

① 田金昌主编：《天开图画成乐土——朱启钤与北戴河海滨公益会》，中国文史出版社 2018 年版，第 169—203 页。

② 李健吾：《撒谎世家》，文化生活出版社 1940 年版，第 136—137 页。

③ 田金昌主编：《天开图画成乐土——朱启钤与北戴河海滨公益会》，中国文史出版社 2018 年版，第 182 页。

除明信片之外，招贴画也是当时推广和宣传北戴河避暑休旅的一个途径。与明信片可寄送国内外不同，招贴画一般用于在北戴河车站、北戴河海滨车站等人流量大处张贴，或印制于报刊之上，便于旅客和读者观看欣赏，以吸引游客。招贴画实际上是一种人为创作的广告或宣传类美术作品，与一般的照片有所区别，因其广告和宣传用途，"要使人注目，使人重视，则其美术的效果（即表现形式），也极应注重的。……拙劣的，无艺术效果的宣传画，非但人家不重视而失其宣传效力；而且拙劣的绘画，难免不令人讨厌，引起鄙视的心理。故虽然宣传画有其实用的目的，也仍不能缺乎美的效果"①。

在北戴河海滨的招贴画中，最著名者即"士女骑驴"。关于这幅招贴画的由来，现无确切资料可考，如今联峰山公园内设立的一块讲解牌上这样介绍："1896年夏，联峰山甘林别墅落成，许多友人前来祝贺。其中一位西洋美女骑驴擎伞而来，在树荫下小憩，来宾者有善于绘画者，以素描记下此景。该画为英国工程师金达所得，以此作为旅游招贴画在津榆铁路及京津张贴，是为中国第一幅旅游招贴画。"这幅招贴画不仅展现了这位当事人的风姿，更是北戴河避暑女性的日常，在《北戴河海滨志略》中列举的十件海滨胜事中，即有"士女骑驴"。"诗思在灞桥驴子背上，蹄声得得，缓步徐行，骑驴固雅人深致也。海滨入夏，四乡农家之驴，咸以供中外人士之乘骑，殆三百余头。西方士女轻裾窄袖，斜驴背，或手倚，擎纸盖以蔽骄阳，画境别开生面，幼童尤乐此不疲。其骑驴也，非用作代步，实骋其控纵之能耳，坠骑折肱之事时有所闻"③。骑驴作为海滨的一种交通方式

图4-6 "士女骑驴"招贴画②

---

① 陈抱一：《洋画欣赏及美术常识》，世界书局1941年版，第100页。
② 田金昌主编：《天开图画成乐土——朱启钤与北戴河海滨公益会》，中国文史出版社2018年版，第72页。
③ 管洛声编：《北戴河海滨志略》，1925年，第88—89页。

和娱乐活动，尤其受到脚程较差的女性青睐，诸避暑女性将其引为时尚，体验控御动物及奔驰如飞之快感。如今所见当时的游客骑驴照片，尤以女性居多，广为流传的"士女骑驴"招贴画即对此风气的形成有所助力，这幅画简约明了，寥寥数笔就勾勒出了海滨避暑女性的闲适与清凉，易使人心生向往之感。

本节所述各种关于北戴河海滨的旅游宣传推介方式，有个别形式古已有之，如旅游诗文及绘画，但大多数是近代以来随着西方旅游文化的传入而产生的。如旅行指南、摄影照片等，完全是全新时代的旅游宣传文本及图像，即便是旅游诗文及绘画，也登载在近代以来逐步发展起来的报纸杂志和招贴画等新式载体上。一方面，这些丰富多样的旅游宣传与推介方式和近代北戴河避暑地的旅游业发展亦步亦趋，随时代发展呈现出更加繁杂的形式，亦通过多种渠道扩散给了更多的受众，吸引了更多游客前往北戴河。另一方面，旅游宣传与推介方式多样化的背后，是多种行业与机构参与到近代北戴河旅游业的现实，如铁路局、商业报刊、专业旅行社、邮局、当地势力（如公益会及外国避暑者）、各行各业的游客等，这种现象充分说明了北戴河海滨旅行逐步从自发活动转变为一种牵涉各方的旅游业态。在对北戴河的宣传与推介中，各方尽其所能，创新方式方法，力求将北戴河的正面形象与良好口碑展示给受众，以获得其所需之利益。旅游宣传与推介的复杂化与商业化，正是北戴河旅游业乃至近代中国旅游行业现代化的具体表现。

本章小结

本章的四节内容聚焦于北戴河海滨的游客、避暑生活和宣传媒介，希望在旅游基础设施建设之外，呈现出一幅北戴河海滨20世纪二三十年代的避暑日常图景。

北戴河经过外国人和公益会的接力开发与建设，在20世纪二三十年代时，已成为域内最为知名的避暑休旅胜地之一，尤其在北方的京津地区，北

第四章 游客、避暑与媒介——北戴河海滨的避暑生活与避暑文化

戴河海滨堪称凉爽的后花园。

在城市游客的意识中，北戴河海滨代表着与城市截然不同的自然与乡村。北戴河对游客的核心吸引力在于其山海风景和凉爽气候，便利的基础设施虽然也非常重要，但是总归处于辅助角色。北戴河的"原始"环境为游客提供了难得的直接接触自然、回归本真的机会，使其暂时转换角色，充当了一回乡民。在这样的旅游体验之下，城市中的烦恼、燥热极易被忘却，游客可以真实地感受到休旅活动的益处。

北戴河虽然远离都市，但其游客群体的多种来源仍然导致了海滨社会的复杂性。海水浴场"众生平等"的画面背后，海滨的外国人、华人上层、一般游客、当地居民各有其住所、生活方式、权利及对他者群体的看法，各个群体享有的实际资源和内在意识不同导致了海滨社会的分割，不同群体的无法在北戴河海滨这同一片天地之下保持如浴场中一般的同质。地处陆海交界的北戴河海滨，并没有脱离中国社会的大环境而独成人间天堂，而是真实地反映出近代大社会的基本社会情形。

第四节的旅游媒介部分实际上从一个切面展示了近代中国旅游业的进步与发展。在旅游宣传和推介领域，交通部门、商业报刊、旅行社、邮局、旅游地当局、游客自身，甚至文中未提及的饭店、旅馆等，都主动参与到北戴河海滨的旅游宣传与推介中来，且绝大多数的宣传行为都是自发的。回望北戴河海滨刚被"发现"的僻静与无人所知，再到20世纪二三十年代各行各业均与之有着千丝万缕的牵连，巨变之中暗藏着中国远程旅游业的成熟与进步历程，北戴河海滨旅游业从个人、群体的自发探索变为一种复杂的商业活动，众多行业为此"保驾护航"以期望从中受益，游客从中接受着更加丰富细致的旅游服务，旅游愈来愈成为一个热门的社会性活动，为各方提供了一个共赢的平台。

在北戴河海滨和其他度假胜地的带动下，国人的避暑度假休旅文化渐成气候，在夏日炎热之季前往北戴河，缓解疲劳、躲避炎热，不仅是已成行者的习惯，而且是未成行者的向往。休旅度假进入到更多人的生活中，代表着一种社会心态的逐步形成，即国人对身体健康的更加重视，体育锻炼等娱乐项目愈来愈被接受。在与外国人广泛接触的清末民国时期，越来越多的有识

之士将西人生活与国人生活进行对比,发现中国人只知辛苦劳作,不知休养生息,以致人无精力,身体早衰。在这种认知的传播与接受下,便于工作休息之轮转的星期制渐被国人使用,假期出外休养身体亦成一种风气。放假与休旅的结合代表着近代国人生活观、身体观、工作观的一种新变化,休息游乐与工作同样成为日常生活不可或缺的一部分。在休旅文化的影响下,每当生病、心理郁郁、身体劳累、闲来无事时,人们便想着换一个环境,见识名山盛景或名都大邑,调养身心,以求放松。当时的一部文学剧本有一幕,十分贴切地反映了这种思想,一位上海的年轻人对其奶奶说:"你病了,我们还是出门去玩几天罢,可以到北戴河去,那里空气好,住在上海,毫无道理。不然近一点,我们到莫干山去,今天就走,下午不是有趟快车么?我来打电报给老范,叫他接我们。"① 如今,旅游度假对国人来说,已极为常见,休旅思想亦深入人心,溯其历史,北戴河海滨及其他休旅胜地在近代的开拓与引领是这段历程中不可缺少的一个阶段。

---

① 洪深改译:《少奶奶的扇子》,载上海戏剧协社编《剧本汇刊》(第一集),商务印书馆1933年版,第170页。

第五章

行政区时代的北戴河海滨地方建设与波折

北戴河海滨公益会以地方自治团体的身份在海滨"主政"十余年,将北戴河海滨建设成为设施完善、游客称乐的模范景区。若以此模式发展,似乎北戴河海滨可以有一个光明的未来,成为更美好的避暑胜地。但种种内外部不利因素导致公益会在继续开发海滨的进程中遇到了难以解决的问题,于是,在20世纪30年代初,公益会主动将这个接力棒交给了地方政府,北戴河海滨也终于脱离临榆县的行政管辖而成为一个独立的行政区。在20世纪三四十年代,北戴河相继经历了短暂的北戴河海滨自治区时代、日伪控制下的北戴河海滨风景区时代、光复后的北戴河海滨区时代,由于管理模式和政局的变化,这一阶段的北戴河海滨区域及其避暑旅游业也与公益会时期有着较大区别。本章以1932年北戴河海滨自治区设立到1948年北戴河海滨解放这一区间为主要研究时段,讨论公益会与自治区的接力过程、新的自治模式之特点、日伪时期北戴河海滨的基本情形、光复后的简要历史等议题,这些议题反映出北戴河海滨在新的历史时期地方治理模式走向与官方(合法的和不合法的)直接管理下的北戴河海滨的新变化。

第一节 公益会的困境

本书第三章列出了公益会的几大优势因素,即优秀的领导人和会员群体、官方的背后支持等,但未对公益会开展地方自治的不利因素进行详细阐释。

实际上，北戴河海滨公益会虽自 1918 年至 20 世纪 30 年代初主导海滨自治，但其在 20 世纪 20 年代中期就遇到了巨大困难，这一阶段海滨的主要基础设施都是在公益会前期的数年间建设完成的，后期难以进行更大规模的开发。

朱启钤任公益会会长长达十年，在 1928 年改选时卸任，继续保持会员身份，朱庆澜继任为第二任会长。朱庆澜（1874—1941），字子桥，浙江绍兴人，近代著名的慈善家，曾担任广东省省长、华北慈善联合会会长①，1928 年出任北戴河海滨公益会会长，1932 年卸任。朱庆澜当选会长时，公益会的会务已陷于停滞，只是勉力维持，到 1930 年时，朱庆澜认为这样下去无济于事，只有将北戴河海滨的自治权交出，由政府接管，才能为海滨谋一未来。于是，他上书直隶省政府，请求公益会卸去地方自治和市政建设的重担，由政府在海滨建一专门的行政区，全面接管海滨。

在朱庆澜的呈文中，他首先历数公益会之成立缘起与过往成绩。他总结了公益会在过去十余年，"创修道路延长四十华里，树木除保存原有山林外，设苗圃培植各种林木，建公园以保存名胜古迹，以便公众登临，设医院以重卫生，其他公共体育场、公共浴场以次设立，此其经过情形也"。②之后，朱庆澜又分别指出多处公益会之困境与海滨发展之滞碍，此处结合朱庆澜呈文内容及其他资料，对此时公益会的劣势与困境进行详细阐述。

一、权力不足

朱庆澜写道：

现在外侨日多，地方日形繁盛，而行政上之管辖依然为临榆县之乡村，只设有公安分局，不属之县政府，更不能直属省政府，仅受辖于临榆公安局，权力薄弱，对外侨管理当然一切放任，建设亦当然了无所闻。当此举国倡言收回租界，取消领事裁判权之际，以中外杂居之避暑地，乃自暴露其政治缺

---

① 浙江省政协文史资料委员会编：《辛亥革命浙江人物谱》，浙江人民出版社 2011 年版，第 352—353 页。
② 本节所引朱庆澜呈文均载于《北戴河海滨公益会报告书》，1930 年，第 1—3 页。

点，此应请省政府亟谋行政改革之要点一也。

在昔外人侨居其地者，传教士之外，若外交界之使领与商贾、医士、教职员等，有时酒醉驰马、殴人、采折山花，警察不敢干涉，自有公益会以来，随时纠正亦就范围，可见整理约束并非困难。然公益会耳目难周，权力不及，近俄侨日多，皆无业游民，并有操不正常之营业者，不能严密取缔，治安无法维持，后患不堪设想，此应请省政府亟谋行政改革之要点二也。

朱庆澜的"抱怨"正中公益会的"痛处"。公益会虽名为地方自治团体，但前文已分析过，该会并不是地方居民选举产生的有全面管理权力的自治机关，只是一个由少数会员组成，但受到当局认可的自发团体。因此，其权力多集中于市政开发与设施管理，而对所有海滨居民和游客来说，公益会在威慑力与强制力方面，远不如地方政府。其实，从其过往对一些事情的处理上，也能看出公益会的这一尴尬地位。一如修筑道路时需要拆墙破屋，公益会只能由会员上门游说；二如牵涉到主权问题时，像李德立案，公益会只能报告地方政府，由政府出面阻止。且驻在海滨的警察局等国家机关对公益会只有协助义务，并不受公益会的指挥，公益会在海滨无行政权，而拥有行政权的临榆县和直隶省却把海滨当作自治地方，甚少参与管理。外人在海滨的数量众多，即便是临榆县政府，在面对中外人士冲突时，也没有权限处理，这些弊端可能在拥有高级行政机关和外事机关的京津大城市并没有如此明显，但在海滨这样同样有大量外国人出没的偏远区域则成为非常棘手的难题。再者，如朱庆澜所陈，海滨发展繁盛之后，各行业鱼龙混杂，其所说海滨无业游民"操不正常营业者"，与游客罗曼游记中所述白俄妓女、鸦片等进入海滨有碍治安的情形基本相符。于是，缺少相关权力的公益会眼见海滨乱象频发，却无法遏制，这使其萌发了由更高级别的省政府对海滨进行行政改革的想法，以期从行政区划和制度方面解决问题。

二、经费短缺

除了行政区划和公益会权限问题外，朱庆澜还从实际出发，说明了公益会的自身困境：

公益会会员捐助之力近三五年筋疲力尽，勉强维持现状已左支右绌，固已无进行建设之能力。已修之道路皆随山势为平坡，雨后山水冲刷，不随时修治便前功尽弃。树木之保育长养，10年20年乃能成活，如西联峰20年前多合抱之树，民国初元以地方自治不得，人斫伐为童山，东联峰之树本会力为培护，添栽频年，有地方劣绅擅伐情事，待请官厅制止，斫伐已不少。总之无行政之辅助，公益会势难存在，待其已有之基础，毁弃再谋兴举，劳力更多，此应请省政府亟谋行政改革之要点三也。

公益会的自身问题主要有两大方面，一是经费难继。公益会的经费来源纷繁复杂，最大的两笔收入为会员捐款和官方补助。北宁铁路管理局每季1 200元的补助可使公益会每年有4 800元的固定收入，但会员捐款却渐渐难有进项。公益会吸收会员捐款用于市政开发，这个方式的确在公益会前期聚拢了大量基础经费用于集中开发，但捐款本就依赖会员自愿，并无每人每年应捐多少这样的硬性规定。因此，面对海滨市政的巨额投入和养护运营成本，在早期踊跃捐款过后，只有数十人的公益会会员群体已经无力将捐款常态化，这造成公益会的收入逐年下降，捐款已不能成为市政建设的稳定经费来源。1930年的《北戴河海滨公益会报告书》记录了前一年的捐款明细，只有五笔共1 300元，与早期一年可捐上万元相比差距甚大。

在以上两项之外，公益会的进项并不多。另一部分较为稳定的收入是公益会在中国银行购买的国债券所得的利息——每年2 496元，以及车驴附加捐和房租每年可收入1 300余元。此外，还有一些细碎的收入，如运海滩沙捐、建筑照费、运料横过马路照费、出售树苗花苗、公共浴场收入、出售明信片等，项目众多但收入较少。[①]但反之，公益会每年的支出数目仍很大，以1921年为例，公益会该年度收支相抵，赤字达2 267.08元，统共欠盐业银行19 313.50元，数目可谓惊人。[②]

---

① 《北戴河海滨公益会报告书》，1922年，第6—7页、"会计账略"第1—2页；《北戴河海滨公益会报告书》，1930年，第7页。

② 《北戴河海滨公益会报告书》，1922年，"会计账略"第2、6页。

这样的财务压力让公益会经过前几年的大兴土木后，归于平淡，只能勉强维持现有设施。朱启钤在1924年感叹"经济困乏，未能多所兴举"①，20世纪20年代后期的建设基本是在前期基础上的修补，几乎再无大的公共工程。这样的经济情形让继任会长朱庆澜看不到希望，于是谋求由行政机关接管公益会的事业。

公益会的第二大内部问题是其组织的不稳定。从公益会的会员名单可以看出，数十名会员大多数是京津沪等地的上流人物，只有夏天才会到海滨小住，其余时间均在都市中。就如会长朱启钤，他本人虽每年夏季来此，但冬季基本住在天津，且其中还有一年前往欧洲游历。由于时局变动和个人事务安排，许多会员在夏季也不一定会来到海滨。一年一度的会员大会经常人数不足，这严重影响了公益会的讨论与决策等会务。1922年的会员大会，到场者21人，许多早已入会的会员没有到场②。朱启钤对这种情形也很无奈，"会员或奔走政治，或经营实业，未莅海滨者居多，是皆同人所引为缺憾者"③，朱庆澜亦指出"会员夏间莅止者人数寥落"④。组织的不稳定造成公益会在开会时难以进行充分的讨论，从会员手中获取的资源也因此有所减少，这造成公益会的愈加衰落。究其根本原因，公益会的会员群体虽然社会地位较高，但他们只是将北戴河海滨当作偶尔的避暑度假之地，并非其"大本营"，相比于海滨，其都市中的银行、企业资产等更加重要，只要稍有耽误，即难以去到海滨参与会务。公益会的地方性不足是造成组织不稳定的主要因素，但这种弊病的存在实属无奈，北戴河当地的地方人士根本没有能力去开展地方自治，外来的公益会会员虽非土著，却能够提供实实在在的各种资源，这种现实困境在20世纪20年代后期即造成这两难的局面。

---

① 《北戴河海滨公益会报告书》其五，朱启钤：《蠖园文存》，载贵州省文史研究馆编《民国贵州文献大系》（第三辑上册），贵州人民出版社2015年版，第44页。

② 《北戴河海滨公益会报告书》，1922年，"会议录"第7页。

③ 《北戴河海滨公益会报告书》其五，朱启钤：《蠖园文存》，载贵州省文史研究馆编《民国贵州文献大系》（第三辑上册），贵州人民出版社2015年版，第44页。

④ 《北戴河海滨公益会报告书》，1930年，第5页。

三、设立行政区——朱庆澜的提议

朱庆澜认为，为了整治海滨的社会秩序并解决公益会的困境，必须由省政府出面，在海滨设立行政区域，建立行政机关，将海滨的地方管理规范化。

谨按县组织施行法，拟请就避暑地区域以内之赤土山、单庄、刘庄、草厂、王胡庄、河东寨、丁庄、陆庄等村划为特别区，正式设立自治机关。调查人口、测量土地，并先整理卫生清洁，联合保卫治安。公安局局长之地位，应协助自治之进行，予以明了规定，职责管辖均须另行分别以期妥协，而人选尤以通达治体、勇于建设而熟谙外交情势者为合格。经费就地筹捐，用途公开。筹捐应省度情形，不能如增加人力车等捐之漫无限制，使旅客感生活程度之日高，又如增加沙捐之窒塞，其运输销路更应顾及善良风俗之保存。前者民政厅孙厅长亲临视察本会，今抑承省政府注重地方之意，条列刍荛之见，伏乞采择施行。

朱庆澜对海滨的行政区划的设计实为抬高北戴河海滨的行政级别，设立一个全面性的自治机关。海滨过往虽然是官方划定的避暑地，但始终是临榆县区域内一片零散村庄的聚合，像人口、土地这些事项，都由临榆县负责而非公益会，治安也由临榆县公安局下属的海滨公安局负责。海滨各种事项各有所属，较为混乱，而朱庆澜希望，在未来的"特别区"内，以一总的自治机关替代原有临榆县和公益会在海滨的角色，与公安局共同管理海滨，同时亦遵从地方自治原则，实行事务公开，继续保持模范避暑地的地位。从朱庆澜向省政府请愿及设立"特别区"的构想，这个"特别区"似乎应当完全脱离临榆县而直接受省政府管辖，这样的设计有一较大的便利就是在面对外国人事务时，海滨可由行政渠道直通省政府，可大大减少行政层级，提高办事速率。至于省政府方面如何应对朱庆澜的请求，详见本章第二节。

第二节　行政始建：北戴河海滨自治区设立

1932年，河北省政府设立北戴河海滨自治区，从此北戴河海滨有了独立的行政区域和自治机关，公益会因此退居幕后，继续发挥其他作用。本节主要论述北戴河海滨自治区的成立经过。

一、冯承棣的调查

收到公益会的申请和建议后，河北省民政厅对此颇为重视，认为"北戴河地方，华洋杂处，关系重要，应详细调查，以便规划管理办法"①，于是在1931年9月，派遣省政府秘书冯承棣前往海滨调查。

冯承棣在海滨进行了全面调查，并根据当地现状提出了相应的改革建议。冯承棣的调查结果与朱庆澜所陈基本符合，关于地方行政机关弱小与不得力，冯承棣总结：

> 查北戴河地处海滨，临榆县殊有鞭长莫及之势。现在地方行政，由临榆公安局负责办理，设有公安分局一所，附设收捐处，规模既嫌狭小，建设方面，亦未能积极进行，斯固由于款项之艰窘，警察智识之不充，而实际上以一公安局办理市政，组织既不健全，人才复感缺乏，成绩胡由而得？且两处警捐，科目繁多，捐率间失之过重，征收时对于华洋商民待遇，闻亦未能一律平等，细商颇以为病。长此以往，于国体民生及外人观感上，殊有关系。②

冯承棣的陈述单刀直入，直指海滨现有行政机关的缺陷，而对海滨另一个不可忽视的组织——公益会只字未提。可能在冯的想法中，公益会只是一民间团体，不能和行政机关相提并论。但事实上，公益会在北戴河海滨承担

---

① 王绍年：《北戴河筹设自治区纪详》，《河北月刊》第2卷第5期，1934年，第2页。
② 同上书，第3页。

了很大一部分行政机关应承担的责任,在《北戴河筹设自治区纪详》一文的第一部分《地方实况》中,作者王绍年对此有所书写。"当地市政,向由旅彼人士所组织之北戴河海滨公益会与临榆公安分局会同办理,经历年之经营整理,如道路之开辟,沟洫之修浚,树木之栽种,风景之点缀,已略具规模。"王绍年又指出在公益会时期,北戴河海滨市政建设仍有缺失,如"东山一带,尚有缺欠,公用事业,亦多未举办,亟待设计进行"。王绍年认为,公益会乃至外人办理的石岭会、东山会、庙湾会,自行负责区域公共事务,"都因无正式市政机关管理,不得不自行组织"。而北戴河海滨公益会大部分都是旅居人士,只夏季来戴,该会"只设常务干事三人,且不常川驻会,其常年在会服务者,只工程师一人,苗圃主任一人,办事员二人"。① 因此,自治团体由于其自身能力不足,亦不能承担市政机关的重任。

以上两人从两个方面分别表达出,北戴河现有的自治团体公益会和行政机关公安局的权力和能力均不足以作为一个完善的北戴河自治机关,造成北戴河市政建设多有滞碍。于是冯承棣建议:

> 似宜设一组织健全之行政官厅,以便积极设施,从事整顿。以该处现有地带划作市区,面积尚不为过小,第人口仅有数千,与市组织法规定之标准,相去过为悬殊,且地方收入亦感不足,如将来管理得法,地方繁荣,人口自能增加,收入亦当渐裕。②

北戴河海滨虽为乡村地方,但其市政建设和人员往来、商业贸易之频繁旺盛之程度,已与都市无异,且中外人士居住其中,社会结构复杂,与一般的乡村完全不同。因此,冯承棣建议将北戴河海滨当作城市管理,划定市区区域,建立独立的行政机关,脱离临榆县的管辖,以求出路。

随后,冯承棣设计了一套颇为完整的改革方案,总其要点,分别有以下几个方面:

一,先行设立一个市政筹备处或市政局,以为市政府之预备;

---

① 王绍年:《北戴河筹设自治区纪详》,《河北月刊》第 2 卷第 5 期,1934 年,第 1 页。
② 同上书,第 3 页。

二，北戴河因地方不大，人口较少，市政机关不可规模太大，新设之社会、财务、工务等局，均应缩小范围，以节省资金；

三，筹备处之长官，应有特别要求，如熟悉外务、不事铺张，办事员亦求实为主，人员不可过多；

四，设市之后，应对收捐之事项及金额完全公开，免遭诟病；

五，清丈土地；

六，对当地村庄之居民，可逐步宣传，不急于收缴捐款；

七，对于资金艰难，省政府应在前几年予以补助；

八，使旅居当地之中西人士，共同参谋，形成咨询和设计机关。

冯承棣的建议系其在调查后形成的个人方案，有强烈的试探色彩。其方案虽关涉颇多，但可总结为两字，即"缓"和"稳"。一为"缓"，即不可操之过急，北戴河海滨的行政改革可想而知困难颇多，诸事应有条理，人民思想转变亦非在一日之间。于是必须逐步推进，用足够的时间和合适的政策消化困难，如一、五、六、七者，均表此意。二为"稳"，即要顾虑方方面面，追求实际。如二、三之缩减机构、四之公开信息、八之寻求支持与建议，均为求实之举，"以免阻碍横生"。①

二、《北戴河自治区暂时办法》出台

冯承棣调查结束后，将其调查结果和改革建议递交省府。河北省政府于1931年11月3日开会讨论，终于1932年4月由民政厅和实业厅拟呈《北戴河自治区暂时办法》，作为改革北戴河海滨行政的指导文件。②

共十条，此处则其要者分别述之：

一，原由清政府划定的避暑地区域已有越界事实，须由临榆县政府和公益会重新勘验绘图，确定界限，交由省政府核定；

---

① 王绍年：《北戴河筹设自治区纪详》，《河北月刊》第2卷第5期，1934年，第1—3页。

② 同上书，第3页。

二，北戴河区域定为自治区，设临榆县北戴河区公所；

三，北戴河海滨公安分局一仍其旧；

四，省政府委托北戴河海滨公益会主持区内自治及公安事宜；

五，公安分局长由公益会荐劾任免；

六，区长兼任公安分局长，受公益会监督指挥，并受临榆县政府及临榆县公安局的命令；

七，县政府与县局之命令，区长兼公安分局长须同公益会商议，从中协调；公益会亦可与县政府、县局直接对接，并可向省级各行政机关陈述意见；

八，北戴河自治所需经费，"就该处原有及新筹各种收入自行支配"；

九，公益会应将会内一切情形报告省政府；

十，公益会之权限，省政府有撤销之权。①

这个《暂时办法》十条内容较为简略，其核心在于"北戴河非独立行政区"。民政、实业两厅吸取了朱庆澜和冯承棣的建议，将北戴河海滨由避暑地改为自治区，并设置了行政机关，即《暂时办法》所陈之区公所。但综观该办法，自治区行政权力颇为混乱，区公所虽为名义上之行政机关，但其长官即为公安分局局长，公所与公安分局实为一套机构，而在此外，公益会又有主持自治和公安之权力，两者直接权责混乱不清。就行政级别而言，北戴河自治区仍隶属于临榆县，县政府和县公安局是其直接上级机关，与之前避暑地时代区别不大，未能如朱庆澜和冯承棣所请划定独立行政区。级别较低会导致一些显而易见的问题，如经费仍需自筹，自主性较差（同时受公益会、县政府和县公安局的领导）。对公益会而言，这套办法与其诉求背道而驰，朱庆澜和冯承棣都建议公益会退居幕后，起参谋建议的作用，而《暂时办法》的设计却让公益会负起更多的责任，几乎成为一完全行政机构，但公益会会员各有其业及流动性强的特点使该会无法常驻海滨监督、指挥区公所，因此，该设计几乎无法实现。

总而言之，《暂时办法》只是在20世纪二三十年代海滨现状的基础上，

---

① 《北戴河自治区暂时办法》，载王绍年著《北戴河筹设自治区纪详》，《河北月刊》第2卷第5期，1934年，第3—4页。

将公安分局升格为自治区行政机关,将自治团体公益会的权力扩大,使其充当区公所的上级,除此之外,并无多少变化。这些改动对于公益会及海滨社会的困境完全无益,且为公益会制造了更多困难。况且,由公安分局直接负责市政及自治,又面临冯承棣所言"警察智识之不充"之缺陷。据以上分析,《暂时办法》所拟北戴河行政改革碍难操作,究其原因,省民政厅和实业厅似乎未能意识到北戴河海滨经过数十年的发展,其行业之多广、经济之先进、群体之复杂,已与普通落后的村镇甚至县域完全不同,绝不能再依据《县组织法》设计其行政架构。于是,这个颇不实际的《暂时办法》在省府层面迅速被否定,北戴河海滨的行政改革重新开始讨论。

三、北戴河海滨自治区初期的制度特征

作为北戴河海滨市政建设当事人的朱庆澜与实地调查人员冯承棣的陈请与建议,省厅未能足够采纳,从而导致这一为各方难以接受的《暂时办法》出台。1932年4月8日,《暂时办法》提交到省政府委员会第336次会议上,该次会议将《暂时办法》交由王玉科等多位委员审查讨论。王玉科等委员研读之后,"认为原办法简单不能适用",于是由何玉芳委员另行起草了一份《北戴河海滨自治区组织章程》,提交给省政府委员会第344次会议。这次,《组织章程》经审查修正通过,并交由南京国民政府内政部备案,于5月18日,由省府将《组织章程》正式公布。自此,《组织章程》遂具有效力,各方开始以此为指导开展北戴河海滨的行政改革。

《北戴河海滨自治区组织章程》

第一章 总则

第一条 本区定名为北戴河海滨自治区。

第二条 本区区域之界限,依北戴河旧案所规定,东至鸽子窝,西北至北戴河,南至海,北至距海三华里,是为固有区域。其事实上已扩张至旧案以外之区域,作为推展区域,但以现有之范围为限。

第三条 本区因有特殊情形,直隶于河北省政府,但其区内居民籍贯,

仍隶属于临榆县。

第四条 本区内关于民刑诉讼事项，仍归临榆县司法机关管辖受理。

第二章 本区职务

第五条 本区于不抵触中央及监督官署法令范围之内，办理左（下）列事项。

一、区财政事项。

二、区公安事项。

三、区教育、文化、风纪事项。

四、区公产管理及处分事项。

五、区土地事项。

六、区海滨之管理及水上救护事项。

七、区交通、电气、自来水、煤气，及其他公用事业之经管取缔事项。

八、区消防事项。

九、区农工商业之调查、统计、奖励、取缔事项。

十、区劳动行政事项。

十一、区公益慈善事项。

十二、区户口统计事项。

十三、区街道、沟渠、堤岸、桥梁、建筑及其他土木工程事项。

十四、区内公私建筑及取缔事项。

十五、区公共卫生及医院、药房、饮食店、菜市、屠宰场、公共娱乐场所之设置、取缔事项。

第六条 本区关于自治事务，于不抵触本章程范围内，得制定单行规章。

第三章 区议会

第七条 本区设区议会，议员定额九人，其选举规则另定之，前项议员为无给职。

第八条 区议会议员任期四年，每二年改选一次，同时选出全数时，应以抽签法抽出半数，以二年为任期。

第九条 区议会设议长、副议长各一人，由议员用双记名单选法互选之，以得票过半数者当选，任期二年。

第十条　议长有事故时，由副议长代行其职权，议长副议长均有事故时，得另选临时议长，代行其职权。

第十一条　议长在会议时为主席，对外为区议会之代表。

第十二条　议员因事出缺，应以候补当选人递补，候补当选人均已递补，而议员定额仍缺至三分之一时，应即补选。

第十三条　议长或副议长出缺时，应即补行互选，其任期准用前条第二项之规定。

第十四条　议长、副议长、议员均不得兼任本区区公署公职。

第十五条　区议会每年开常会二次，以四月十月为会期，由议长召集之，每次会期以十五日为限。前项常会之期，经议员过半数之同意，得延长之，但不得过五日。

第十六条　区议会经议员二人以上之请求，或议长认为必要时，得召集临时会，其会期不得过前条规定之日期。

第十七条　区议会须有议员过半数出席，方得开议。

第十八条　区议会之职权如左（下）。

一、遴选区经理事项。

二、议决区单行规章事项。

三、议决区预算决算事项。

四、议决募集区公债事项。

五、议决区内应兴应革事项。

六、议决区公民请议事项。

七、议决区经理建议事项。

八、审议监督官署委办事项。

九、议决其他因法令属于区议会权限范围内事项。前项各款议决事件，交由区公署执行之。

第十九条　区议会得酌用文牍员及雇员。

第四章　区公署

第二十条　本区设区公署为区行政执行机关。

第二十一条　区公署设区经理一员，由区议会遴选具有市政学识及行政经验者，呈请河北省政府委任之，依法令掌理本区一切行政事务，指挥监督并进退所属职员。

第二十二条　区公署得设财政、工务、社会，三股分掌左（下）列事项。

一，财政股，第五条第一、第四、第五各款事项属之。

二，工务股，第五条第七、第十三、第十四各款事项属之。

三，社会股，第五条第三、第九、第十、第十一、第十二、第十五各款事项属之。

第二十三条　区公署于必要时，经监督官署之核准，得增设教育、卫生、土地、公用四股，分别掌理第五条所列各款事项。

第二十四条　区公署各股各设股长一人，由区经理委用之。

第二十五条　区公署各股得设股员若干人，由区经理委用之。并因事务之繁简得酌用雇员。

第二十六条　区公署依事务之需要，得聘用专门学术或技术人员。

第五章　区公安局

第二十七条　本区设区公安局，直隶于河北省公安管理局，其局长由区经理兼任，掌理第五条第二、第六、第八各款事项，及其他一切公安行政事宜。前项兼任局长，于省政府委任区经理时，由公安管理局同时委任之。

第六章　区财政

第二十八条　左（下）列各款定为本区收入，由区公署征收之。

一、本区依法令规章所规定应征收之捐税。

二、本区公产收入。

三、本区公营业收入。

四、个人及团体之自由捐助。

五、过怠金。

田赋契税仍由临榆县政府征收，不在区财政收入之内。

第二十九条　本区内行政事业各费，应由区经理按照会计年度制成预算案，经区议会议决后，呈请河北省政府核准施行。

第三十条　本区之支出，由区财政收入充之，区经理应将决算案报告区议会，并逐项说明之。

第七章　监督官署

第三十一条　本区以河北省政府为监督官署。

第三十二条　监督官署对于区经理执行事务，认为有怠忽职务、违背法令，或妨害公益时，得随时撤委，并令由区议会另行遴员，呈请委任；但区议会对于区经理查有上项情事时，亦应另行遴员呈请监督官署改委之。

第三十三条　监督官署如证明区议会逾越权限违背法令时，得解散之，但在一年内以一次为限，并须令区经理于解散后三个月内举行新选举，并召集之。

第八章　附则

第三十四条　区议会未成立前，由北戴河海滨公益会推荐第一届区经理，呈请河北省政府委任之，区经理应于本章程施行后一年内，召集选举，成立区议会，至区议会成立时，公益会即行取消。

第三十五条　本章程如有未尽事宜，应由监督官署修正，或经区议会议决后，呈请监督官署核准修正之。

第三十六条　本章程自公布之日施行。[①]

首先从篇幅上看，《北戴河海滨自治区组织章程》的条款及字数较之前的《北戴河自治区暂时办法》大幅增加；在自治区治理层面的规划设计，也更加全面和细致。以下对该《组织章程》的主要特征进行分析。

（1）自治区及其机关的级别和权限。与《暂时办法》不同，《组织章程》计划未来的北戴河海滨自治区直属于河北省政府，只有居民籍贯和民刑诉讼事项仍由临榆县管辖。这一方案将自治区直接划为一独立的行政区，在市政与自治等主要事务上不再与临榆县产生瓜葛，亦便于接纳省政府支持的各种资源及办理外人事务，是对北戴河海滨区域的一大升级。在机关设置上，自治区设区议会与区公署，分别担任区内各项事务的议决与执行，颇似议会与政府之关系，区公安局亦不再是海滨分局，而是直属于河北省公安管理局，区内三个机关各有其职权，共同治理自治区。而之前参与海滨事务颇深的公

---

① 《北戴河海滨自治区组织章程》，载王绍年著《北戴河筹设自治区纪详》，《河北月刊》第2卷第5期，1934年，第4—7页。

益会亦有安排，该会在区议会未成立之前代行区议会职权，之后即退出海滨行政事务，这一点保证了公益会能够恢复其民间团体之本来身份，不再艰难支撑海滨市政。就以上设置来看，自治区的架构颇为完善，权责清晰，且整体提升了级别，并对公益会有妥善安排，是对《暂时办法》的最大修正。

（2）条款之细致与专业。《暂时办法》之文本极为粗糙，对自治区事务以市政及自治二词相代，对区公所的架构亦无设计，自治区收入亦未区分，用词相当模糊，极不严谨。而《组织章程》对于自治区办理事项列十五项、区议会职权列九项、区收入列五项、区公署下设立三股，并对会议举办、人员数目及其进退及其他组织程序均有详细设定，与《暂时办法》形成对比。条款上体现出的细致和专业是对未来实际操作的最好铺垫，保障了照章执行时的相应秩序。

该《组织章程》推出后，公益会亦找到其工作之新方向，即代行区议会职权，推荐第一任区经理。为顺利进行角色转变，北戴河海滨公益会拟定了《北戴河海滨公益会筹备自治章程》作为指导文件。

《北戴河海滨公益会筹备自治章程》

第一条　本会受河北省政府委托办理海滨区自治事宜。

第二条　本会职务依据北戴河海滨自治区章程第五条所规定，逐项筹备办理。

第三条　本会仍设董事会，董事定额九人，或十一人。

第四条　前项董事除照章程推定外，民政厅长、实业厅长、北宁铁路局长，为当然董事。

第五条　本会会长、副会长由董事互推之。

第六条　董事会之职权，依据北戴河海滨自治区章程第十八条所规定。

第七条　本会会长综理本会一切事务，副会长执行区经理事务。

第八条　本会推荐干事一人为区公安局长，陈请公安管理局委任。

第九条　本会依据北戴河海滨自治区章程第二十二条，必要时得设财政、公务、社会三股，由干事分股监察办理。

第十条　本会办理事宜每年应报告河北省政府考核。

第十一条　本会原有立案章程与本章程不相抵触者，依旧有效。

第十二条　本章程经河北省政府立案后施行。①

这个《筹备自治章程》是北戴河海滨公益会对自身组织的一次改革，与立会时的《章程》有较大不同，主要体现在人事和职能方面。

筹备期内公益会权限扩大。在《自治章程》的设计中，公益会在自治区筹备期内承担区议会职能，具有遴选区经理、制定规章、议决区内事务的职权。因此，在区议会、区公署诞生之前，公益会几乎要负责海滨的全部事务，连原有的公安分局亦要听从公益会的指挥、命令。《组织章程》将公益会短期内直接推到前台，成为官方授权下海滨最主要的治理机构，这个身份地位与之前公益会的大不相同。在以往，公益会只是一个民间自发形成的自治团体，其规章只能约束会员，或将团体的部分意志借官厅之手转化为行政命令，再行约束其他海滨人士。因此，公益会在海滨并不具备和官厅一样的权威地位，东山区域的外国人大多仍是我行我素，公益会在名义上其实与东山会等外人团体平齐，只是其声势更大，成绩更优。但在此次海滨的行政改革中，河北省政府却赋予了公益会更大的责任，将其作为自治区的筹备机关，在这个筹备期内，公益会上接省政府，下达区内居民，基本上已是官方机构。

公益会组织架构的调整。权限的扩大使公益会的组织发生变化，要处理海滨庞杂的各项事务，仅靠以前的会长、副会长、董事、干事寥寥数人的架构显然不足以承担。因此，公益会为适应形势，将董事由3人扩大到9人（11人），使董事会更能发挥议事决策功能，并计划在会内设立财务、公务、社会三股，使组织细分化和专业化。调整后的公益会组织架构更能适应扩大的职权和更多的事务，是必须为之的改变。

将政府人士纳入公益会组织。作为临时性的"区议会"，公益会不能只依靠其本身会员，而要立足于当地，吸纳地方重要的名流进入其组织中。但北戴河海滨本属乡村，本就无多少有识之士，只有政府机关人士尚能承担责任。

---

① 《北戴河海滨公益会筹备自治章程》，载北宁铁路管理局编《北戴河海滨导游》，中国旅行社，1935年，第26—27页。

于是，公益会将与海滨自治有关的民政厅厅长、实业厅厅长、北宁铁路局局长均列为董事，并将公益会与区公署的人事进行较差，副会长即区公署经理兼区公安局局长。这一人事设置将省府、铁路局、公益会、区公署及区公安局主要长官都拉进了公益会的董事会中，该董事会成为一个包含各方重要人士的集合，在进行讨论决策时能考虑到省、区、路局各方意见，使得地方自治免生滞碍。民间团体与政府机关的紧密结合，是这一阶段公益会的显著特点，亦是其承担特殊责任后的变通之举。

《筹备自治章程》体现了公益会自身对于筹备自治的一些想法，但呈报省政府之后，省政府认为公益会可变通办理，不用受章程约束。不过，公益会仍然按照《筹备自治章程》的基本精神，开始依程序遴选区经理和区公安局局长等人选。经会员协商，推出董事高纪毅为公益会会长，替换原会长朱庆澜，推董事臧启芳为副会长，并担任自治区经理一职，公益会干事康明震"前办葫芦岛港务，整饬警政，著有成绩"，被公益会荐为区公安局局长。①

高纪毅（1890—1963），字仁旃，辽宁辽阳人，长期在东北军中任职，20世纪30年代初担任奉榆铁路局局长②；臧启芳，生平信息不明，对政府组织和市政建设卓有研究，曾写作《市政和促进市政之方法》一文③，1931年任哈尔滨党务特派员；康明震亦是长期在东北任职，1931年任辽宁省党务指导委员。④从以上履历可以看出，高纪毅、臧启芳、康明震均属东北军政人物，在东三省军政长官治下任职。公益会将此三人推出担任公益会及北戴河海滨自治区的主要职务，是1930年前后北戴河海滨公益会与东北人物关系紧密以及东北军政势力向南发展的一个反映。东北易帜之后，东北军入关，在华北地区影响力大大增强，东北人物亦随之在关内多有任职。北戴河海滨改建自治区时，东北三省已遭日军占领，东北军退守关内，北戴河海滨所处区域尚未

---

① 王绍年：《北戴河筹设自治区纪详》，《河北月刊》第2卷第5期，1934年，第13页。

② 陈志新：《高纪毅事略》，载辽阳市政协文史资料研究委员会编《辽阳文史资料》（第四辑），1989年，第116—135页。奉榆铁路局后与津榆铁路局合并为北宁铁路局。

③ 臧启芳：《市政和促进市政之方法》，《道路月刊》第18卷第3期，1926年，第23—38页。

④ 张学继、刘红：《张学良全传》，经济日报出版社2006年版，第156—157页。

沦陷,东北军在此仍有话语权。于是,公益会荐举的三人均有东北军政背景,实属当时政治军事局势下的正常表现。

自《北戴河海滨自治区组织章程》颁布,公益会即依程序建立区公署,但该会会长高纪毅、副会长臧启芳(区经理人选)另有其本职工作,难以到海滨任专职,于是区公署领导无人,"形同虚设,有名无实,毫无工作可纪"。只有康明震一人担任改组后的北戴河海滨自治区公安局局长,他从临榆特种公安局所属联峰山第四分局和北宁路警共同调用人员,组成新局,略具形态。①

由于以上人事问题,公益会后又在1933年将钱宗泽和殷同相继选举为公益会会长,此后殷同即一直担任会长至公益会解散。有趣的是,高纪毅、钱宗泽、殷同三人任会长时,均是时任北宁铁路管理局局长,这一人事特点是这一时期公益会选举会长的一种"默契"。自1921年起,北宁铁路局长期对公益会的地方自治提供经费支持,北宁铁路局是除了河北省政府之外,与北戴河海滨区域保持重要联系的第二大官方机构,作为经济后台,该路局在代行区议会职权的公益会中占据重要席位实为必要。将会长之位让与北宁铁路局局长,也是朱启钤等公益会人士的自觉退让,会员既已不能为海滨继续提供大的支持,不妨由可以发挥作用的路局方面来领导公益会,不失为一种合适的求实之举。在1933年7月,公益会还将李宝琛选为副会长,由其担任区经理和区公安局局长,北戴河海滨自治区基本进入正轨。②

1932年自治区的设立和区公署、区公安局的组建,是北戴河海滨继1898年辟为避暑地和1918年公益会成立后的第三次转折。这一次,北戴河海滨结束了之前的民间团体自治时代,进入官厅主导的自治时代。行政改革使得区议会(公益会)、区公署、区公安局得以成立,北戴河海滨拥有了自己的行政区域和自治机关,并脱离了临榆县的"束缚",以一种较为独立的姿态开始进行新时期和新形式的地方自治。自此,北戴河海滨进入了行政区时代,从渔

---

① 王绍年:《北戴河筹设自治区纪详》,《河北月刊》第2卷第5期,1934年,第13—14页。

② 田金昌主编:《天开图画成乐土——朱启钤与北戴河海滨公益会》,中国文史出版社2018年版,第135页。

村到自治区的巨大变化，全部来自当地得天独厚的自然条件和数十年的避暑旅游发展。

第三节 北戴河海滨自治区的自治实践与地方开发

1932年《北戴河海滨自治区组织章程》颁布，1936年日伪就将海滨侵占，北戴河海滨自治区的历史不过短短数年。但在这几年的短暂时光中，自治区出台了大量地方自治命令，制定了各种区内制度，并进行了一些地方建设。这些制度建设和自治实践是自治区时代的主要成绩，也是"市经理制"这一市政组织形式在小型市区的市政试验，因此受到了广泛关注。本节以北戴河海滨自治区的政令制度与自治实践为研究内容，探讨"市经理制"在北戴河海滨的运用及当地自治机关的自治逻辑。

一、"中国最先采用议会经理制之区域"

"市"一词在中国古代指商品贸易之场所，如唐代长安城之东市与西市，但近代以来，外来用语的传入使汉语中的"市"增添了新意。在19世纪，德国确定"凡经济及营业状况，有异于村落，且历史上自称为市者，无论其人口之多寡，统称之为市"，法国规定"凡行政区划之单位，无小大区别，亦不论其人口之多寡，统称之为市"，美国的"市"是郡市镇村四级行政区划的一个级别，指"其人口及营业状况，与镇及村落，稍稍不同，且由省立法机关获得市特许券之自治区域也"。这些概念传入中国后，即用汉字"市"承其义，于是，近代的"市"代表一种行政区划，同时，其"商品贸易之场所"的字意仍然存在。在中国对西方市组织进行模仿的过程中，也诞生了"市"之本土意涵，即"从前城镇域，但人口须在万人以上"，人口多寡成为中国市和乡的主要区别。①

---

① 顾彭年：《现代欧美市制大纲》，商务印书馆1923年版，第5—7页。

中国本土对"市"的划定方式直接影响了北戴河海滨的区划级别。冯承棨的调查陈述中就提出，北戴河人口只有数千，与《市组织法》的规定还有一段距离，这也是他建议先设立自治筹备机关的原因。冯承棨调查结束后，河北省政府也是鉴于北戴河海滨人口不足，无法应用《市组织法》，甚至与《县组织法》之"每区以十乡镇至五十乡镇组成之规定"亦不符，省政府无奈，只能勉强应用《县组织法》制定了《暂时办法》。① 但北戴河海滨区域的经济情形，与村落乡镇有极大不同，更趋近于城市，其发达程度已领先于临榆县城，如何能继续隶属于该县。因此，在制定《北戴河海滨自治区组织章程》时，河北省政府将其特殊情形予以考虑，以市的级别制定了相应条文，只是以自治区相称，从该《组织章程》的设定来看，北戴河海滨完全是一省直管的"特别市"。

北戴河海滨既已实际达成"市"的区划，就必须拥有市的治理机构。当时，欧美流行的市政组织方式有三种，分别为市长制、市委员会制和市经理制。市长制历史既久，应用也最广，该制以市长为行政机关之首，市议会为立法机关，两者之权力分配因国家不同而各有轻重，欧美及中国大部分城市都采用市长制；② 市委员会制在美国发端，以多人组成的市委员会为行政和立法机关，历史虽短，但传播甚广，中国之广州、汕头、青岛等城市学其制度，以市委员会领导之；③ 市经理制亦发端于美国，市经理为行政之首，市委员会为立法机关，市经理由市委员会委任，市经理下属之各行政人员由市经理委任，由市经理节制。④

北戴河海滨自治区最终采用的是市经理制（又称议会经理制），只是由于其名称为自治区，遂改为区经理。《组织章程》设置的区议会（公益会）即市委员会，区经理由区议会产生并任命，区经理负责行政机关（区公署及公安

---

① 王绍年：《北戴河筹设自治区纪详》，《河北月刊》第 2 卷第 5 期，1934 年，第 2—3 页。
② 顾彭年：《现代欧美市制大纲》，商务印书馆 1923 年版，第 7—8 页。
③ 同上书，第 62—64 页。
④ 同上书，第 77—79 页。

局等）的日常事务，这种模式与企业管理制度中的董事会与总经理之关系有相似之处。因市经理由市议会产生，行政机关与立法机关之关系较市长制更加紧密，其显著优点在于"在非广土众民之区，如行市经理制，可获行政上最大之效率"。朱枕薪将其总结为更细分的四点："第一，市经理制划分立法工作与行政工作，使各负其责；第二，市经理制事权专一，可以免除行政工作上各部门分负责任之弊；第三，市经理制集中行政工作之责任于一市经理之身，此市经理乃一对于市行政负有经验与学识之专家；第四，市经理之选任，以其智识、道德与能力而定，彼之地位以及市民之公意，皆能限制其不作任何政治的或党派的活动。"市经理制因其架构简单，专一负责，极适合于人口不足万人的小城市，在美国各小城市已风靡实行，而在中国，当时尚无一地实行市经理制。北戴河海滨因其发达程度与人口较少，恰有这样的基础进行试验，省政府方面借鉴美国的市经理制，为北戴河海滨量身打造了中国第一份以市经理制为基础的自治章程。

用以上理论解释对照北戴河自治区的实情，可更加明了市经理制的理念。首先，自治区的区经理由区议会任命产生，而不由人民选举产生，一方面保证了区经理是议会议员详挑细选出来的专业市政人士，另一方面避免了在选举过程中产生党派争斗与当选者能力不足的情况；其次，使区经理和区公安局局长对区议会负责，减少了行政机关和立法机关之间的纠纷。以上特征直指一个目的，即提高行政效能，减少试错成本。以公益会推选出的区经理臧启芳为例，其具有多年从政经验，且对市政卓有研究，但若以普遍选举产生行政首脑，北戴河数千普通居民，智识不足、选举训练亦不足，根本不识臧启芳这些专业人士，如何能选出满意人选？

北戴河海滨自治区的开辟和制度实践意义重大。"此北戴河海滨区区弹丸之地，竟成为中国最先采用议会经理制之区域，而为议会经理制在中国发祥之地矣。中国政府任命之地方行政官，而被以经理之名，尝自此始。"①

---

① 朱枕薪：《略论市经理制兼说明〈北戴河海滨自治区组织章程〉采用议会经理制起草之经过》，《市县行政研究》第1卷第3期，1943年，第16—26页。

二、市经理制在北戴河的调适与应用

按照《组织章程》的设计，公益会代行区议会职权，选出区经理之后，即进行区议会的正式选举，选出一应议员，随后使自治区步入正轨。但在正式操作过程中，此举并不顺利，产生了一些波折，自治区也相应地对本来的计划进行了调适。

《组织章程》第三十四条规定"区经理应于本章程施行一年后，召集选举，成立区议会，至区议会成立后，公益会即行取消"。公益会亦按照计划，对自身组织进行了改组，并选出了区经理。而河北省政府，在《组织章程》颁布后，迅速制定了《北戴河海滨自治区区议会议员选举规则》，作为指导议员选举的文本基础。

《选举规则》规定选举者和被选举者都必须为拥有本国国籍的识字者，还要求两者均须为"居住本区一年以上或在本区有住所达二年以上者"，同时规定被选举者要"在本区有不动产一千元以上或年纳本区税捐十元以上又或捐助本区款项在五百元以上者"。以上选举条件颇有因人设卡之倾向，北戴河海滨自治区区域内，能够满足以上条件的被选举者，几乎全为公益会人士或与公益会亲近者之上层人物，而有条件的本地土著者极少，这些设定的主要目的即为甄别人选，防止无智识者和无能力者参与选举，造成结果不佳。[①]

《选举规则》还用极为详细的条款规定了整个选举流程，从文本来看极为规范，但在该规则颁布的数年之内，区议会议员选举实际上并未举行，这个《选举规则》流于文本。按《组织章程》，区议会议员选举应由区经理组织，可是公益会推选出的臧启芳迟迟未到任，后任区经理任职时间亦不长，致使区议会选举没有稳定的人事条件开展。此事一直迁延，区议会未能诞生。

《天开图画成乐土——朱启钤与北戴河海滨公益会》一书中写道，1933年11月27日的公益会董事会议是自治区成立后的一次交接会，似乎将这一

[①] 《北戴河海滨自治区区议会议员选举规则》，《河北民政刊要》第6期，1932年，第18—19页。

日视为公益会以团体身份退出海滨事务的标志。①但根据1934年左右的相关文件，公益会仍然代行着区议会职权，在海滨继续承担着举足轻重的责任。1934年3月，为规范行事，《海滨自治区暂时办法》出台，这一《暂时办法》是为解决《组织章程》不能按计划贯彻而制定的变通之法。其中明确规定，"代行区议会之职权者，仍为海滨公益会"，其他行政事项，则由区经理和公安局局长会同办理。②至此，公益会仍未能退出海滨公共事务，这也呈现出当地自治条件的不成熟和人事兼职（即区经理往往不能在海滨专任）带来的不稳定。

公益会虽未彻底退出，但已转到幕后，与此同时，北宁铁路局走上前台，在海滨的角色愈发重要。前期，北宁铁路局局长期赞助海滨自治经费，《组织章程》颁布后，公益会将数任局长推选为会长。到《海滨自治区暂时办法》又规定，北宁铁路局受河北省政府委托，监督指挥区经理负责之行政与建设，而这一权力本属河北省政府。1934年10月28日，北戴河海滨公益会在天津北宁路局长官舍举行董事会会议，商讨会务及海滨事务。出席者有会长殷同，省政府方面董事鲁穆庭、史靖寰，其他董事朱启钤、曹汝霖、严智怡、徐济、任凤苞，区经理刘钟秀，以及监事、记录等人员。在该次会议中，董事会讨论1934年度预算时，议决"按照预算书一律通过，其不敷款额请由北宁路局与河北省政府设法维持"。③各种实际情形的演变和法规的出台，使北宁铁路局不仅继续赞助经费，更直接领导公益会，并监督海滨事务，还为海滨公安局提供警力，这些深度参与使北宁铁路局成为海滨自治区的实际领导机关。1934年6月颁布的《北戴河海滨自治区公署办事细则》正式确认了北宁铁路局在海滨的主管地位，第三条"区经理遵省制依法令，秉承北宁铁路管理局局长之命及公益会交办议决案件，掌理本区一切行政建设事务，并指挥监督

---

① 田金昌主编：《天开图画成乐土——朱启钤与北戴河海滨公益会》，中国文史出版社2018年版，第135页。
② 《海滨自治区暂行办法》，《北戴河海滨公报》第4期，1934年，第1—2页。
③ 《北戴河海滨公益会董事会会议记录》，《北戴河海滨公报》第4期，1934年，第15、17页。

进退及所属职员",第四条"本署设区公安局,直隶于河北省民政厅,受本署暨北宁铁路管理局之指挥监督,执行左列事项"。①

常有人在提到自治区历史时,会直接表达为自治区被北宁铁路局接管,由以上可见,这种说法虽不准确,但亦能说明问题。20 世纪 30 年代,北宁铁路局不仅为海滨建设提供资金和人力,还与中国旅行社共同编辑《北戴河海滨导游》一书出版发行,宣传海滨,服务旅游,扮演着"当家人"的角色。

所以,在《北戴河海滨自治区组织章程》诞生后的数年间,因实际条件不足,公益会继续代行区议会职权,而北宁铁路局实际领导海滨自治,此外,市经理制仍然得到贯彻。不过,区经理和区公安局局长都由公益会和北宁铁路局产生和任命,这两个机构实际上共同支撑着海滨的市经理制,这也是官民各方根据海滨实际情形而对市经理制进行的在地化调适。区议会未曾成立,一般民众甚至一些具备选举资格的市民都无法参与地方自治事务的议论与决策,北戴河海滨的市经理制并未建立在市民自治的基础上,实际上是由公益会和北宁路局的少部分上流人物和专业人士领导,这是其区别于美国市经理制的主要特征。

三、地方开发成绩

北戴河海滨自治区虽然仅存在短短数年,但由于其新生,具有朝气,在短期内推出了各项区内法规,并遵行这些法规进行了一些实际建设,这是自治区时期的主要成绩。

(一)新出政令法规

除《北戴河海滨自治区组织章程》及其《施行细则》等总体性文件外,自治区还颁布了诸多专门法规以指导规范海滨各项事务。前文已述《选举规则》,另有关于警察、捐税、商业、公共秩序等多方面的法规制定并颁布,当

---

① 《北戴河海滨自治区公署办事细则》,《北戴河海滨公报》第 4 期,1934 年,第 3 页。

时海滨还办有官方公报——《北戴河海滨公报》，专门登载法规及海滨重要事务。

关于行政机关区公署和公安局的设置。《北戴河海滨自治区公署办事细则》规定，区公署下设财政、工务、社会三股，另设苗圃一所，分设股长及主任，各有其责，组成区公署行政框架。①《北戴河海滨自治区公安局暂行办法》规定，该局设事务员三人"分办总务、行政、司法、卫生及涉外事件暨文书撰拟之一切事务"，设警务员一人办理督察事务，设公安队长一人、分所警长五人，警察员额定为冬季二十名，夏季六十名。②这两则法规在1934年《海滨自治区暂时办法》的框架下制定，并非全然依托1932年的《组织章程》，但区公署之行政架构基本与《组织章程》一致，而公安局之架构与早期康明震领导时期差别较大。康明震对照河北省特种公安局组织章程办理，设有两室、四科、三分局、四队，"规模稍嫌冗大"③，而《公安局暂行办法》对此进行了调整，减少科室设置，压缩机构规模。1934年自治区公署和公安局的行政架构设置并不照搬其他地域现有的行政机关，而是根据海滨人口较少、地域较小的基本情况，简化机关层级与分支，尽量使用更少的职员，以减少财政负担。

关于捐税。除了北宁铁路局的补助款外，捐税是北戴河海滨区公署的一大收入，区公署对海滨各类车马、旅馆饭店、各类执照均收取捐款。1934年6月，区公署颁布《征收手推车捐及脚踏车登记费布告》，规定双轮手推车每年须纳捐五元，脚踏车每年纳登记费一元。④这只是众多捐款类目中的两种，从区公署《民国二十二年度征收捐款统计表》可知，各类捐款均有定数，如小贩每名月捐五角、摊位每摊年捐二元、旅馆饭店捐营业收入之百分之二点

---

① 《北戴河海滨自治区公署办事细则》，《北戴河海滨公报》第4期，1934年，第3—5页。

② 《北戴河海滨自治区公安局暂行办法》，《北戴河海滨公报》第4期，1934年，第6—7页。

③ 王绍年：《北戴河筹设自治区纪详》，《河北月刊》第2卷第5期，1934年，第14页。

④ 《北戴河海滨自治区公署征收手推车捐及脚踏车登记费布告》，《北戴河海滨公报》第4期，1934年，第8页。

五、建筑取沙每方二元等。①区公署制定基本捐款规则，征收捐款才能各有所依，捐税规则保证了收捐秩序，亦保障了相应财政收入。

除以上行政机构设置与征收捐税法规外，对于基本公共秩序，区公署亦制定了相应规则。公益会曾通过省政府和临榆县政府发布《保护名胜古迹令》，自治区在这方面继续加强。1932年12月，自治区公署发布《保护联峰山暂行规则》。其保护措施有禁止剪伐损坏山中树木、由观音寺分所指定一名山林警察员、由苗圃负责移栽修剪事宜、禁止私自损毁变更山石园囿庙寺亭洞碑碣及其他名胜古迹之属、除冬初外其他时间禁止樵牧。若有违反以上规则者，区公署交由区公安局和法院分别惩治，并处罚金。②《暂行规则》较之前公益会对联峰山的保护更加全面直接，公益会作为民间团体，只是受积善堂委托代为保管联峰山，而区公署作为行政机关，可直接发布保护政令，并由治下的苗圃和公安局等机关执行，较公益会之力度大有增强。向来，海滨私人建屋及公共工程较为频繁，其建筑用沙基本取自海沙，但若无序开采，恐会伤及海滩及浴场，损坏海滨风貌。自治区公署针对建筑事业，颁布《管理建筑取沙规则》，要求取沙者必须持有执照，提供使用者、地点、用途、数量等详细信息，禁止在海岸线附近及浴场内采沙，对采沙者收取捐税（公共机关、慈善团体及乡村居民可免收捐）。这项规则的出台不仅规范了采沙秩序，还保护了海滩环境，又创造了捐税收益，可谓一举多得。

从这两则政令法规的编订与出台可以发现，自治区时代与公益会时代相比，拥有独立且完善行政机关的重要性。如朱庆澜所说，公益会对不法或不道德之行为只能劝导，无执法权，而海滨公安分局对公益会只有协助之责，两者之间并不能实现如臂使指般的效率。而自治区成立后，区公署不仅可独立制定地方法令，还与区公安局关系紧密，实为一体，在制定与执行公共规则方面拥有威权，对民众的约束力自然比公益会时代要强上许多。

---

① 《北戴河海滨自治区公署民国二十二年度征收捐款统计表》，《北戴河海滨公报》第4期，1934年，第22—23页。

② 《北戴河海滨自治区公署保护联峰山暂行规则》，《北戴河海滨公报》第4期，1934年，第11—12页。

各类政令法规的制订与颁布是自治区初期的重要工作。自治区根据形势变化和实际情形调整行政机关的组织办法，使机关架构趋于合理，有依有据地开展工作。还通过收取捐税获取稳定的收入，通过颁布其他社会性规则规范社会事务秩序，这些政令法规关涉到各行各业。可想而知，在实际执行中，区公署和区公安局的下层分支各掌其职，利用政令法规收取捐税、整治环境、惩戒违反者，其权力应用与法规文本相对应，上下一体——行政机关的这一优势即自治区时代较公益会时代最大的进步。

（二）实际建设

北戴河海滨自治区虽于1932年成立，但适逢多事之秋，1933年日军侵扰长城一线，北戴河受战事波及。1935年自治区又被汉奸领导的"冀东防共自治委员会"圈入，北戴河海滨几乎脱离国民政府管治，自此到1936年12月，自治区改为北戴河海滨风景区，仅存在四年的北戴河海滨自治区不复存在。短短四年，海滨秩序虽不安稳，但自治区依靠北宁铁路局，办成了几项较大事业，同时对公益会所办事业多有维持，颇有可述之处。

建立海滨发电厂，海滨电灯遂逐渐应用。公益会时代，曾试办水电公司，因困难巨大，未能实现。自治区成立后，公益会重提此事，但由于1932—1933年间，北戴河海滨自治仍在筹办，管理机关尚未全面理顺，于是国民政府建设委员会回复"该会内部组织如何？隶属何机关管辖？本会无案可查，现在筹备之电厂拟集资本若干？进行至如何程度？仰即分别具复，至石岭会外人所设之小发电厂，其开办年月、机量若干、电费价目、用户数及电灯盏数，并仰查复，以凭核办"①。1934年，北宁铁路局正式全面介入海滨管理，在路局的支持下，海滨发电厂开建，于该年夏季正式成立。②该电厂"以繁荣北戴河海滨自治区供给全区应用电流为任务"，每年夏季5月至9月发电，期间供电自每日黄昏至次日凌晨二时止。用户若用电，须按装灯及插销数目缴

---

① 《建设委员会批（第九号）》，《建设委员会公报》第27期，1933年，第103页。
② 《建设委员会指令（第七九八号）》，《建设委员会公报》第44期，1934年，第53—54页。

纳接线费,每盏25瓦灯泡每期预先缴纳电费5元,瓦数大者则相应增收电费。另有用电表者,则预先收缴费用,季末按照电表数字,多退少补。在居民用电之外,电厂还为海滨装设路灯,其费用由区公署缴纳,无须居民直接担负。从以上用电规则可知,发电厂与海滨许多公共设施一样,只在夏季投入使用,几乎专为避暑专用。其实从电费及相关服务费之明细可以看出,只有略具资产之中外避暑人士才能负担起电器,冬季几乎只有当地村民生活,发电厂自无发电之必要。海滨东山区域虽早有小型发电机供电灯之用,但其毕竟用户较少、区域较小、发电亦不稳定。此次发电厂之设立,是自治区时代建设之最大公共设施,可供3 200盏灯之用,东山西山俱受供给,也是"北戴河电力工业之始"①,在北戴河海滨历史上亦是一大事件。此事之成仰赖于北宁铁路局之资金与资源,也是自治区较公益会时代进步之体现。1935年,北宁路局又将发电厂扩建,添设蒸汽发电机,扩展原锅炉房,添建给水设备,在发电同时为海滨车站及车辆供水②,这些工程于1936年竣工投入使用③。

北戴河海滨站常年设站。自北宁铁路局管理海滨后,其角色由前期的交通服务者变为海滨负责者,对海滨的各项建设更加上心。尤其在本就属其管理的铁路交通方面,北宁路局拥有更大的主动性和决策权。1934年,北宁路局"鉴于该区建设事业,日有进步,往来旅客,渐见增加"④,申请将原只夏季开行的海滨支线改为全年通车,得到国民政府铁道部同意⑤。于是夏季之外的半年多时间,旅客虽少,却再不用受无车之不便,有所区别的是,其他时节不再设置从京津直达海滨的专车,而只在北戴河站与海滨站之间每日对开四

---

① 秦皇岛市北戴河区地方志编纂委员会编纂:《北戴河志》,天津人民出版社1994年版,第22页。

② 《变更北戴河海滨扩充发电厂计划改用蒸汽发电机》,《铁路杂志》第11卷第7期,1935年,第147页。

③ 《北戴河海滨电厂水塔锅炉房将竣工》,《北宁日刊》第1799期,1936年,第8页。

④ 《呈铁道部文(车字第八二四号)》,《北宁日刊》第1162期,1934年,第3页。

⑤ 《铁道部指令(业字第二九四二八号)》,《铁道公报》第1002期,1934年,第3页。

次①，这是基于旅客数量不足和节省费用的考虑。铁路局还在北戴河车站到海滨车站的铁道两旁种植树木，计有枫树、侧柏、柳树等上万株，此举目的在于保护路基和点缀风景。②

设铁路宾馆。1933年，北宁路局向铁道部提交了补助北戴河海滨自治区之建设计划书，筹划在海滨开展发电厂、饭店、市场、造冰厂、冷藏库五项建设。发电厂之设立较为顺利，而旅馆需要较长时间设计、建筑，北宁路局只能退而求其次，暂时租赁章、王两家别墅，用作铁路宾馆。该宾馆于1934年7月5日开幕，由北宁路局庶务课副课长朱泽农③为经理④，"开幕以来，旅客尚属满意"。夏季过后，游客减少，该宾馆只留章宅大楼一处，以为节省。⑤章、王二宅只是宾馆临时借用，路局方面认为私人住宅"房屋窄小，容纳住客有限"，又另在海滨筑造新馆，于1936年7月1日正式开幕，王揖唐、曹汝霖等公益会董事和北宁路总务处处长于景陶等重要人物出席。⑥参加开幕式之人员评价："海滨新馆纯为便利避暑旅客而设，建筑新颖，设备周密，定价更极低廉，较之一般海滨旅馆，实为现代化与平民化，开幕典礼人员，均极赞许云。"⑦公益会曾设想在海滨建大旅馆，限于资金无着落而停留在纸上，此次铁路宾馆的开办终结了海滨无公办旅馆的历史，亦说明北宁路局推动海滨建设之能力更加卓越。

设临时医院。原海滨莲峰医院开办多年，后因北京中央医院不能支持，只能由公益会自行延请京津地区医师临时坐诊⑧，较之前多有不便。北宁铁路局鉴于旅客居民就医需要，于原莲峰医院旧址，设立夏季临时医院，其医师

---

① 《北宁路北戴河海滨站改为常年开站》，《京沪沪杭甬铁路车务周报》第10期，1934年，第141页。

② 《北戴河海滨间植树万余株》，《改进专刊》第13期，1936年，第1页。

③ 朱泽农，即朱沛，朱启钤长子。

④ 《曲线新闻》，《北洋画报》第23卷第1112期，1934年，第2页。

⑤ 《呈铁道部文（车字第八二四号）》，《北宁日刊》第1162期，1934年，第3页。

⑥ 《北戴河海滨新馆举行开幕典礼》，《改进专刊》第14期，1936年，第2页。

⑦ 《北戴河建设改进》，《改进专刊》第14期，1936年，第3页。

⑧ 见本书第三章第二节。

由路局所管各医院抽调,院长由留美医师阴毓璋担任①,医院之开办运行由该路局总务处卫生课负责。北宁路局所办临时医院与莲峰医院同样,解决了夏季旅客居民无正规医院看病住院的难题,"办理以来,游人称便"。②

图 5-1 海滨宾馆③

除以上新建设施之外,自治区公署及北宁路局还在原有公益会所建市政设施的基础上,继续增补维护。在马路修筑方面,区公署效率颇高。据统计,短短数年内,区公署主持修筑了西六路、草厂东路、草厂南路、平安路、海关胡同、东二横路、东三顺路、保一路、中海滩路、石塘路、北岭路等。④海滨基础教育方面,北宁路局用力尤甚。1934年,区公署决定对各村小学成绩较优者予以补助,对赤土山女子小学每年补助120元,对崇德小学每年补助60元,对其他村庄就学困难者,由省立滦县师范学校设立陆庄联立小学,开

---

① 《北戴河海滨医院》,《改进专刊》第13期,1936年,第4—5页。

② 《筹设北戴河海滨临时医院》,《铁路杂志》第1卷第2期,1935年,第177页。

③ 《本路经营最新式之避暑所北戴河海滨宾馆开幕纪念》,《改进专刊》第14期,1936年,插图。

④ 林伯铸编:《北戴河海滨风景区志略》,1938年,第11页上版—第17页上版。

展义务教育，区公署对该校每年补助144元。1935—1936年，北宁铁路管理局局长殷同提出在海滨建立完全小学，并捐建筑经费及用料，朱启钤捐出建校所用土地，1936年夏该校落成，北戴河海滨自治区始有高级小学。①

此外，区公署之日常事务庞杂。仅就《区公署二十二年度会计账略》所列各项支出，可见1933年区公署之具体工作有售卖苗圃花木果实、售卖《志略》及明信片、修马路、为全区马路添铺黏沙土、修缮桥梁涵洞水沟及大车道、添置马路牌和新门牌、设立自治区界石、设立台球社、为公安局添置自行车、继续雇佣夫役维持马路、观音寺、鹿囿各处杂务等。②1934年，区公署对全区中外工商业作一详细调查，统计了区内所有商铺、工厂、饭店等工商业场所之具体数目。这项工作对了解区情、收取捐税等具有重要意义。③同时，区公署开办《北戴河海滨公报》，仿照各城市市政公开之风气，刊载海滨重要政令法规及统计信息，便于居民及时获悉政情。

在区公署和北宁铁路局的具体实施下，数年之间，北戴河海滨市政取得了明显进步。时有人评论："北戴河海滨为华北避暑胜地，自经北宁路接管以来，努力经营，一切建设，较前大有进步，马路异常整洁，地方极为平靖。日前北宁路海滨新馆开幕，中外名流，前往参加典礼，一莅其地，咸谓该方治安与建设之进步，有非平津人士所能预想者。"④

1932至1936年，为北戴河海滨的自治区时代，也是北戴河海滨首次进入独立行政时代。从《组织章程》出台始，北戴河海滨就为全国开一"市经理制"之先河，采取区议会与区公署、区公安局之共同管理。但照搬之法未能实现，又采取调适之法，由北宁铁路局实际领导区公署与区公安局，而由公益会兼容铁路局及省政府人员，组成实际上的区议会，行议事之责。这种模式使铁路局深度参与北戴河海滨日常事务，实为省政府将该自治区交由铁

---

① 林伯铸编：《北戴河海滨风景区志略》，1938年，第20页。
② 《北戴河海滨自治区公署二十二年度会计账略》，《北戴河海滨公报》第4期，1934年，第18—22页。
③ 《北戴河海滨中外工商业分类统计表》，《北戴河海滨公报》第4期，1934年，第24—27页。
④ 《北戴河建设改进》，《改进专刊》第14期，1936年，第2—3页。

路局托管，路局既提供经费支持，又亲自下场建设。铁路局与公益会最大的不同在于其力量雄厚而不像后者是无源之水，其接手后迅速建成了公益会有心无力的发电厂和公办宾馆等大型设施，并接办夏季医院，海滨市政较前更佳。由 1933 年的《会计账略》可知，区公署和区公安局之运行资金大多数来自北宁路局，有此雄厚后台，该年度区公署收支相抵竟结存现金 1 700 余元，且记录在案的欠款对象只有公安局和铁路局。[①] 这样的财政形势与公益会时期已不可同日而语，北宁铁路局的深度介入与领导对海滨 20 世纪 30 年代的发展起到了至关重要的作用，这几年中，海滨市政欣欣向荣，若无国难发生而保持此模式，海滨应有更大进步。

第四节　国难时期的北戴河海滨风景区

北戴河海滨自治区正规划蓝图，加鞭快进之时，却因地处华北与东北交界处，不断受到日军侵扰。最终在日军侵略华北的大潮下被其控制，至 1945 年抗战胜利，北戴河海滨被日伪政权实际统治近十年。在此期间，海滨的治理模式、市政建设、旅游活动、游客的旅游心理均在沦陷大背景下与之前有较大不同。本节以以上方面为中心，论述日伪控制时期的北戴河海滨。

一、北戴河海滨风景区的设立

北戴河地处华北，位于山海关以内，渤海岸边，距东三省一步之遥。在 20 世纪 30 年代之前的 40 年间，北戴河海滨聚集各国避暑人士，发展为旅游胜地，但其中国外人士多属欧美国家，东亚邻国人士极少。随着 20 世纪 30 年代日本侵华野心逐渐暴露，其在东北扩张势力，终于 1931 年发动

---

① 《北戴河海滨自治区公署二十二年度会计账略》，《北戴河海滨公报》第 4 期，1934 年，第 18—22 页。

"九·一八"事变，迅速占领整个东北。这时北戴河海滨虽临近东北边缘，幸未受到影响，尚能在东北势力的管制下开展自治区改革和建设。但日本之侵华脚步并未停下，他们于1933年发动了长城事变，进攻华北，意图蚕食中国，而这时的北戴河因离军事重地山海关和港口秦皇岛较近，成为交火前线，日本势力侵及北戴河。

4月间，日军侵占秦皇岛和北戴河，中国军队且战且退①。后日军撤退，5月2日时，"滦东我军主力，已移至北戴河。日陆军省即再称，如我军再进，彼即再用武力"②，北戴河成双方对峙之所。6月，趁海滨治安混乱之际，土匪韩秀林接收海滨公安局组建治安维持会，9月，该会被新任公安局局长李宝琛解散。③ 整个1933年，北戴河海滨即陷于战乱与无序当中，北宁铁路因此停车数月，于8月15日才重新通车④，公益会诸人当年夏季亦未往海滨，董事会会议在天津召开⑤。这也很大程度上影响了北戴河海滨自治区的行政建设，故自治区虽设于1932年，但大部分新政令法规都是1934年颁布。

随着华北局势的暂时稳定，北戴河海滨也在1934到1935年间迎来了短暂复苏和快速发展，只可惜日本侵略终使自治区短暂的历史于1936年底戛然而止。

早在1933年5月，国民政府面对日军侵入华北，在压力之下与对方签订了不平等条约《塘沽协定》。《塘沽协定》对中国主权造成了不可弥补的伤害，"其一，它确认长城一线为日军占领线，等于默认了日本对东北四省的非法侵占；其二，设定由长城线至中国撤军线之间为非武装区（停战区），使中国丧失了冀东、平北19县与2设治区（一说22县）之完全治权，日本得以涉足

---

① 《日寇侵占秦皇岛北戴河》，《国民空军》第4期，1933年，第21页。
② 方乐天：《东北国际外交》，商务印书馆1933年版，第108页。
③ 秦皇岛市北戴河区地方志编纂委员会编纂：《北戴河志》，天津人民出版社1994年版，第21—22页。
④ 《电津浦铁路管理委员会等》，《铁道公报》第636期，1934年，第12页。
⑤ 田金昌主编：《天开图画成乐土——朱启钤与北戴河海滨公益会》，中国文史出版社2018年版，第135页。

干涉,成为日本进一步侵犯中国的前沿阵地。"①而北戴河海滨恰在停战区内,虽有自治区公署等作为治理机关,但已无中国军队保护,面临着日军的巨大威胁。

冀东位于平津东北,包括唐山、秦皇岛等市县,"面积约3.8万平方公里,人口约400余万"。《塘沽协定》签订后,冀东已无法进行常态治理,国民政府于当年9月将冀东22县统合,划立滦榆、蓟密两个行政区,分别以唐山和通县作为行政督察专员公署,任命陶尚铭、殷汝耕分别为公署专员。1935年,陶尚铭辞职,殷汝耕亲近日本,继陶担任滦榆区行政督察专员,基本掌握冀东大权,此时的北戴河海滨即地处滦榆区内。

土肥原希望可以将整个华北变成亲近日本的自治区域,他决定从已成停战区的冀东开始行动。1935年11月,殷汝耕与土肥原密谋此事后,当即在通县发表"自治宣言",并成立"冀东防共自治委员会"。尽管国民政府迅速反应,通缉殷汝耕并撤销两区公署,但冀东是停战区,国民政府对殷汝耕的卖国行为无能为力,只能任由其发展。1935年底,殷汝耕将伪自治委员会改称"冀东防共自治政府",自任长官。②

在日伪联合破坏中国在冀东主权的大背景下,北戴河海滨自治区逐渐不能独善其身。自治区本属河北省政府直隶,受北宁铁路局管理,与伪冀东政府本不相干,但又偏偏处于冀东之地,难免被日伪觊觎。当时,"因海滨一带,向为走私船只出没之处",伪政府欲从走私活动中攫取查验费,但路局又不能坐视走私之违法行为,伪政府甚觉海滨管理体制对其阻碍。于是,1936年11月2日,伪冀东政府派外交处主任秘书林尚铭,带领伪保安队前往北戴河海滨进行武力接收,河北省政府鞭长莫及,对此恶行无法阻止,遂使其成行。接收海滨管理权是为日伪走私铺路,早前经其调查,认为可在海滨"构筑码头及仓库",接收海滨后即可自如进行。③

---

① 史丁:《日本关东军侵华史》(上),南京出版社2019年版,第123页。
② 军事科学院军事历史研究部:《中国抗日战争史》(上),解放军出版社2015年版,第268—269页。
③ 赵达:《北戴河又被冀东伪组织接收了》,《文化周报》第1卷第3期,1936年,第12页。

1936年12月，在殷汝耕等人的主导下，北戴河海滨自治区改为北戴河海滨风景区①，林伯铸任风景区管理局局长。林伯铸，浙江温州人，曾留美求学，毕业于宾夕法尼亚大学②。其父林式言，清末曾任福建莆田、永福等县知县，1913年任国会议员。③而林伯铸的妻子即是殷汝耕的侄女，林凭借这层关系谋得北戴河海滨风景区管理局局长一职，成为日伪控制时期北戴河海滨的行政长官。

风景区设立后，承原自治区旧制，仍设董事会为区监督机关，设董事11人，董事会的职权为"推荐本区管理局长，审议本区单行规章，预莫决算及募集公债事项，建议本区应兴应革事项，审议本区公民请议管理局建议事项，考察管理局各项设施得失事项"。董事会11人中，冀东政府民政、财政、建设三厅厅长和北宁铁路局局长自动占四席，余下7个席位，公益会推举3人，冀东政府政务长官选聘4人，董事长为民政厅厅长，副董事长由政务长官在7位专任董事中选聘。管理局即海滨行政机关，直属于冀东政府民政厅，局长由董事会遴选，由冀东政府政务长官委任。风景区另设有警务所（原区公安局）、农林事务所（原苗圃）、区完全小学，均归局长统辖，公益会"协助管理局办理地方公益事务"。④

风景区之管理体制看似与自治区时代区别不大，实则完全改头换面。第一，伪冀东政府政务长官在海滨的权力空前扩大。董事会3位兼任董事是其直接下属，四位转任董事由其选聘，政务长官可以决定董事会过半人选，这与自治区时代董事遴选办法截然不同。第二，公益会沦为附庸。自治区时代，公益会尚能起到区议会作用，与北宁路局共治海滨，但在日伪炮制的这套管理体制中，公益会只在董事会中占有不痛不痒的3个名额，没有实权。而且，此时的公益会虽有组织，但已分崩离析，朱启钤等主要成员或避居平津，或

---

① 秦皇岛市北戴河区地方志编纂委员会编纂：《北戴河志》，天津人民出版社1994年版，第22页。

② 中国人民政治协商会议天津市委员会文史资料委员会、中国银行股份有限公司天津市分行合编：《下白眉日记》第二卷，天津古籍出版社2008年版，第82页。

③ 萧振鸣：《鲁迅与他的北京》，北京燕山出版社2015年版，第238页。

④ 林伯铸编：《北戴河海滨风景区志略》，1938年，第6页上版。

南下避难，会长殷同亦南下铁道部任职，只有少数会员继续来往于平津与北戴河之间，与伪政府合作。这些仍参与风景区事务的会员，既失了民族大义，又违背了公益会初衷，只是头顶公益会虚名行事，而风景区将公益会继续纳入权力结构，纯为遮掩自身卖国行为，公益会自此时起已名存实亡。

由此可见，风景区以自治区旧制为遮掩，行伪冀东政府政务长官独裁之实。在这套制度和殷汝耕本人的支持下，林伯铸得以担任风景区管理局局长，并在海滨独揽大权。这种治理模式背离了公益会及自治区一直以来谋划的地方自治之梦，破坏了之前行之有效的旧制，完全为各路汉奸谋取权力和利益服务，是近代海滨管理体制的明显倒退。

二、市政添建

为维护伪政府统治，博取名声，北戴河海滨风景区管理局在近十年的统治期内亦有一些建设，可惜由于资料缺失，只能粗略一述。

全面抗战爆发后，风景区管理局呈请伪冀东政府建设厅到海滨组建长途电话局，该电话局可与冀东区域的领导机关及各县区直接通话。[①] 由此可见，组建长途电话局是一行政措施，并非为地方民众谋便利，而是伪政府内部沟通之用，为巩固伪冀东政权服务。

警政方面。为维持当地秩序，了解民众动向，风景区将原公安局改组为警务所后，又在原有五个分所的基础上增设了赤土山和陆庄两个分所，海滨全部警力额定为42名。这两个分所分别位于海滨之东端与西端，对管理局管控海滨全域有重要作用。[②]

道路修治方面。前期公益会、石岭会、区公署已在海滨修筑了大量道路，海滨内部交通已颇为便利，风景区设立后，继续在此基础上建设。1937年，管理局拟修筑东海滩路（西海滩路早由公益会修成，中海滩路亦由自治区公

---

① 秦皇岛市北戴河区地方志编纂委员会编纂：《北戴河志》，天津人民出版社1994年版，第23页。

② 林伯铸编：《北戴河海滨风景区志略》，1938年，第8页下版—第9页上版。

署修成）、黑石路及渤海桥等，因财力不足，只将后两者完成。黑石路起自刘庄街中东经路，止于意大利人卡洛辛住宅前，渤海桥架于西联峰山下河沟处，修通之后便于人们登临西联峰山观景。① 至于之后的道路修筑成绩，缺少资料统计和说明，无从得之。

医疗卫生方面。原有北宁路局办理海滨夏季临时医院，1936年夏改设为常年医院，风景区接管权力后，与该院协商，在刘庄设立东山诊疗分所。该所坐诊人员由海滨医院每日派遣，所用器具由管理局筹设，铁路员工、区内公务人员及家属、地方贫苦者可根据规章减免医药费用。② 该分所的设立增加了海滨公办医疗场所，为刘庄附近的大量住户求医看病提供了便利。

公园方面。公益会早期已将莲花石公园建设得相当完善，只是由于经费困窘，未能对原定的鸽子窝公园有所展布。1937年春，风景区管理局在鸽子窝建造石亭一座，堪堪用作游客登临休憩之所。同期，管理局对原运动场亦有添建，不仅将旧看台完全修缮，还移栽松树用于看台遮阴，并添置了网球场、篮球场、秋千、轩轾板、轩轾梯、滑板、转盘等运动场地和器具，使运动场的运动项目愈加丰富。③

志书编纂方面。1938年，林伯铸组织人力在管洛声所编的《北戴河海滨志略》基础上编写了《北戴河海滨风景区志略》，名为赓续地方历史，实为将其伪风景区嫁接到避暑地——公益会——自治区的发展历程上，体现其合法性。不过，林伯铸所编的《北戴河海滨风景区志略》却在客观上留下了一些1925年之后北戴河海滨的重要历史信息及资料，仍是一部不可忽略的志书。

三、建设成果和地方秩序遭受破坏

风景区管理局执掌海滨行政期间，虽在海滨建设方面有一些贡献，但更多的，是日伪分子对海滨建设成果和地方秩序的破坏。

---

① 林伯铸编：《北戴河海滨风景区志略》，1938年，第10页下版—第11页上版。
② 同上书，第19页下版。
③ 同上书，第21页上版。

（一）1935—1937年海滨的走私活动

前文提及，伪冀东政府强行接管北戴河海滨治权的一大目的就是便于其在此走私牟利，实际上自伪冀东政府成立后，海滨走私就逐渐猖獗，这里成为华北沦陷区一个重要的走私港口。

上岸货物本由中国设在各港口的海关进行检验并收取税费，以保证货物正规，海关税收也是国家财政的一大来源。走私即为躲避检验和税收而进行的非法活动，向来受到国家打击，国民政府设在各地的海关设有缉私队来往于海面，专门追查走私。秦皇岛自开埠以来，成为华北重要港口，此地海关从港口贸易中为国家收取了大量税收。但随着日本势力进入华北，伪冀东政府成立，日伪不愿这块收入再让国民政府继续取得，遂以伪政府之名在各地设立所谓检验所，明目张胆地避开中国海关，允许走私并从中抽取利益。

冀东地区虽已成立伪政府，但秦皇岛海关和北宁路局仍隶属国民政府，日伪为避开海关追缉，遂远离秦皇岛，向南运动，使走私活动集中于海滨到昌黎之间。自伪冀东政府成立，日本人在海滨出现的频率较以前大为提升。"在这里避暑的，多半都是西洋人，通行着英语。中国人也不少，大概都是应休息了便能休息的知识分子及其眷属，也不很用中国话。日本人向来是很少的，今年却是例外，不止有日本人，还有朝鲜人。不过他们并不是去避暑，而是驾着小船在夜间运输货物的。"① "在这四十里长的走私地带上，尤以戴河口及洋河口间最为繁盛，由此运上岸的私货，几占华北走私总数的三分之二"。②1936年中，一位天津商家在北戴河见到"有大小各色船只三十三艘泊海湾中，纷纷以货物卸入数十艘之舢板，沿岸光景之忙碌，殆无异轮运季节最忙时津沪沿岸码头之所见"③。另一篇报道写道"站在风景区的山头上，或者

---

① 老向：《北戴河的海滨》，《宇宙风》第24期，1936年，第608页。

② 《武装走私在海滨》，载南开大学历史系、唐山市档案馆合编《冀东日伪政权》，档案出版社1992年版，第197页。

③ 《冀东武装走私日益猖獗》，载南开大学历史系、唐山市档案馆合编《冀东日伪政权》，档案出版社1992年版，第189—190页。

是海岸上，往西南望去，总可见到几只火轮浮在遥遥的海面上，那就是走私的景况"①。

走私货物中，早期只有人造丝、布匹、白糖、纸类等，后万般皆有，几乎所有货物都能出现在北戴河的海面上。伪冀东政府设立的"北戴河检验分所"，对这些走私品抽取之税额相当于海关的六分之一至四分之一，这样低廉的税率使许多货商从秦皇岛转到北戴河海滨登岸。这样明显的非法勾当受到日伪军队的保护，当地海关缉私人员对此束手无策，"一个海关稽查立在那里，但是一大批的走私品就堆在距他有五十米远的地方，他没有权利去施行他所应有的权利，他的唯一任务只是为这些货物作计数工作，把调查来的数目字报告给海关，以便绘制统计表而已"。这些上岸的货物又拉送到北戴河车站，从这里经北宁铁路发送到平津以及更远的地方，北宁路局本有国民政府协查走私货物之命令，但在日军的压力下只能放弃与海关合作，私货遂畅通无阻。②

由于1936年底以前，"海滨还是个'防共自治区'里的自治区"，受北宁铁路局和自治区公署的制约，伪冀东政府还不能明目张胆地直接让货物在海滨车站上车，③这也是伪冀东政府接收自治区的原因。在1936年底，通过使自治区变为"风景区"，而由殷汝耕、林伯铸等人对海滨拥有绝对领导权之后，在海滨开展走私再无障碍，海滨走私在1937年前半年几乎完全公开化，风景区时代的走私较前两年更加猖獗。

伪冀东政府在海滨开展的走私活动对国家主权和利益破坏极大。第一，走私破坏了正常贸易。通过降低税率，伪冀东政府境内流入大量低价商品，这些商品流入平津等地，进行倾销，使从海关正常进入的货物难以销售，有

---

① 《武装走私在海滨》，载南开大学历史系、唐山市档案馆合编《冀东日伪政权》，档案出版社1992年版，第197页。

② 《武装走私在海滨》，载南开大学历史系、唐山市档案馆合编《冀东日伪政权》，档案出版社1992年版，第198—199页；《冀东武装走私日益猖獗》，载南开大学历史系、唐山市档案馆合编《冀东日伪政权》，档案出版社1992年版，第190—191页。

③ 《武装走私在海滨》，载南开大学历史系、唐山市档案馆合编《冀东日伪政权》，档案出版社1992年版，第200页。

评论称"华北有数种重要贸易,已完全为其所毁灭"。第二,走私重创国家税收。大量走私使海关税收急剧减少,据统计,1936年5月每星期即损失200万元①,更遑论全年,这对国民政府的财政收入无疑打击甚大,却给日伪政府和军队提供了不菲的钱财。②第三,破坏国家主权,日伪政府公然保护走私活动,各类货商纷纷转投走私,这使海关和铁路之正常权力几乎失效,中国政府机关在区域内失去权威,更加重了民族危机,严重破坏了中国在华北的主权。以上种种,均是日伪预谋并合力实施的有目的、有计划的侵略和卖国行为之恶果,通过强占治理权,北戴河海滨这片名山胜水,转眼间已被其利用成为走私行为的桥头堡,令人唏嘘。

图5-2　纸媒刊登日伪走私实况③

---

① 《冀东武装走私日益猖獗》,载南开大学历史系、唐山市档案馆合编《冀东日伪政权》,档案出版社1992年版,第193页。

② 同上书,第191页。

③ 《冀东海滨(北戴河口)的走私潮》,《中华(上海)》第53期,1937年,无页码。

（二）破坏海滨环境及基础设施

北戴河海滨虽号称万国乐园，但日本人到此地游玩者并不算多，直到东北、华北相继沦陷，随着日军的进犯，日侨也随之纷至沓来，海滨日人渐多。1937年，日军将一支宪兵分队派驻在北戴河。1940年，为满足日军和日侨休旅需求，日本人在北戴河海滨开设"华北交通株式会社社员休养所"，专为日人服务。日本人将此地当作其侵略战争的休养之处，为更好地利用海滨，1940年5月，日本驻天津陆军强占海滨土地建筑陆军医院。[1]为建此医院，军队强行征用西联峰山到戴河的土地，令当地居民、寺庙必须迁走，只给予少量搬迁费。圈定这片土地后，陆军医院将西联峰山圈禁在内，视为私产，在南部区域由"日本大林组株式会社"建筑医院。医院由秦皇岛电厂供电，门前公路直通北戴河车站，四周建有围墙、炮楼、铁丝网，内设500张床位，是一处专供日军伤员治疗的军队医院。该院由日本军队守卫，雇佣中国杂工200余人，于1942年投入使用。该医院运行期间，封闭严密，中国人不得染指其地，院中伤员可在圈禁于内的西联峰山不受打扰地游览。[2]该医院的建设不仅直接损伤了当地居民的实际土地、房产利益，还对西联峰山景区造成了实际破坏，亦妨害了当地民众的游览权利。

此外，林伯铸任管理局局长后，曾大肆砍伐海滨树木，其中包括许多公益会时期已移栽成林者。[3]1943年，日军还将已应用多年，对海滨旅游卓有贡献的北戴河海滨支线强行拆除。[4]以上桩桩件件，均是日伪控制时期，只顾

---

[1] 秦皇岛市北戴河区地方志编纂委员会编纂:《北戴河志》，天津人民出版社1994年版，第23—24页。

[2] 张诚藩:《日本华北陆军医院的建立及其经过》，载中国人民政治协商会议河北省北戴河区委员会文史资料研究委员会编《北戴河文史资料》（第一辑），1989年，第81—82页。

[3] 朱海北:《风云变幻的北戴河海滨》，载北京市政协文史资料研究委员会、中共河北省秦皇岛市委统战部编《蠖公纪事——朱启钤先生生平纪实》，中国文史出版社1991年版，第100页。

[4] 秦皇岛市北戴河区地方志编纂委员会编纂:《北戴河志》，天津人民出版社1994年版，第24页。

自身利益，不顾当地居民生计、海滨环境和建设成果的倒行逆施之举。

（三）强占海滨房屋，驱赶各国侨民

日伪控制海滨后，造成社会秩序混乱，他们借此机会强行霸占海滨土地房屋等，挪为己用，并借由战争驱赶各国侨民，使原来海滨较为和谐的社会秩序化为乌有。

1937年前后，自风景区成立到卢沟桥事变，许多原常在海滨避暑的华人上流人物或南迁，或留驻平津，基本不再前往北戴河。于是日伪趁此机会，占据了海滨西山的华人房屋，汤玉麟别墅成为日军宪兵队司令部，吴鼎昌别墅、外交部部长施肇基别墅成为日军伤病疗养院，卞白眉别墅、董显光别墅成为日本军部指挥所[①]。

1941年之前，因海滨欧美人士的中立地位，日伪尚对各国侨民有所顾忌，但也做了不少令人不齿之事。北戴河海滨有不少原白俄侨民，日伪在此期间利用白俄侨民为其反共侵华活动服务。1937年，日军组织成立"天津俄侨防共委员会北戴河分会"，为其侵略行为站台鼓吹，该会与日军华北军的隶属关系就昭示了这一目的。[②]1939年，林伯铸还在海滨鼓动组织"反英委员会"，借由当地"平民"之手打压英国侨民。自日本全面侵华以来，英国在华利益受到重创，英国政府对国民政府之抗战有所资助，使日英矛盾更加尖锐，日本遂在占领区开展反英运动。1939年8月7日，管理局组织成立"北戴河反英委员会"，其会长、副会长、委员、干事等均为当地商民，林伯铸幕后操控一切。林发表电文称："就海滨一隅而记，本区华洋杂处，情形特殊，英人卜居最早，其侨属人数也较他国为多，故海滨民众所受压迫亦较他处为烈。本局管理是区，目睹情形较为亲切。以为英人障碍若非根本排除，不无以救中国，且无以谋东亚之和平。"林伯铸利用这样的"民意"由"反英委员会"

---

① 王凤华编著：《北戴河海滨旧闻录》，中国城市出版社1997年版，第171—172页。

② 秦皇岛市北戴河区地方志编纂委员会编纂：《北戴河志》，天津人民出版社1994年版，第23页。

发布其主张：各商号不准再添购英货、断绝与英往来、与英人有服务关系之中国人速行辞退、限英人退出海滨。北戴河的"反英"活动背后是鲜明的日英矛盾，后由于英国对日妥协，"反英"亦告一段落。①

1941年前，其他中立国侨民尚能继续在海滨居住与度假。如园艺专家美国人辛柏森自1928年来到中国，1937年仍能在海滨兴建别墅，直到1940年才离开海滨②。1941年太平洋战争爆发，英美等国共同对日宣战，沦陷区之欧美侨民遂不得不忍受日本之打压。同年12月8日，伪河北省政府成立"灭美歼英委员会"，海滨风景区管理局成立"河北省灭美歼英委员会北戴河支部"，海滨日伪军队和政务人员开始驱离海滨欧美外侨，继而霸占其房产。③一则报纸消息显示，日军得到外人房产后，委托铁路局将一部分房屋在夏季出租，用于牟利，租赁者可向天津铁路局庶务部厚生课申请。④自此到1945年光复，海滨完全沦为日伪的自留地，原本的万国人士避暑地完全笼罩在太阳旗的阴影之下。

（四）旅游衰颓，百业困顿

日伪侵占海滨及各种不得人心的行为使得本已在20世纪二三十年代兴盛的避暑旅游业迅速跌入谷底，战争阻隔交通，加之华北人士南下避难，北戴河避暑旅游迅速衰颓。报刊写道"青岛、庐山、北戴河，都是一片烽烟，上海居民能挤在游泳池里浸浸，已经是意外的幸运"⑤，表达了对战争导致海滨避暑无法正常化的无奈。

日伪占领北戴河期间，海滨胜地几乎为其独享。未沦陷区域的人们感叹："莫干山、北戴河、庐山、青岛，那些可爱的避暑胜地，丢了给敌人去享

---

① 王凤华编著：《北戴河海滨旧闻录》，中国城市出版社1997年版，第167—169页。
② 王凤华：《辛柏森博士在海滨》，载中国人民政治协商会议河北省北戴河区委员会文史资料研究委员会编《北戴河文史资料》（第一辑），1989年，第55—59页。
③ 王凤华编著：《北戴河海滨旧闻录》，中国城市出版社1997年版，第169页。
④ 《北戴河敌产住宅解放》，《新天津画报》第7卷第22期，1943年，无版数。
⑤ 《火伞之下》，《中华（上海）》第81期，1939年，第32页。

受。"① 当时华北各地伪政府常组织职员前往北戴河休闲。1944年，北电兴亚会唐山支部组织北电唐山社员参加"北戴河夏日练成团"，往北戴河调节锻炼，"本年度参加人员颇称踊跃，几乎遍及全体"。②北电之昌黎报话局亦组织其职员分批到北戴河游览，并在浴场享受海水浴。③

旅游活动的不正常和日伪治理不善使得沦陷时期北戴河海滨各行业均进入低谷。1942年海滨风景区管理局组织的一次各村村长座谈会上，与会代表反映了当地居民的一些困境。煤油、食盐、小麦等生活必需品暴涨，且货物流通不畅、旅游人士锐减和市场动荡导致海滨原来数目颇多的商户"家家关板，生意萧条"，在这样的处境中，居民生活受到了极大影响。④

总体而言，日伪对海滨的侵占完全终结了北戴河海滨20世纪二三十年代的避暑旅游兴盛期。在治理模式上，日伪为掌控权力、谋取利益，取消了本已进入轨道的铁路局、公益会、区公署合作开展的地方自治模式，而以实行假自治的风景区管理局管理海滨，在治理模式上是一大倒退。在实际管理的近十年中，日伪肆意侵占土地房屋、破坏环境、驱赶外侨，市政建设乏善可陈，致使海滨避暑旅游一落千丈，当地面貌亦不如前，居民生活更加困苦。纵观1893年以来的半个世纪，日伪控制时期是北戴河海滨最为黑暗压抑的一个阶段。

第五节　光复后的北戴河海滨

漫长的日伪控制时期使海滨居民苦不堪言，而这段黑暗历史终在1945年8月落下帷幕。随着日本投降，北戴河海滨重新恢复到中国政府管辖之下。国

---

① 高梦飞：《屯溪度着夏季》，载大江编《战时皖南行政资料》，中国文化服务社皖南分社1945年版，第322页。

② 《北戴河夏日练成团中：唐山局员参加踊跃》，《华文北电》第4卷第8期，1944年，第39页。

③ 《昌黎局员分赴北戴河滨历览》，《华文北电》第4卷第8期，1944年，第39页。

④ 王凤华编著：《北戴河海滨旧闻录》，中国城市出版社1997年版，第172—173页。

民政府接收北戴河后，内战又迅即开始，直至 1948 年 11 月 26 日，北戴河全境解放。短短三年之内，国民政府虽在明面上重建了北戴河海滨管理体系，但由于内战和经济萧条，北戴河海滨未能彻底复苏。

国民政府迅速接收海滨后，设立行政机关。河北省政府撤销原伪政府机关，在北戴河海滨设立北戴河海滨管理局，直属于河北省政府。设立海滨警察局，直属于河北省民政厅警务处，编制 60 人。[①] 这套行政设置与风景区时代相似，均是由管理局和警察局负责海滨地方治理，而放弃沿用自治区时代的市经理制。

新的管理局成立之后，面临的首要任务就是清算日伪，重新恢复秩序，为此，河北省政府颁布了一系列指导文件。

接收日伪"资产"是海滨管理局的首要任务。1946 年初，河北省政府主席孙连仲发布命令，要求河北省各市县和北戴河海滨区按照南京行政院命令，处理收复区私有土地上的敌伪建筑物。其处理办法根据具体情形按照相应细则执行，"凡收复区人民房屋及其他建筑物因战事被毁（包括遵奉敌府命令自动或被动拆毁烧毁），经敌伪在原土地上重行建筑，或经敌伪将原建筑物增建或拆毁重建者，应由主管县市政府依法估定其价值"，"收复区私有土地原为基地，经敌伪组织或敌侨汉奸兴建房屋或其他建筑物者，应由主管县市政府依法估定其价值"。该命令对北戴河海滨的意义在于可使战争中房屋土地受损失者不再继续蒙受损失，获得一定补偿，如私家住宅遭日伪直接侵占者，基本上可由原拥有人自行领回，其他形式的侵占亦各有处理办法。[②]

在被侵占房屋和土地问题上，原外人资产亦应得到妥善安排。自 1941 年后，北戴河海滨的原外人住户基本上都已离开，或回到其祖国，或避居他地，其私有固定资产不得已留在海滨，被日伪侵占。光复后，有一波外人返回海滨。处理大量原外人资产，是北戴河海滨相较周围其他县市一项较为特别的

---

① 秦皇岛市北戴河区地方志编纂委员会编纂：《北戴河志》，天津人民出版社 1994 年版，第 25 页。

② 《奉行政院令发收复区私有土地上敌伪建筑物处理办法通令知照由》，《河北省政府公报》第 1 卷第 2 期，1946 年，"命令"第 4—5 页。

事务。关于土地，1947年4月，河北省政府特意针对外人地权案件发布命令，就此事进行规范。首先，国民政府承认战前外国政府、人民或公司在中国通商口岸及口岸以外取得的土地永租权（已有备案），但限定为"凡与我国订有平等新约之国家"，对这部分土地，由各地政府直接换发土地所有权状，继续归其所有。虽有如此规定，但未签订新约之国家政府、人民和公司原有土地永租权并未受到国民政府太多限制，"应暂维持现状，仍为永租权之登记"。① 因此，除战败国外，其他国家外人旧时的永租土地均得到国民政府承认，可以继续持有，其土地上之建筑物归属，自可按照上述处理建筑物办法办理。此项命令的颁布，说明国民政府仍希望与各国保持温和关系，对曾经在北戴河海滨居留的外人而言，他们则可凭借这些战后办法回到北戴河，继续保有土地和房屋，使北戴河海滨恢复战前的万国避暑地面貌。

国民政府、河北省政府的战后接收及处理办法表明了对战前在华外人的欢迎态度以及恢复海滨旧有生活秩序的期望，战后陆续有原住户回到北戴河海滨，也有新的游客前往海滨避暑。但战后国内局势复杂，内战又迅速打响，北戴河成为国共双方反复争夺区域，并不安稳，海滨原有中外避暑人士或远隔重洋，或事务缠身，或慑于局势，许多人难以回到海滨。解放战争时期，海滨的避暑旅游业虽有一定恢复，但离战前的盛况相差极远。仅从"全国报刊索引"数据库中所见，这一时期各类报刊关于北戴河海滨避暑度假的新闻、游记、图片极少，与战前形成了强烈对比，当然其中一大因素是华北报刊业凋敝，但避暑旅游人数大大减少也是不争的事实。1948年，海军司令桂永清视察海滨，随同的政工人员拍摄的北戴河街道一片荒凉景象，仅有军队人员及个别摊贩在街道上活动，显得极为突兀。② 同年，一位外国人的游记亦透露出北戴河避暑旅游的低潮。他碰到的第一件不正常事件就是火车乘车问题。由于战争的影响和国民政府的规定，军人及官员可以免费乘车，这导致途经

---

① 《令颁各地方政府办理外人地权案件应注意事项仰遵照由》，《河北省政府公报》第2卷第12期，1947年，第19—20页。

② 相惟廉摄：《北戴河街道一片荒凉》，《南京中央日报周刊》第5卷第4期，1948年，封4页。

北戴河的火车上充斥着这类免费人员，一般旅客"必须争取座位，否则你休想弄到一只座位"，此种乘坐秩序似还不如战前。这位外国游客还观察到了海滨外人游客的数量，"那年八月中，共有三百多个外侨来到北戴河"，若放在战前，这实在不是一个令人满意的数字。①

尽管北戴河海滨当地的行政机关和服务机构极为努力地保证着海滨避暑期间的社会秩序和服务水平，"电报局和邮政局工作很准确"，管理局和警察局使海滨"整个夏天，没有发生过一件纷扰或意外"。但海滨避暑旅游的颓势已不可阻挡。当时，由于国民政府糟糕的金融政策和陷入崩溃的全国经济，通货膨胀严重影响了人们的生活，海滨最好的旅馆——松林别墅一天的房费需要2000万元，当地一瓶牛奶20万元，雇一辆人力车二三十万元，这位外国旅客携带了一亿两千万元用于在海滨的花销。②尽管他付得起这样的价格，但这样的币值和物价早已超出了正常范围，战前北戴河游客的一大群体——城市职员，只能在通胀中苦苦求生存，已无法再行舒适的旅行之举了。

战后北戴河避暑旅游的继续衰退是大环境下的必然情形。经过日伪十年摧残，北戴河原有固定的中外避暑人士一去不复返，战后只是零星来返，一般市民经过战时和战后的接连乱象，大都无钱无闲用于海滨度假。而北戴河海滨是一个单纯的避暑旅游胜地，并无其他产业支撑经济，各行业大多依靠夏季旅游生存，游客急剧减少给海滨商户、摊贩、居民又造成了打击，海滨遂不复当年盛况。1945年至1948年的北戴河海滨，接续了1937年至1945年的海滨旅游颓势，是北戴河海滨的第二个低谷期。

1948年11月26日，在解放军的强势进攻下，北戴河海滨的国军全部撤离，中共冀东12地委特区接管北戴河海滨，这一天，是北戴河海滨的解放日。接管人员迅速在北戴河海滨组建了中共海滨区委员会和海滨区公所，秦榆市公安局海滨公安分所随之成立，海滨建立了全新的行政机关。1949年，中共领导的海滨区委、区政府实行减租、退租政策，并整理户口、接收旧资

---

① N.G.Tretchikoff：《今年的北戴河》，《旅行杂志》第22卷第10期，1948年，第48—49页。

② 同上书，第49页。

产、建立基层党组织,海滨社会秩序逐步稳定。在行政区划上,北戴河海滨转设为海滨区,归秦皇岛市管辖,相应行政机构和职位名称亦随之更改。[①] 此刻,北戴河海滨不仅结束了十余年的衰退时代,也结束了半个多世纪的近代避暑地历史,步入了崭新的共和国时代,其治理机制、基础建设和旅游事业亦从此进入全新的境地。

本章小结

自1932年《北戴河海滨自治区组织章程》颁布,到1948年底北戴河海滨解放,是此地自1893年以来的行政区时代,其治理机制与过往有明显区别。

北戴河海滨自治区虽时间短暂,但开创了北戴河海滨历史上首个独立行政时期。20世纪30年代之前,海滨行政机关的缺失使得公益会、石岭会、东山会等民间团体各自为政,海滨虽有发展进步却陷入瓶颈,外人事务亦不便处理。河北省政府借用当时在美国风行的市经理制,设计出一套本地化的区议会、区公署、区公安局共同管理体制。但海滨人才缺乏、经费短缺,该制度难以直接落地,在改良过程中,又演化为北宁铁路局、公益会、区公署、区公安局的暂时共治体制。其中,北宁铁路局处于绝对核心地位,公益会代行区议会职权,区公署为直接行政机关,北宁铁路局局长兼任公益会会长,对区经历和区公安局局长的人选产生拥有重要话语权,该局还为北戴河海滨公共事务提供财政支持,为区公安局提供警力支持。这种将铁路管理方结合市经理制引入地方自治的做法是20世纪30年代北戴河海滨行政建设的一大特色,具备极强的试验性质。这种治理体制的诞生脱胎于海滨的实际情形——避暑旅游业与铁路交通的黏合性、海滨地窄人稀、公益会能够继续辅

---

① 秦皇岛市北戴河区地方志编纂委员会编纂:《北戴河志》,天津人民出版社1994年版,第26—27页。

助等。

但随着日军侵略日渐加深,地处东北华北交界的北戴河海滨迅速陷入了日伪控制区,并在1936年底被完全接管,设立北戴河海滨风景区。风景区虽仍是行政区,但已非自治区,一是能够体现自治意味的临时区议会——公益会几乎分崩离析,二是地方自治不便于日军和伪政府在海滨行不法之事。直至抗日战争结束,海滨一直由伪政府治下的区管理局和区警务所治理。光复后的北戴河海滨仍然不存在自治基础,于是由北戴河海滨管理局和海滨警察局所治理,其行政架构与沦陷时相似。

论各个阶段的市政建设和治理成绩,则自治区时代可称为兴盛期,而后两个阶段则为衰退期。自20世纪20年代中期以后,公益会已无力建设市政,但20世纪30年代铁路局的强势入局使海滨市政迎来了第二次快速建设,发电厂、铁路宾馆等大型设施得以出现,原有设施亦得到增补,展示出稳定经费来源在市政建设方面的优势。总体来看,自治区时代,铁路局等管理机构仍是立足于当地,推进地方发展,为居民游客谋便利。但随后的日伪政府则纯粹为其自身而破坏海滨环境,掠夺私人资产,使海滨面目全非,旅游业亦一落千丈。国民政府重新接管后,亦因局势动荡,经济衰退,加之前期日伪摧残,难以重振海滨。

同为行政区时代的三个阶段,为何出现了迥然不同的发展速度和建设态势?其主要原因在于外部大环境的不同。大环境的变化一是战争与和平,二是主权归属。20世纪20年代虽有直奉战争等战事影响,北戴河海滨旅游亦有过低谷,但时间极短。而自日军侵入华北之后,直到北戴河海滨解放,海滨十多年陷入动荡不安的局势之中,造成交通阻隔、民众逃散等多种恶果。作为一个纯粹的避暑地,游客缺失即是最大的难题。另一方面,风景区时代主权存废影响极大。在数十年历史中,北戴河虽多外人,但治权长期保持在华人及中国政府手中,只有风景区时代由日伪统治。日本对海滨的资源、环境、居民自然远不如国内各势力重视,遂大肆掠夺、侵占、破坏,完全不顾及当地发展。因此若对三个阶段予以评价排序,则自治区最优,海滨区次之,风景区最为糟糕,堪称黑暗时期。

结论

避暑旅游如何使北戴河海滨走向现代

1893年后的北戴河海滨，完全是一座旅游城市，其在由渔村转向现代市区的过程中所发生的新变化，无一不是来自避暑旅游。在早期发展历程中，北戴河几乎没有产生改变城市生产结构的工业，这一点与上海、天津等都市有明显不同。其有着相当完善而丰富的现代基础设施、现代建筑和商业、服务业等，这些新生事物并非孕育自北戴河本土，而是有着强烈的外来意味，即与外界引入的避暑旅游活动亦步亦趋。北戴河海滨的地方发展，是由避暑旅游与地方开发中的现代因素造成，这是其早期阶段的主要特征。本书以时间线为论述脉络，基本呈现了北戴海滨近代各阶段的发展史，但如何阐释避暑旅游与北戴河海滨现代化之间的关系，笔者认为仍需从几个有关北戴河海滨近代避暑旅游的方面入手，以纵向议题串联起北戴河的现代化历程。

一、融合与争权

相信没有几个中国城市能像北戴河海滨一样，外籍人士能在其近代发展史上扮演如此重要的角色，从1893年"发现"海滨到引领避暑风潮，从侵犯主权到完全占领，外籍人士不仅对海滨的历史演进有重要影响，而且在海滨的居住人数亦占据相当比例，这些特征无疑使外籍人士成为海滨极为重要的一个社会群体。而国人面对如此数量与力量的外籍人士，如何适应、融合与反抗，也是北戴河海滨地方开发与旅游发展的重要主题之一。

（一）中外人士对北戴河海滨主权的争夺

自1893年至1948年北戴河被解放，外籍人士长期影响着北戴河海滨的主权完整，而国人亦在此过程中主动采取应对措施，使地方主权在不同阶段形成了不同的态势。

海滨主权在近代的变动，大致可分为五个阶段。第一阶段为1893—1918年的外人侵占主权阶段。这一时期避暑旅游刚刚兴起，外人占据海滨避暑人数的绝对多数，并形成了自己的自治团体，对国人较为排斥。国人对此现象的产生有两种应对方式：一是1898年清政府划定避暑地为代表的忍让常态，二是1900年前后义和团赶杀洋人的极端反抗变态，尤以默认忍让为主，外人由此在海滨横行二十余年。第二阶段为1918—1932年的外人权力受制约阶段。这一时期公益会与央地政府相互配合，对外人侵权进行打压，并制定了海滨公共秩序，以华人民间团体为主、政府为辅的治理方式对外人侵占主权形成了一定制约，并得到了舆论的一致好评。第三阶段为1932—1936年的中日对峙阶段。这一时期，海滨通过设立自治区，基本上将外人聚居区内的道路等公共设施的修建与管理权由自治区接管，行政改革对主权归属的作用由此体现。但同时，日本侵略军不断侵扰海滨，使日伪势力伸入海滨，海滨自治区在大局不利的情形下苦苦支撑。第四阶段为1936—1945年的主权沦丧阶段。日伪完全占领海滨，将原中国地方管理机关撤销和大多数欧美住户驱逐，形成日人独大的态势。第五阶段为1945—1948年的美军干扰阶段。解放战争时期，由于秦皇岛的战略地位，美军常由此登陆，并入驻海滨，干扰我国内政，解放军以强大攻势解放海滨，使海滨主权完全复归。自此，伴随北戴河海滨整个近代发展史的中外主权纷争到此结束。

由中外人士对北戴河海滨主权的争夺过程可以看出，主权归属与中央政府态度、地方政府作为、治理模式演变、国内国际局势变化有着千丝万缕的关系。其中，北戴河海滨由自由避暑到设置行政区的转变，彰显了国人对地方主权的逐渐重视和收归手段；而国内外局势的变化，使日军美军侵占海滨主权，这非海滨一隅可以改变，只能依靠国家整体环境变化带来改观。近代海滨主权的变动过程，一方面反映出近代中国外人势力对我国地方权力的深刻影响，以及国人在国家主权危机下民族意识的觉醒与反抗；另一方面也可看出国人在应对地方主权危机时，学会利用外人制度如"团体自治"及"市经理制"的地方组织形式"以夷制夷"，这亦是另一种形式的中外交流。

（二）中西交流与海滨避暑旅游

海滨避暑旅游在20世纪末，纯由外人引入北戴河海滨及其他避暑地，外人对这项活动在中国的传播起着开拓者与引领者的作用。在近代中国学习西方的大潮之下，欧美的政治制度、经济产业、生活方式均得到国人的追逐学习，海滨避暑旅游逐步从华北外人的专门活动演变为中外人士的共同参与。在海滨避暑旅游中，国人模仿跟随外人的海水浴、日光浴等游乐活动，学习外国都市建立公园、运动场、现代马路、西式别墅、咖啡馆、公共图书馆、电灯电话邮政警察等设施，与避暑旅游相关的娱乐活动及服务设施，大都从欧美学来。欧美国家和人士的设施与行为，被许多国人认为代表着时髦与先进，在这种认识下，国人纷纷投入到海滨的避暑旅游及建设活动中，将北戴河海滨这一原本的农渔区域，改造成了一个颇具西方都市面貌与韵味的生活娱乐市区。北戴河海滨的近代发展史，可以称作一部中西文化的交流融合史。而在对待外人的态度上，以公益会为代表的国人认为，只要其不侵犯中国主权，服从地方管理，其在海滨的避暑居住应得到支持与保护，这一点体现出难得的国际平等精神与民族自信意识，与义和团时期的全面排华已有根本性不同。正由于这种认识的作用，在近代的大部分时间内，中外避暑人士尚能在海滨安然相处，使海滨颇富万国避暑地的美名。

二、权力、财政与建设

地方开发是近代北戴河海滨的绝对主题，它不仅深刻地改变了海滨的基本面貌，使海滨从无人所知的一隅僻地变为市政发达的现代市区，还与避暑旅游相互配合，使游客在海滨得到了周到满意的服务。但海滨地方开发在不同阶段呈现出不同程度，并非持续稳步推进，这种不确定性与海滨不断更迭的地方治理模式相关。

论海滨地方治理模式的演变，可大致分为两个阶段，1932年以前为民间自治期，1932年以后为行政区时期。前期的主要治理特征为官厅边缘化与居民自主化，清政府1898年的避暑地之设将海滨划归临榆县管辖，但临榆县无力亦无权在外人众多的海滨包揽一切，遂造成民间团体自生于其中，石岭会、公益会、东山会、灯塔会等民间团体分而治之，这些团体承担了其所在区域的日常管理责任，政府在司法赋税等方面继续保持其作用。后期的主要治理特征为官厅主导化，北戴河海滨基本脱离临榆县划立行政区，政府站上前台，而民间团体势力退让，由专门行政机关等进行地方开发与治理，海滨支离破碎的权力得到统一。

但若论地方开发的程度与成绩，则并不能简单以上述两个阶段来看，从本书内容可知，近代北戴河海滨市政建设的快速期大约分别在1918—1925年与1932—1936年，这种现象则须用更复杂的因素来解释。

第一个快速期是公益会前期，即1918—1925年，是民间自治期地方开发的高峰期，其形成具有各种现实因素与历史偶然性。公益会成立之前，在海滨居住的避暑人士以外人为主，外人为建立秩序，自建有团体，虽有意愿但缺少财力进行大规模开发，只在其聚居区有少许便民建设。公益会的横空出世改变了这种局面，公益会从其名观之，即以地方公益事业为重心，其会员以华人上层人物为主，自会长以下，既有意愿又有能力进行开发建设，与各级政府与银行、企业更有千丝万缕的联系。海滨的市政开发在公益会治下几乎经历了从无到有的变化，地方交通与游乐设施迅速建立，这离不开朱启钤等人的卓越领导和公益会会员的慷慨解囊。虽有政府机关从旁协助，但这批会员的主动性和建设能力是推动这一时期市政快速开发的主要因素。另外，主要依靠自愿捐款的公益会，在开发稳定性上不能保证长期强度，人员流动与资金匮乏的困境迅速到来，也使市政开发陷于停滞，从而加快了行政区时代到来的步伐。

第二个快速期为1933—1936年海滨的自治区时期，是行政区时代地方开发的高峰期，与公益会相比，自治区在行政权和经费保障方面的明显优势是支撑其大兴土木的底气所在。地方开发需要大量而稳定的建设资金，海滨其本小而狭，人口少而产业不发达，公益会作为民间团体，除自身捐款与路局补助外,难以从当地收取源源不断的经费,因此,捐款能否持续对开发能力产生决定性的影响。而自治区建立后,公益会退为议事机关,北宁铁路局提供地方经费并领导海滨治理开发,时局安定的情形下,铁路局可在铁路营运方面获得稳定创收,有这样的财政后盾,海滨市政建设自是一日千里。且铁路营运与避暑旅游本就是互相促进之关系,铁路局亦有充分主动性。另外,铁路局自有医院、警察、工程机构等,只要稍微倾斜资源,即可补海滨市政之不足。铁路局主管时期,其市政建设的强度与水平实际上较公益会更进一步,只是由于公益会的时间更长、开拓意义更大导致其声名更显。因此,自治区时代在学术研究和文史普及方面应该得到更多关注。再者,正式的行政机关可直接限制旧有民间团体的开发权利,避免各自为政的局面。自治区成立后,区公署迅速接收了原各团体自建的道路等公共设施进行统一管理,各团体在自行开发过程中开发难以协商、互相掣肘的弊病也被解决,这是自治区时代的另一大改观。私以为,自治区时代是近代北戴河海滨发展最好、最健康的一个阶段,可惜因国内局势乱象而未能坚持下去。其最大的成功点是将权力、财源与民意结合起来,通过设立行政区和行政机关掌握全区行政权力,通过背靠铁路局解决资金难题,通过保留公益会集中征求民意,而近代北戴河海滨其他时期均未达成这种融合。尽管自治区所行"市经理制"在制度设计上本应向下层输放权力,通过选举议员等方式让普通民众参与到地方自治中来,但近代中国自有其本土特点——绝大多数民众的基本素质无法达到参政议政的水平。所以,在急迫发展与嫁接制度之间,需要将已成型的西方制度进行本土化改造,事实证明,自治区采取的政府领导下的精英治理方式依靠权力、财力、专业人士的集合,在短期内收获了巨大成功,符合北戴河海滨的发展需求。

海滨近代地方治理模式经过前40年的探索与变革,到自治区时代,基本达到了较为和谐的状态,可惜之后的多年战争将这样的良好趋势中断。由此可见,近代海滨的地方开发不仅与地方治理模式关系甚巨,而且同时需要一个稳定和平的发展环境,两者缺一不可。

三、海滨地方开发与旅游发展的现代性

海滨的地方开发与旅游发展从很大程度上来说即是它的现代化历程。罗荣渠的广义现代化含义为"现代化作为一个世界性的历史过程,是指人类社会从工业革命以来所经历的一场急剧变革,这一变革以工业化为推动力,导致传统的农业社会向现代工业社会的全球性的大转变过程,它使工业主义渗透到经济、政治、文化、思想各个领域,引起深刻的相应变化"[①]。那么要从现代化的角度理解北戴河海滨的近代变迁,就必须从经济、政治、文化、思想等各个领域分别阐释其变化,从中发现海滨近代事物中现代性如何在北戴河海滨弥漫开来。韩庆祥解释,"'现代性'是由西方学者提出、用来在总体性上反思一定历史发展阶段(即现代社会)生产方式、交往方式、生存方式和思维方式及其蕴含的思想观念,并寻求发展的再生之路的一个核心概念。是指现代社会不同于传统社会的根本特质,是对现代化的'本质''特性'的概括和表达"[②]。从现代性的多重维度来解释北戴河海滨各领域在近代产生的深刻变化,正可深入北戴河海滨现代化的肌理,直抵根本。

(一)工业生产成果在北戴河海滨的应用

在经济维度上,现代性体现在工业化生产方式上,其带来的物化是本质特征。[③]就北戴河海滨而言,其不是由明显的工业化生产催生出的现代都市,整个北戴河海滨的早期开发阶段上,若论近代工业生产,发电厂应是仅有的一例。密密麻麻的大烟筒、轰鸣的生产机器、劳碌的工人——这些工业革命的标志性画面可能在临近的天津、唐山司空见惯,但在北戴河海滨难以看到。工业化生产的缺失并不意味着北戴河海滨脱离了工业化的影响,在现代化的

---

① 罗荣渠:《现代化新论——世界与中国的现代化进程》,商务印书馆2004年版,第17页。
② 韩庆祥:《现代性的本质、矛盾及其时空分析》,《中国社会科学》2016年第2期,第9页。
③ 同上书,第10页。

语境中，工业化的一大成果即是人们对新的生产成果的应用。马克思、恩格斯所说"自然力的征服，机器的采用，化学在工业和农业中的应用，轮船的行驶，铁路的通行，电报的使用"①等种种工业社会带来的生产力提升在海滨现代化历程中均发挥了重要作用。

交通方面。北戴河海滨在近代的启程即是来源于周遭交通局面的变化，1893年津渝铁路的修筑和1898年秦皇岛港口开埠开启了北戴河海滨作为避暑地的历史。工业化带来的机车和轮船改变了北戴河海滨的交通环境，海滨人员、货物的流动性由此大大增强，海滨从一个农业和渔业为主的"密封"社会，开始与北京、天津等外界大城市紧密联系在一起。北戴河海滨修筑内部道路时，采用的马克当路面和使用的压路机等均是工业化以来的发明，航空旅游的诞生给北戴河海滨带来了飞机和赤土山机场，使北戴河海滨使用上了20世纪的最新发明。电报、邮政与上述交通方式共同促进了海滨信息和货物的通达，交通的现代化是北戴河海滨现代化的前提和重要推动力，它使得近代海滨的一切巨变成为可能。

市区产业与面貌。北戴河海滨住宅及其他房屋建设对水泥等新建筑材料的使用，推动了海滨近代建筑风貌的形成。莲峰医院（及其后继医院）对西医和各种仪器的引入使海滨居民得以享受到最新的医疗技术和较好的医疗服务，发电厂和电灯的出现改变了当地居民的夜生活，银行、照相馆等现代行业为当地居民提供了便利和乐趣。现代工业生产成果充斥在海滨的方方面面，将几乎所有居民都卷入到了工业化带来的新生活中，北戴河海滨市区及周边乡村的强烈外观反差也是工业化的近代与农业化的前近代之间的鲜明对比。

（二）游客自我意识的觉醒及个体主体性的生成

"人作为个体从自在自发的生存状态进入到自由自觉的生存状态，这是人类社会历史进程中的重大事件"②。避暑旅游本就起源于近代西方人劳作之后的

---

① 中共中央马克思恩格斯列宁斯大林著作编译局编译：《马克思恩格斯选集》第1卷，人民出版社2012年版，第405页。

② 衣俊卿：《现代性的维度及其当代命运》，《中国社会科学》2004年第4期，第14页。

休闲享受之举，是人类在求取温饱之外的自由生存新方式。自西人在海滨筑屋避暑后，中国游客的大量游记以及公益会文书中，常见对这种现象的反思，即中国人常日夜劳作不停，不知休息与放松，与西方人的生活状态差距甚远。西人避暑生活的美好景象促使原本旁观的中国人改换思想，不仅产生了对这种休旅思想的认同，而且直接参与到避暑度假旅游中。避暑旅游代表着在日常生存之外的一种可选择的、自由的生活，代表着人可以由自身意愿出发，支配自己的身体、时间、空间，其中暗含的则是国人自我意识的一种觉醒。

对身体的认知。在传统社会中，中国人由于礼教约束，常将裸露身体肌肤作为一种羞耻，女性在这方面尤甚，以厚重的衣物包裹身体是传统社会中的常态，甚至抛头露面也不被提倡。但避暑旅游活动包含的海水浴、日光浴等却将人体的大部分肌肤裸露于外，更重要的是，这种裸露是在男女皆有的群体场合，这一点与旧的传统礼教完全相背。但在近代西方新教育、新文化的影响下，中国的新一代女性却勇敢地接受了这些行为，积极地参与到海水浴、日光浴中，且不避异性、不避镜头，开放地展示着自己的身体。这种新形象的诞生将旧社会的礼教规训抛却一边，拥抱着海浴有益健康、泳衣展示美丽的新观念，这个变化代表着避暑人士在对身体认知上大大脱离了原有的社会性束缚，拒绝他人的评判和指摘，而以自我意识决定着身体的展现方式和活动方式。同样，女子骑驴穿梭于海滨的街道之中，采用各式各样的服饰与发型，参与运动、爬山、聚会等活动，无不宣告着自我意识已在中国新一代女性的脑海中生成。

对时间和空间的选择与支配。当今社会普遍以星期制为工作休息周期，正常情况下即星期一至星期五工作，星期六和星期天休息，且周内每日以八小时为工作时长，除过这四十个小时之外的时间，则可自由支配。这一套工作休息制起源自西方，经工业革命后的工人斗争得以确立，清末民初时的西方国家大多采用此种制度。但中国传统的休息日制度与此有异，以官员为例，汉代每五日休沐一次，唐代一月放假三天，在一些大的节日另有假期。[①] 这种较为规范的工作休息轮转制度仅存在于贵族、官员这种特殊阶层，而普通民

---

① 朱瑞清、陈斯英：《青年休暇指南》，天津人民出版社1988年版，第6—7页。

众终日劳作于各行各业，疲于生计，绝大多数人极少有固定的放假休息时间。而星期制传入中国后，由在华外人及华人上层率先开始实行，并逐步推广开来，一些学校、机关将此确立为基本制度。于是，拥有定期假日的民众比例渐有提升，且多为知识阶层和中上阶层，这些人拥有固定的假期后，开始思考如何支配这属于自己的时间，于是有了在周末逛公园、逛商场、举行聚会等活动。为了增加度假的乐趣性和丰富度，一部分人会利用这两天时间驾车到郊外，作短期短途的度假旅行，如北京市民会到郊外西山游玩。随着长途交通方式如铁路的建设日进，周末两天的可通达范围急剧扩大，北戴河海滨这种以前远不可及的地方，也能够在短期内来回。闲暇时间的固定化和快速交通的发展促使假期远距离度假旅游成为可能。北戴河海滨旅游代表着人们对自己时间和空间选择和支配权的扩大，在工作之余拥有自由的闲暇时间，闲暇时间内去哪里？做什么？完全由个人决定，这使得人们不用被永无休止的劳作将时间和空间固定。这种变化折射出了现代社会对人本身的尊重和人的个体自由的扩大，个体的主体性由此生成。

（三）海滨社会中的现代公共精神

个体主体性的生成有一个内在趋势，即使个体走向追求自我利益和自我实现的最大化，这种趋势如不加以约束，则很有可能造成其他个体利益的损失。那么如何使两者之间尽量保持平衡，造就一个和谐的生存状态？造成一个有所约束的共同体则是途径之一，这个共同体中，诸个体需要以现代的平等、契约、信用等理念为核心，形成一种"人本化的、理性化的社会文化精神"，来保护诸个体利益与共同利益。[①]

在近代北戴河海滨的起始阶段，西人在海滨自行购地、租地建屋，本无所约束，但出于共同利益，石岭会等自治团体诞生，《石岭会章程》等公共契约同时产生，入会人员在卫生环境、房屋买租等非个体事务上采取按照契约或群体商议的方式来办理，这是公共精神在近代海滨的最早体现。

---

① 衣俊卿：《现代性的维度及其当代命运》，《中国社会科学》2004年第4期，第15页。

之后的时代，公共精神除在团体组织中继续发挥作用外，也在组织外的更广大空间实现着它的价值。首先是公共事业与公共秩序的相伴而生。公益会建设公园、医院、公共浴场、运动场、马路等设施，允许所有本地居民及外来游客使用，公共场所极大地弱化了身份等级，人格平等在很大程度上得到实现。而任何个体在使用这些公共设施时，就意味着其已经遵守了公共契约，如不可随意攀折树枝、不可驾驶汽车等，因为这些行为对公共设施的破坏，即是对共同使用者权益的伤害。在公共秩序之下，每个人让渡一部分自己的自由和权利，使他人的自由和权利不至于受到损害，这是理性、平等等现代理念的直接体现。其次是海滨治理的公共化。近代海滨除原乡村外，新建区域并无社会历史，其地方治理在本土意义上是从头开始的。在缺少绝对权威的情形下，海滨自发生成了地方自治制度，这种地方自治在自治区时代发展到顶峰，形成了议事机关、行政机关、司法机关相结合又各有其责的治理方式。其中，区议会的设置并非从传统社会的政治资源中继承，而是从现代西方社会直接借鉴，其特点在于"注重民众社会参与"①，摒弃绝对权力，给予公民同样的竞争与选择权利，这是政治层面人的主体性与公共精神的结合。尽管这一目标并未完全实现，但其趋势与设计蕴含着这样的精神。

在近代北戴河海滨的现代性表现在方方面面，正是现代性中的一些基本理念主导了人们的意识和行动，才使海滨走上了现代化道路。在近代阶段，北戴河海滨在物质层面和精神层面均逐步迈入了工业时代，前近代的生产方式、生产成果、文化精神虽然存在但不再起主导作用，这个变化即是两个时代之间的主要区别。

（四）"反现代"的现代化进程

在很长一段时间，现代化在很大程度上代表着与传统的不同，在工业化初期，追求现代即是摆脱传统的阻挠，是许多人的普遍认识。工业化爆发的巨大生产力和人的自我意识的增强使改造自然成为可能，对物质文明的巨大

---

① 韩庆祥:《现代性的本质、矛盾及其时空分析》，《中国社会科学》2016 年第 2 期，第 10 页。

变革催动着人们不断追逐财富与自由。于是,过去长期保持的"传统"被迅速破坏,如强大的生产力对自然形成了一定破坏,打破了农业社会时期人与自然之间较为和谐的关系。这种现象尤其表现在工业文明集中存在的城市中。工业革命时期,伦敦、曼彻斯特等城市拥挤的人口、肮脏的环境、嘈杂的噪声、迅速扩大的传染病等负面影响接踵而至,迫使人们开始思考许多工业革命与过度开发带来的弊病。在反思之下,人们又回头治理环境,弥补已经造成的失衡局面。

而在近代的北戴河海滨,中国的一些大城市已经逐渐走上了快速发展之路,遇到了和西方城市同样的问题。但此时城市之外的广大区域仍然保持着传统面貌,以一种非现代的形式存在,也意味着其保持着优良的自然环境。北戴河海滨这般风光美丽、气候宜人的乡野区域迅速受到了在华西方人的青睐,成为其逃离现代都市后的乌托邦。随着避暑旅游人数渐多,海滨的开发程度也日渐提升,以公益会会员为代表的本土华人,迅速发现了无序开发可能会对海滨传统风貌造成极大破坏。这种预见基于中西方都市已经发生的情形而产生,是他们对人与自然关系破裂的未雨绸缪之举。于是,保护风景名胜等法令迅速颁布,海滨的开发建设亦在保护环境的前提下进行,如海滩路以外不许建屋、名胜山地不允许私人买卖、寺庙等传统建筑不得拆毁、海滨苗木不允许随意攀折、马路禁止汽车上路等,这些措施有效地保护了海滨的原生环境,使现代社会的一些失序现象未在海滨产生。这些"反现代"措施使北戴河海滨在从传统社会过渡到现代社会的进程中没有重走弯路,而是以一种较为平和的方式转接,这一特征有别于大部分进入现代化较早的区域。这种特殊的、温和的现代化进程能够产生得益于几个因素:一是北戴河海滨相比于西方和中国的大都市,发展较晚,在19世纪、20世纪之交才开始发生变化,有数量众多的参照地供其避开一些弊病;二是北戴河海滨以避暑旅游"发家"而并非工业生产,在保护环境方面本就易于控制。现代化进程本就不断更新,并非止步于哪个年代,随着时代进步,这些"反现代"的思想与措施亦融入现代思想中,成为现代性的一个表现。北戴河海滨的例子表明,后发现代化区域虽然在现代化进程上有所滞后,但其自有其后发优势,以学习者的姿态避免过去的波折,直抵更新的现代,这也给我们今天开展现代化建设提供了许多启示。

北戴河海滨的现代化进程是近代中国的一个独特样本，这里以避暑旅游兴起，用半个世纪发展为具备优良市政和传统现代相结合的先进市区，为新中国成立后的进一步演变奠定了基础。如今，北戴河海滨仍是渤海岸边一个耀眼的避暑度假明珠，吸引着全世界游客前来，而当地保存的大量旧建筑和旧地名，仍在述说着北戴河海滨曲折、复杂的过往。

参考文献

一、资料汇编、官方文书、地方志、指南等

（1）管洛声编：《北戴河海滨志略》，1925年。

（2）林伯铸编：《北戴河海滨风景区志略》，1938年。

（3）秦皇岛市北戴河区地方志编纂委员会编纂：《北戴河志》，天津人民出版社1994年版。

（4）河北省地方志编纂委员会编：《河北省志 第3卷自然地理志》，河北科学技术出版社1993年版。

（5）秦皇岛市地名办公室编：《秦皇岛风物志》，河北人民出版社1986年版。

（6）［清］赵允祜撰：《临榆县志》，光绪四年（1878年）刻本。

（7）秦皇岛市地名办公室编：《秦皇岛市地名词典》，天津人民出版社1994年版。

（8）河北地名委员会办公室编：《河北名胜志》，河北科学技术出版社1987年版。

（9）何志利主编，昌黎县档案局编：《同治重修昌黎县志校注》，线装书局2018年版。

（10）高凌蔚、程敏侯等纂修：《临榆县志》，1929年。

（11）李志龙主编：《开滦史鉴撷萃》（上），河北人民出版社2011年版。

（12）徐珂主编：《北戴河指南》，商务印书馆1921年版。

（13）《大清德宗景皇帝实录》。

（14）李保平、邓子平、韩小白主编：《开滦煤矿档案史料集1（1876—1912）》，河北出版传媒集团、河北教育出版社2012年版。

（15）北京大学历史系中国近现代史教研室编：《义和团运动史料丛编》，中华书局 1964 年版。

（16）《交通部直辖各铁路民国五年兴革事项表》，1918 年。

（17）《北戴河海滨公益会报告书》。

（18）北京图书馆《文献》丛刊编辑部编：《文献》（第 14 辑），书目文献出版社 1982 年版。

（19）《中华教育文化基金董事会第一次报告》，1926 年。

（20）《国立北平图书馆馆务报告》，1929 年。

（21）北宁铁路管理局编：《北戴河海滨导游》，中国旅行社，1935 年。

（22）京奉铁路管理局总务处编：《京奉铁路旅行指南》，京奉铁路管理局总务处 1917 年。

（23）《庐山指南》，商务印书馆 1937 年版。

（24）孙燕京、张研主编：《民国史料丛刊续编》第 322《政治·对外关系》，大象出版社 2012 年版。

（25）中山公园管理处编：《中山公园志》，中国林业出版社 2002 年版。

（26）徐珂编：《鸡公山指南》，商务印书馆 1921 年版。

（27）周庆云原著，周延祁续补：《莫干山志》，大东书局 1936 年版。

（28）九江书会：《官话指南》，九江印书局 1893 年版。

（29）胡栋朝：《中国铁路指南》，广智书局 1905 年版。

（30）丁福保：《医学指南》，文明书局 1908 年版。

（31）南洋劝业会事务所编纂科编：《南洋劝业会观会指南》，南洋劝业会事务所 1910 年版。

（32）叶春墀：《济南指南》，1919 年。

（33）商务印书馆编译所编纂：《西湖游览指南》，商务印书馆 1913 年版。

（34）京汉铁路车务处编辑：《京汉旅行指南》，京汉铁路局 1913 年版。

（35）上海商务印书馆编：《中国旅行指南》，商务印书馆 1913 年版。

（36）广益书局编：《全国铁路旅行指南》，广益书局 1921 年版。

（37）交通部铁道联运事务处编：《中华国有铁路旅行指南》，1922 年。

（38）南开大学历史系、唐山市档案馆合编：《冀东日伪政权》，档案出版社 1992 年版。

二、报纸杂志

（1）《北洋官报》

（2）《政府公报》

（3）《内务公报》

（4）《市政通告》

（5）《交通公报》

（6）《农商公报》

（7）《北戴河海滨公报》

（8）《建设委员会公报》

（9）《铁道公报》

（10）《河北省政府公报》

（11）《铁路协会会报》

（12）《天津商报画刊》

（13）《旅行杂志》

（14）《清议报》

（15）《通问报》

（16）《申报》

（17）London and China Express

（18）《月报》

（19）《会务杂志》

（20）《妇女时报》

（21）《北洋大学校季刊》

（22）Westminster Gazette

（23）Overland China Mail

（24）Dublin Daily Nation

（25）《直隶实业杂志》

（26）《交通月刊》

（27）《北洋法政学报》

（28）《中华医学杂志（上海）》

（29）《北洋画报》

（30）《国立北平图书馆馆刊》

（31）《浙江省立图书馆月刊》

（32）《民众教育通讯》

（33）《中华图书馆协会会报》

（34）《中国出版月刊》

（35）《航空（北京）》

（36）《中国银行业务会计通信录》

（37）《新生周刊》

（38）《市政评论》

（39）《宇宙风》

（40）《东方杂志》

（41）《儿童世界》

（42）《国闻周报》

（43）《人生与文学》

（44）《清华周刊》

（45）《独立评论》

（46）《晨报副刊》

（47）《燕大周刊》

（48）《实报半月刊》

（49）《晨光周刊》

（50）《时代》

（51）《燕京大学校刊》

（52）《中行生活》

（53）《健康家庭》

（54）《北晨画报》

（55）《中国旅行社行旅指南》

（56）《海光（上海1929）》

（57）《河北月刊》

（58）《道路月刊》

（59）《河北民政刊要》

（60）《铁路杂志》

（61）《北宁日刊》

（62）《京沪沪杭甬铁路车务周报》

（63）《改进专刊》

（64）《国民空军》

（65）《文化周报》

（66）《中华（上海）》

（67）《新天津画报》

（68）《华文北电》

（69）《南京中央日报周刊》

三、人物文集、年谱、日记、文史资料

（1）中国人民政治协商会议河北省北戴河区委员会文史资料研究委员会编：《北戴河文史资料》（第一辑），1989年。

（2）北京市政协文史资料研究委员会、中共河北省秦皇岛市委统战部编：《蠖公纪事——朱启钤先生生平纪实》，中国文史出版社1991年版。

（3）顾廷龙、戴逸主编：《李鸿章全集》，安徽教育出版社、安徽出版集团2008年版。

（4）康有为撰，楼宇烈整理：《康南海自编年谱外二种》，中华书局1992年版。

（5）绍英著，张剑整理：《绍英日记》，中华书局2018年版。

（6）王承传著，冯雷、王洪军整理：《王承传日记》，凤凰出版社2017年版。

（7）辽阳市政协学习宣传文史委员会编：《辽阳文史资料》（第19辑），辽阳市政协，2009年。

（8）孙宝瑄著，中华书局编辑部编，童杨校订：《孙宝瑄日记》，中华书局2015年版。

（9）周学熙叙：《周止庵先生自叙年谱》，文海出版社1985年版。

（10）朱启钤编：《蠖园年表》，1944年。

（11）朱启钤：《蠖园文存》，贵州省文史研究馆编：《民国贵州文献大系》（第三辑上册），贵州人民出版社2015年版。

（12）崔勇、杨永生编选：《营造论——暨朱启钤纪念文选》，天津大学出版社2009年版。

（13）[日]普文学会，共和法政学会编译部译：《自治制问题文解》，1913年。

（14）顾维钧口述，中国社会科学院近代史研究所译：《顾维钧回忆录》，中华书局1983年版。

（15）浙江省政协文史资料委员会编：《辛亥革命浙江人物谱》，浙江人民出版社2011年版。

（16）辽阳市政协文史资料研究委员会编：《辽阳文史资料》第四辑，1989年。

（17）中国人民政治协商会议天津市委员会文史资料委员会、中国银行股份有限公司天津市分行合编：《卞白眉日记》，天津古籍出版社2008年版。

（18）中共中央马克思恩格斯列宁斯大林著作编译局编译：《马克思恩格斯选集》第1卷，人民出版社2012年版。

四、著作

（1）冯树合编著：《北戴河史迹》，中央文献出版社2008年版。

（2）王凤华编著：《北戴河海滨旧闻录》，中国城市出版社1997年版。

（3）吕晓玲：《近代中国避暑度假旅游研究（1895—1937）》，合肥工业大学出版社2013年版。

（4）陈国卫编著：《旅游胜地北戴河》，中国林业出版社1996年版。

（5）孙志升编著：《中国旅游圣地北戴河》，中央文献出版社2005年版。

（6）闫宗学主编：《北戴河记忆》，燕山大学出版社2018年版。

（7）孙志升：《北戴河——中国现代旅游业的摇篮》，北京燕山出版社2001年版。

（8）孙志升：《到北戴河看老别墅》，湖北美术出版社2002年版。

（9）李春光编著：《北戴河老别墅》，河北美术出版社2011年版。

（10）田金昌主编：《天开图画成乐土——朱启钤与北戴河海滨公益会》，中国文史出版社2018年版。

（11）李南：《莫干山，一个近代避暑地的兴起》，同济大学出版社2011年版。

（12）郭继汾：《蒲公英文集》，燕山大学出版社2016年版。

（13）冯金忠、陈瑞青：《河北古代少数民族史》，民族出版社2014年版。

（14）管子著、颜昌峣校释：《管子校释》，岳麓书社1996年版。

（15）朱诚如主编：《辽宁通史》（第1卷），辽宁民族出版社2009年版。

（16）牛汝辰编：《中国地名掌故词典》，中国社会出版社2016年版。

（17）邓魁英、袁本良主编：《古诗精华》，巴蜀书社2000年版。

（18）《名人留迹北戴河》编委会主编：《名人留迹北戴河·诗文荟萃》，中央文献出版社2007年版。

（19）李越选编：《中国古代海洋诗歌选》，海洋出版社2006年版。

（20）〔唐〕李世民著，吴云、冀宇校注：《唐太宗全集校注》，天津古籍出版社2015年版。

（21）曾鲲化：《中国铁路史》，新化曾宅，1924年。

（22）刘彦：《中国近代外交史》，上海泰东图书局1921年版。

（23）刘彦：《被侵害之中国（即中国主干之不平等条约）》，太平洋书店1928年版。

（24）［德］穆默图，闵杰编撰：《德国公使照片日记（1900—1902）》，程玮译，福建教育出版社2016年版。

（25）张恒注：《弦歌三晋》，山西教育出版社2017年版。

（26）［英］托马斯·霍奇森·利德尔著，李国庆校订:《帝国丽影》，［美］陆瑾、欧阳少春译，北京图书馆出版社2005年版。

（27）刘莉、王勇编著:《中国民航发展简史》，中国民航出版社2010年版。

（28）傅焕光编著:《中国现代交通史》，华丰印刷铸字所，1926年。

（29）潘树藩:《最近各国航空事业》，商务印书馆1934年版。

（30）《中国自助游》编委会编:《中国自助游2018最新升级》，中国轻工业出版社2018年版。

（31）张恨水:《啼笑因缘》，三友书社1930年版。

（32）林语堂著，陀郑、杰元应译:《京华烟云》（上），春秋社，1940年。

（33）李健吾:《撒谎世家》，文化生活出版社1940年版。

（34）陈抱一:《洋画欣赏及美术常识》，世界书局1941年版。

（35）上海戏剧协社编:《剧本汇刊》（第一集），商务印书馆1933年版。

（36）张学继、刘红:《张学良全传》，经济日报出版社2006年版。

（37）顾彭年:《现代欧美市制大纲》，商务印书馆1923年版。

（38）方乐天:《东北国际外交》，商务印书馆1933年版。

（39）史丁:《日本关东军侵华史》，南京出版社2019年版。

（40）军事科学院军事历史研究部:《中国抗日战争史》，解放军出版社2015年版。

（41）萧振鸣:《鲁迅与他的北京》，北京燕山出版社2015年版。

（42）大江编:《战时皖南行政资料》，中国文化服务社皖南分社1945年版。

（43）罗荣渠:《现代化新论——世界与中国的现代化进程》（增订版），商务印书馆2004年版。

（44）朱瑞清、陈斯英:《青年休暇指南》，天津人民出版社1988年版。

（45）柯龙、刘成、黄丽平主编:《土木工程概论》，西南交通大学出版社2018年版。

五、论文

(1) 李南:《中国近代避暑地的形成与发展及其建筑活动研究》,浙江大学博士学位论文,2011年。

(2) 吕晓玲:《近代避暑地华人自治管理探析——以北戴河海滨公益会为例》,《徐州师范大学学报(哲学社会科学版)》2011年第5期。

(3) 刘少虎:《朱启钤开发北戴河海滨旅游景区的原因及启示》,《湖南商学院学报》2004年第4期。

(4) 朱枕薪:《略论市经理制兼说明〈北戴河海滨自治区组织章程〉采用议会经理制起草之经过》,《市县行政研究》1943年第1卷第3期。

(5) 朱枕薪:《北戴河海滨区经理制稿书后》,《市县行政研究》1944年第2卷第2期。

(6) 赵欣:《1934年—1948年北戴河外籍人员管理研究》,河北大学硕士学位论文,2010年。

(7) 李秀伟:《日伪统治时期北戴河海滨地区的小学教育》,河北大学硕士学位论文,2008年。

(8) 闻虹:《京奉(北宁)铁路与北戴河海滨的休旅文化》,《地域文化研究》2019年第4期。

(9) 夏雪:《铁路与近代旅游胜地的开发——以北戴河海滨为例》,《河北青年管理干部学院学报》2018年第5期。

(10) 潘淑华:《城市、避暑与海滨休旅:晚清至1930年代的北戴河》,《"中央"研究院近代史研究所集刊》2017年第95期。

(11) 冯铁宏:《庐山早期开发及相关建筑活动研究(1895—1935)》,清华大学硕士学位论文,2004年。

(12) 祝顺保:《庐山旅游近代化研究(1895—1949)》,江西师范大学硕士学位论文,2006年。

(13) 龚志强:《近现代(1885—1937)庐山开发及其社会变迁》,南昌大学硕士学位论文,2006年;龚志强:《渐进与跨越:明清以来庐山开发研究》,暨南大学博士学位论文,2010年。

（14）陈朝辉、陈蕴茜：《1927—1937年南京国民政府对夏都庐山的建设》，《民国档案》2006年第4期。

（15）管国泉：《庐山旅游形象演变史研究》，湖南师范大学硕士学位论文，2009年。

（16）李峥峥：《莫干山避暑地发展历史与建设活动研究（1896—1937）》，浙江大学硕士学位论文，2007年。

（17）李峥峥、李南：《莫干山避暑地近代建筑发展概况初探》，《华中建筑》2007年第12期。

（18）张明瑜：《论鸡公山避暑地的形成及影响（1902—1937）》，河南大学硕士学位论文，2008年。

（19）田青刚：《鸡公山外人购地建屋案交涉述论》，《信阳师范学院学报（哲学社会科学版）》2011年第3期。

（20）胡欢欢：《传教士与近代鸡公山社会变迁（1903—1938）》，华中师范大学硕士学位论文，2014年。

（21）李艳艳：《鸡公山避暑房屋纠纷与交涉研究》，湖南师范大学硕士学位论文，2015年。

（22）黄运良：《河南鸡公山近代别墅建筑群空间形态研究》，华侨大学硕士学位论文，2015年。

（23）李灿：《中国四大避暑胜地比较研究》，浙江大学硕士学位论文，2006年。

（24）刘思航：《中国近代四大避暑地文化景观价值比较研究》，北方工业大学硕士学位论文，2016年。

（25）马树华：《"中心"与"边缘"：青岛的文化空间与城市生活（1898—1937）》，华中师范大学博士学位论文，2011年。

（26）吴常燕：《近代山东旅游研究（1840—1937）》，山东师范大学硕士学位论文，2013年。

（27）闻虹：《新式交通与环渤海地区旅游事业的变革（1861—1937）》，东北师范大学博士学位论文，2019年。

（28）王建学：《地方自治观念在近代中国的嬗变——从政治意义上的自治

到法律意义上的自治》,《厦门大学学报(哲学社会科学版)》2011年第3期。

（29）韩庆祥:《现代性的本质、矛盾及其时空分析》,《中国社会科学》2016年第2期。

（30）衣俊卿:《现代性的维度及其当代命运》,《中国社会科学》2004年第4期。